A FÓRMULA DA TIRANIA

MÁRCIO ALBERTO GOMES SILVA

A FÓRMULA DA TIRANIA

Como são criados
e se sustentam
sistemas violadores
de direitos
fundamentais

1ª EDIÇÃO
SÃO PAULO • 2023

AMANUENSE

Edição e revisão: Rodrigo Haidar
Capa, projeto gráfico e diagramação: Luciana Huber
Fotos: Márcio Alberto Gomes Silva

Dados Internacionais de Catalogação na Publicação (CIP)
(Câmara Brasileira do Livro, SP, Brasil)

Silva, Márcio Alberto Gomes
A fórmula da tirania : como são criados e se sustentam sistemas violadores de direitos fundamentais / Márcio Alberto Gomes Silva. -- 1. ed. -- São Paulo : Amanuense, 2023.

Bibliografia.

ISBN 978-65-80788-21-7

1. Direitos fundamentais 2. Direitos fundamentais sociais 3. Direitos humanos 4. Ditadura militar I. Título.

23-176895 CDU-347.121

Índices para catálogo sistemático:
1. Direitos fundamentais sociais 347.121
Aline Graziele Benitez - Bibliotecária - CRB-1/3129

AMANUENSE

Amanuense Livros Ltda.
Rua Nilo 241, Sala 02 – CEP 01533-010 São Paulo SP
contato@amanuense.com.br
www.amanuense.com.br

Esse livro é fruto de três anos de estudos e pesquisas, no período em que morei com minha família em Portugal (2020/2022) e no ano seguinte (2023), já de volta ao Brasil. Dedico-o, com todo carinho, aos que estiveram ao meu lado durante toda essa caminhada, acompanhando cada leitura/pesquisa: Aline Telles (meu par nessa vida), meus filhos Antônio Neto e Maria Carolina (que representam o meu coração fora de mim) e meus pais Antônio e Edilde (que vibravam do Brasil a cada passo trilhado).

ÍNDICE

PRÓLOGO

Ao longo da história vários foram os Estados que restringiram, além do limite aceitável[1], a liberdade dos seus súditos.

Regimes fechados (totalitários, ditatoriais e autoritários) desejam perpetuação do poder e não toleram pensamentos que lhe são contrários[2]. Nestes, o opositor enfrenta sérias consequências. Discutir o sistema ou se opor a suas ideias pode custar a liberdade, o patrimônio e até mesmo a vida.

O 'sistema violador de direitos fundamentais' se alimenta de liberdades. Respira a liberdade de crença dos cidadãos. Ingere a liberdade de pensamento das pessoas. No ápice, passa a não tolerar grupos de indivíduos pelo que eles são. E os persegue, aprisiona e, eventualmente, confisca suas vidas.

A supressão asfixiante de liberdades não é um estado natural. Não se pode viver normalmente com a sensação de que é ilícito crer, pensar ou ser. Esse estado artificial só pode ser mantido por uma vigilância constante, por meio de uma coerção implacável. Para evitar oposição, o regime fechado precisa deixar claro que qualquer atitude que não se encaixe na crença, no pensamento ou no modelo 'autorizado' será gravemente sancionada – se as sanções forem brandas e as pessoas acreditarem que o 'custo' da oposição é baixo, não haverá letargia, acomodação[3].

Assim é que os sistemas fechados (totalitários, ditatoriais ou autoritários) fazem uso de instrumentais para

1 Em alguma medida sempre haverá restrição de liberdades. A liberdade individual é normalmente mitigada em prol do corpo social.

2 "Dito de modo simples, o autoritarismo atrai pessoas que não conseguem tolerar a complexidade". Trata-se de pensamento "anti-pluralista", que "suspeita de pessoas com ideias diferentes" e que é "alérgico a debates ferozes" (APPLEBAUM, Anne. **O crepúsculo da democracia**, editora Record, 2021, p. 20).

3 A acomodação da maioria da população é essencial para manutenção do *status quo*. E a perpetuação do poder político é o objetivo final do 'sistema violador de direitos fundamentais'.

manutenção do *status quo*. Os instrumentais de estabilização mais comumente utilizados são a propaganda[4], o sistema de leis e o aparelho persecutório.

É equivocado (e ingênuo) imaginar que o Estado que observa com precisão cirúrgica seu ordenamento jurídico se traduz em um sistema que respeita direitos fundamentais dos seus cidadãos. Respeitar estritamente o ordenamento jurídico pode ser extremamente deletério ao tecido social, se as leis do país forem preconceituosas e injustas. Sistemas violadores ao longo da história praticaram atrocidades seguindo com precisão seu ordenamento jurídico positivado ou construindo teorias para justificar os descalabros.

Reforço que a lei é um dos instrumentais para manutenção do poder político. Se esse poder político é deturpado, a lei criada para sua sustentação não será equilibrada e permitirá atropelos. O sistema fechado, ao identificar quem são seus opositores (reais ou potenciais) tende a legislar com o objetivo de criminalizar suas crenças (criminalização da heresia, por exemplo), seus pensamentos (taxar de subversivo ou terrorista o pensamento que pretende uma guinada nas políticas públicas de determinado país, por exemplo), sua essência (criminalização do homossexualismo, por exemplo).

A criminalização do 'ser', do 'pensar' e do 'crer' dos 'inimigos' do sistema normalmente é camuflada. Sistemas opressores utilizam largamente de eufemismos, de palavras lacônicas e da mentira para modificação da verdade dos fatos[5]. A verdade é modificada ao bel-prazer do Estado totalitário (ditatorial ou autoritário), com o objetivo de passar uma ideia ou

---

4 Modernamente, o discurso autoritário se vale de "escritores, intelectuais, panfletários, blogueiros, assessores de imprensa, produtores de TV e criadores de memes que vendem sua imagem para o público". Afinal, "os autoritários precisam de pessoas para promover tumultos e iniciar golpes" (APPLEBAUM, Anne. **Op. cit.**, p. 20).

5 O falseamento da verdade dos fatos pode se dar pela disseminação da chamada "mentira média" - criação de uma narrativa falsa, que apresenta uma realidade alternativa palatável, objetivando a propagação orgânica da ideia deturpada (APPLEBAUM, Anne. **Op. cit.**, p. 37, citando expressão criada por Timothy Snyder).

imagem mais facilmente aceita pela maioria da população, sempre no sentido de sustentar o poder político deturpado[6]. A usurpação da verdade racional ou da verdade dos fatos é maximizada pela propaganda, que repete a farsa tantas vezes que a mentira (ou a conclusão sofista) se transmuda em verdade, aceita como tal pela sociedade. Essa tática para propagação do autoritarismo tem especial relevância atualmente, em face da incrível velocidade de circulação das informações pelas redes sociais[7].

Por isso é comum que o 'inimigo' do Estado ou do povo seja enquadrado como 'terrorista', como 'criminoso' e/ou como 'perigoso'. A simples existência do 'inimigo', na imagem criada pelo 'sistema violador' para a sociedade, põe em xeque a estabilidade do país. A segurança da maioria é desafiada pelas crenças e pelo pensamento de tais 'párias'. Por isso eles precisam ser 'caçados' a todo custo pelo Estado.

A criação do 'inimigo' é retórica, serve para a manutenção do poder político. Pode ter como pano de fundo o discurso religioso (criminalização da crença que não se encaixa na religião 'oficial', por exemplo[8]), racial (criminalização das raças consideradas 'inferiores' pelo regime, por exemplo[9]), ideológico (criminalização do pensamento político divergente, por exemplo[10]), securitário (tipificação de crimes ligados ao terrorismo, voltando o conceito de 'terrorista' aos opositores do regime[11]), dentre outras possibilidades.

---

6 A teoria da conspiração é muito mais facilmente amplificada quando consiste na simplificação (deturpada) de um fenômeno complexo (APPLEBAUM, Anne. **Op. cit.**, p. 42).

7 "Narrativas falsas, partidárias ou de algum modo enganosas se disseminam como incêndios digitais, como cascatas de falsidades que se movem rápido demais para que os fatos sejam conferidos. E, mesmo que fossem, já não importa: parte do público jamais lerá sites de checagem de fatos e, se o fizer, não acreditará no que ler" (APPLEBAUM, Anne. **Op. cit.**, p. 95).

8 A perseguição dos heréticos levada a cabo pela Inquisição é um exemplo dessa retórica.

9 O sistema violador nazista seguiu essa linha.

10 Os sistemas violadores do Estado Novo português e da ditatura militar brasileira adotaram essa vertente.

11 Francisco Menezes, comentando a complexidade que envolve a elaboração de um conceito estanque de 'terrorismo', afirma com precisão: "a dificuldade está não só na plurivocidade do termo, mas precipuamente, na tendência do seu uso, por parte dos mais diferentes grupos ideológicos ao longo da história, para rotular odiosamente seus oponentes" (MENEZES, Francisco. **Direito Penal Antiterrorista Brasileiro**, editora Tirant lo Blanch, 2022, p. 14).

Seguindo os passos da construção de um sistema opressivo, é preciso passar a imagem de que os 'inimigos' constituem uma pequena parcela da população. O 'inimigo' deve ser visto como o 'outro', o 'estrangeiro', o 'pária' e/ou o 'desviado'. São 'eles' e não 'nós'. A redução do discurso político à simples dualidade transforma algo que é essencialmente complexo e plural em uma pergunta extremamente simples (o que, de certa forma, facilita a percepção de grande parte da população) – você é amigo ou inimigo do 'sistema'?

Só restam duas faces de uma moeda, dois lados, duas opções – um caminho é lícito/correto (o defendido pelo regime fechado), o outro (a oposição ao regime) é ilícito/incorreto. Nesta toada, a propaganda do regime passa a informar claramente que o 'amigo' desejado pelo sistema constitui o maior contingente populacional. Ao incutir esse pensamento nos seus súditos, o Estado opressor transmite a ideia de que existe salvação. Há uma opção para viver tranquilamente no país. Nem todo mundo será perseguido ferozmente. Para evitar sevícias e suplícios, basta se encaixar no modelo proposto de 'cidadão de bem'. A falta de empatia[12] faz com que o 'amigo' não enxergue o sofrimento do 'inimigo'[13].

Trata-se, nas palavras de Zaffaroni, da técnica *völkisch* de fabricação do inimigo. A técnica popularesca "consiste em alimentar e reforçar os piores preconceitos para estimular publicamente a identificação do inimigo da vez"[14].

Criando distinções entre o 'amigo' e o 'inimigo', o 'cidadão de bem' e o 'terrorista', o Estado estimula o denuncismo, outro traço característico dos sistemas opressores. Para

---

12 "A maioria só entende realmente o próprio sofrimento" (JASPERS, Karl. **A questão da culpa: a Alemanha e o Nazismo**, Todavia, 2018, original publicado em 1965, p. 15).

13 "Nas dobras de nosso ser residem, impregnados, o burguês, o colonialista, o ditador. Se o homem novo não surge dos escombros de nosso egoísmo, modificando também as relações pessoais, basta-nos um palmo de poder para que a nossa verdade seja assegurada pela força da autoridade e nossos adversários estigmatizados como inimigos, hereges, dissidentes, réus das mais severas penas e castigos" (BETTO, Frei. **Batismo de sangue: guerrilha e morte de Carlos Marighella**, editora Rocco, 2021, p. 138).

14 ZAFFARONI, Eugenio Raul. **O inimigo no direito penal**, Revan, 2007, p. 57.

tanto, é preciso que a população sinta medo do aparelho policial, que no imaginário popular é onipresente e onisciente (e tende ao abuso, à autonomização). Que tudo sabe e tudo vê. A paranoia é estimulada e o número de interações 'de baixo para cima' cresce (esse aspecto será bastante abordado no curso da obra).

Essas noções introdutórias demonstram alguns dos ingredientes comuns na construção de regimes fechados (e como eles se perpetuam). Esses traços semelhantes são ainda mais pronunciados quando 'sistemas violadores de direitos fundamentais' são estudados ao longo da história. Esse é o objetivo deste despretensioso trabalho. Elegi seis sistemas que atropelaram sistematicamente os direitos dos seus súditos com o objetivo de elaborar um modelo de análise – que não é e nem pretende ser estanque.

E por que criar um modelo de análise? Porque por meio de um modelo de análise será possível identificar a presença, em um Estado qualquer, de traços característicos do sistema persecutório indesejado. E será possível corrigi-lo antes que ele atinja o ápice, cujo estudo é proposto nesse trabalho: o 'sistema violador total de direitos fundamentais'.

Assim, proponho o estudo dos sistemas do Santo Ofício (Inquisição portuguesa), nazista, soviético estalinista, do Estado Novo português, da ditadura militar brasileira e do Estado Islâmico do Iraque e da Síria (em um ensaio que analisa o improvável reconhecimento do *Daesh* como um país pela comunidade internacional), com o fito de demonstrar que esses sistemas seguem uma lógica[15] e que é possível agrupá-los, depois de analisar detidamente os indicadores que compõem o modelo de análise proposto.

15 Já adianto: manutenção, a fórceps, do poder político, utilizando o sistema persecutório como fiador de uma estabilidade construída sob os alicerces do terror e do medo, apoiado nos instrumentais da propaganda (que manipula a verdade dos fatos) e do ordenamento jurídico (criado de acordo com a cosmovisão dos detentores do poder).

Trata-se, portanto, de um estudo que vai do Século XVI ao Século XXI. Apesar de não ser um modelo hermeticamente fechado, pretendo que ele seja universal. Utilizei de vasta bibliografia acerca desses sistemas com o objetivo de entender o funcionamento e as especificidades de cada um deles. Obras escritas por historiadores, memorialistas, pesquisadores e professores/juristas serviram de base para cada capítulo deste trabalho. Sugiro vivamente a análise de todas as notas de rodapé, que foram cuidadosamente inseridas para que o leitor tenha uma boa percepção acerca de cada sistema estudado. Fiz, ainda, algumas visitas de campo, a campos de concentração e extermínio nazistas, por exemplo. As fotos por mim tiradas nessas visitas – amadoras, portanto – fazem parte dos capítulos como anexos.

Li, avidamente, as distopias imaginadas por Ievguêni Ivánovitch Zamiátin (*Nós*), Aldous Huxley (*Admirável Mundo Novo*), George Orwell (*1984*), Anthony Burgess (*Laranja Mecânica*) e Ray Bradbury (*Fahrenheit 451*) – procurei fazer referências a essas obras importantes ao longo dos capítulos. De antemão, consigno que a pretensa proteção da sociedade, a busca por estabilidade social ou pela felicidade geral (na visão do líder do Estado) não podem justificar a supressão asfixiante das liberdades. Cito como exemplo inicial o impactante *Laranja Mecânica,* de Burgess. Na distopia, a 'ultraviolência' é praticada diuturnamente por gangues de adolescentes contra pessoas desprotegidas. A polícia não consegue frear espancamentos, roubos e estupros coletivos. Nesse cenário, o Estado resolve eleger como cobaia de um audacioso programa de enfrentamento à criminalidade um jovem arruaceiro (Alex, narrador da obra), limitando suas escolhas e pensamentos[16],

---

16 O "tratamento" tem o objetivo de anular em Alex "qualquer desejo de cometer atos de violência contra a paz do Estado". BURGESS, Anthony. **Laranja Mecânica**, Aleph, 2004, original publicado em 1962, p. 161.

com o fito de apagar nele "o reflexo criminoso"[17]. A ideia parece, à partida, tentadora, mas desemboca no 'adestramento' da sociedade – gerador de algo que é absolutamente artificial e perigoso: a identidade forçada de pensamento, seguindo a linha determinada pelo Estado.

Optei por elaborar capítulos independentes, em jeito de artigos individuais. Destarte, é possível ao leitor, caso se interesse mais por algum dos seis sistemas, avançar e retroceder a leitura sem qualquer prejuízo à percepção da temática. Os elementos que compõem o modelo de análise são repetidos em todos os capítulos e, por isso, já adianto minhas escusas ao ávido leitor que decida devorar todas as páginas em sequência. A bibliografia utilizada foi isolada ao final de cada capítulo para facilitar o trabalho de pesquisa de quem objetiva se aprofundar apenas em um ou alguns dos sistemas avaliados.

Os critérios do modelo de análise construído são extremamente simples e podem ser assim sintetizados (já os adianto para que o leitor tenha uma noção prévia acerca do conceito construído – o de 'sistema violador total de direitos fundamentais'): i) regime fechado (totalitário, ditatorial ou autoritário); ii) eleição dos 'inimigos' pelo poder dominante; iii) utilização do aparato legal para transmudar o 'inimigo' em 'criminoso', 'pária' ou indivíduo 'descartável' (adoção do 'Direito Penal do autor', com criminalização do ser, do crer e/ou do pensar); iv) tratamento mais severo dispensado ao 'inimigo' que ao 'cidadão comum' (com possibilidade de detenções arbitrárias, confisco do patrimônio, tratamento degradante/desumano e/ou penas cruéis) – 'Direito Penal do inimigo'; v) propensão à liquidação física dos 'inimigos'.

O objetivo do estudo é chamar a atenção de cidadãos de Estados Democráticos de Direito contra arroubos totalitários/

---

17 BURGESS, Anthony. **Op. cit.**, p. 157.

ditatoriais/autoritários, evitando que países que respeitem os direitos fundamentais dos seus súditos passem a atropelá-los sistematicamente (eventual desrespeito pontual sempre ocorrerá e é preciso apurar com profundidade e punir os agentes estatais envolvidos, com o fito de não transmudar a prática violadora em uma constante).

Esse trabalho busca, assim, lembrar as tantas vítimas de 'sistemas violadores totais de direitos fundamentais' – da Inquisição, do nazismo, da 'ditadura do proletariado' stalinista, da ditadura salazarista portuguesa, da ditadura militar brasileira e do Estado Islâmico do Iraque e da Síria – ao longo da história, para que seu suplício não tenha sido em vão e finde servindo de alerta para as gerações futuras.

CAPÍTULO 1

A INQUISIÇÃO como sistema violador total de direitos fundamentais

1. Noções introdutórias

O presente capítulo tem em mira apresentar o sistema persecutório do Santo Ofício como um 'sistema violador total de direitos fundamentais', com foco na Inquisição portuguesa (e seus 'estilos') na apuração de crimes espirituais (atos heréticos, contrários à fé católica) nos Séculos XVI a XVIII[1]. O estudo se justifica porque identificar atropelos a direitos fundamentais havidos em outras épocas previne o reaparecimento de práticas deletérias e serve de alerta para as futuras gerações[2].

A imaginação do ser humano para impor suplícios ao seu semelhante é infinita. Fixemos, inicialmente, três exemplos de 'sistemas estatais violadores'[3]: i) Estado que se traduz em aparelho persecutório explicitamente atropelador de direitos dos seus alvos, tanto no que toca ao sistema legal[4] quanto nas práticas diuturnas[5]; ii) Estado que tem normas penais ou processuais penais violadoras[6] pontuais; ou iii) em país que, apesar de ter normas que determinem respeito a direitos individuais, viole pontualmente suas próprias leis (esse é o sistema, já

1 Em verdade, os "tribunais do Santo Ofício da Inquisição foram estabelecidos no Século XIII para ativar a repressão de heresias que nessa época deflagravam. Costuma datar-se do concílio provincial de Tolosa, em 1229, após o extermínio à mão armada dos Albigenses, o estabelecimento efetivo da Inquisição no Sul da França" (SARAIVA, Antônio José. **A Inquisição Portuguesa**, Publicações Europa América, 1956, p. 9). Os albigenses "duvidavam do relato bíblico da Criação, consideravam Jesus um anjo, e não um deus, rejeitavam a transubstanciação e exigiam estrito celibato" (BAUGHT, James A. **Perseguições religiosas**, Ediouro, 2003, p. 54). As cruzadas albigenses foram empreendidas por ordem do Papa Inocêncio II (TURBERVILLE, A. S. **A Inquisição Espanhola**, Portugália Editora, original publicado em 1932, p. 11). Na linha do tempo, no final do Século XV, quando "as fogueiras inquisitoriais estavam extintas por quase toda a parte e o nome do inquisidor não passavam de um título ou de uma recordação" (SARAIVA, Antônio José. **Op. cit.**, p. 9), eis que os tribunais do Santo Ofício surgem com força total na Espanha após o casamento dos Reis Católicos, Isabel e Fernando, e, um pouco mais tarde, em Portugal. Esse recorte histórico (Inquisição em Portugal) será a base do presente capítulo - em 1º de novembro de 1478, o Papa Sisto IV publicou a bula que permitiu a instalação da Inquisição na Espanha; em 1536 foi autorizada pelo Papa a instalação da Inquisição em Portugal (GREEN, Toby. **A Inquisição: o reino do medo**, Editorial Presença, 2010, original publicado em 2007, p. 19-20).

2 Por óbvio, as práticas dos tribunais eclesiásticos aqui tratadas respeitavam o ordenamento jurídico da época. Havia base 'legal' para todos os horrores praticados na defesa da fé católica. Esse é um dos interessantes paradoxos que quero discutir neste livro: 'sistemas violadores totais de direitos fundamentais' atuam, normalmente, com lastro jurídico (concebido, obviamente, para perpetuação das ideias ditadas pelo autocrata ou pelo seu grupo, com vistas à perpetuação do regime e, ao mesmo tempo, à perseguição dos opositores – os seus 'inimigos').

3 Apresentações possíveis de sistemas violadores de direitos fundamentais por mim propostas em artigo publicado na obra '**Prova e Polícia Judiciária**' (SILVA, Márcio Alberto Gomes. **Prova e Polícia Judiciária** (organizado por IBRAHIN, Francini Imene Dias, JÚNIOR, Joaquim Leitão e DE CARVALHO, Tristão Antonio Borborema). Artigo: A Inquisição como sistema violador - o processo e os meios de obtenção de provas, Editora Mizuno, 2022, p. 379-392).

4 Dispositivos legais que signifiquem atropelo de direitos individuais.

5 Sistemas persecutórios de regimes totalitários/ditatoriais, que promovem violações constantes dos direitos dos investigados, processados e condenados, por exemplo.

6 O país pode até ser uma democracia, mas há leis ou dispositivos legais pontuais que permitem violação de direitos.

adianto, tolerável[7] – já que nenhum sistema processual penal é perfeito e a persecução penal é dirigida por seres humanos, passíveis de erros).

No próximo tópico discutirei a expressão 'sistema violador total de direitos fundamentais'. Essa ideia será repetida em todos os capítulos, o que permitirá a análise individual e isolada de cada um deles, caso assim deseje o leitor.

Já é possível adiantar, entrementes, que o sistema persecutório do Santo Ofício pode ser categorizado como 'violador total de direitos fundamentais' porque, apesar de encarregado da apuração de crimes espirituais, em Portugal (e na Espanha) era inserido em um sistema político totalitário[8] – monarquia absolutista – e atuava em perfeita sintonia com o aparelho de persecução comum (o príncipe prestava-lhe irrestrito apoio), na investigação, acusação e julgamento dos crimes de heresia (alhures se verá com precisão essa simbiose – cárcere, investigação, processo e julgamento promovidos pela Inquisição e pena executada pela justiça secular – comum).

Não se permitia, à época, livre escolha de crença. A Igreja e o principado se apoiavam e, tanto em Portugal quanto na Espanha, não havia outra saída possível ao súdito senão professar a fé católica. Os hereges eram identificados pelo Santo Ofício como inimigos do catolicismo e atropelados por uma estrutura que permitia a diuturna inobservância dos mais caros direitos de homens e mulheres – patrimônio (era alvo de confisco), liberdade (prisões arbitrárias, desnecessárias e que se prolongavam injustificadamente), integridade física (a tortura era 'institucional', formalmente admitida pelo Regimento para arrancar confissões) e a vida (pelo garrote e pela fogueira).

---

7 As violações eventuais deverão ser, por óbvio, investigadas e os responsáveis pelos atropelos serão punidos na forma da lei (se inexistir apuração séria e punição efetiva, o Estado será explicitamente violador de direitos individuais).

8 "A Inquisição lançou nada menos do que as primeiras sementes do estado totalitário, do abuso racial e sexual" (GREEN, Toby. **Op. cit.**, p. 34).

Depois de enfrentar a tarefa de definir um 'sistema violador total de direitos fundamentais' – apontando critérios para sua definição, à guisa de modelo de análise –, o sistema persecutório do Santo Ofício será minuciosamente analisado. O exemplo escolhido é muito emblemático, porque, como se verá alhures, a Inquisição era um 'sistema violador' tanto na dimensão penal (criminalização do 'pensar', do 'crer' e do 'ser' e admissão de pena capital como instrumento para liquidação física de 'inimigos'), quanto na dimensão processual penal (estímulo ao denuncismo, prospecção, confissões incessantemente perseguidas e, muitas vezes, fabricadas pelos tormentos impostos aos presos, por exemplo).

Estudar com profundidade sistemas violadores é importante na medida em que, detectadas as violações, será possível não as repetir. Conhecer a fundo erros históricos é fundamental para as futuras gerações. Inclusive, para identificar que ideias antigas e deletérias estão a ser reinseridas em determinado ordenamento jurídico – e que isso pode transmudar um sistema constitucional/democrático num sistema persecutório violador.

2. O 'sistema violador total de direitos fundamentais'

Várias são as possibilidades na identificação de um sistema penal ou processual penal violador. O modelo de análise não é estanque. O estudo pode tanto se debruçar na dimensão penal, quanto na dimensão processual penal. É possível, ainda, analisar as duas dimensões simultaneamente para uma pesquisa mais aprofundada.

Entendo que a fórmula para identificar o ápice no atropelo a direitos fundamentais, 'o sistema violador total', em apertada síntese, segue os seguintes passos: i) regime totalitário/

ditatorial/autoritário (que não admite discussão democrática de ideias, nem alternância do poder e que se centra na figura de um líder cujas ordens são incontrastáveis); ii) eleição dos 'inimigos' pelo poder dominante; iii) utilização do aparato legal para transmudar o inimigo em 'criminoso' ou pessoa 'socialmente indesejável'; iv) tratamento mais severo dispensado ao inimigo que ao 'cidadão comum' (com possibilidade de detenções arbitrárias, confisco do patrimônio e tratamento degradante); e v) propensão à eliminação física dos 'inimigos.

Além desses elementos, que considero primordiais para eleição de um sistema persecutório como 'violador total de direitos fundamentais', é possível apontar outros, que demonstram desrespeito aos direitos de investigados, réus e condenados[9]. Neste capítulo acrescentarei (em relação aos itens 'essenciais' citados no parágrafo anterior) a análise de quatro tópicos decorrentes do estudo do sistema processual penal inquisitivo: i) cumulação indevida de funções estatais na persecução penal; ii) secretismo; iii) obtenção de provas com atropelo de direitos individuais; e iv) dificuldades impostas à atuação da defesa. Serão, destarte, nove características estudadas para demonstrar que o sistema persecutório do Santo Ofício pode ser enquadrado como 'violador total de direitos fundamentais'.

2.1. Totalitarismo (absolutismo, no recorte aqui estudado)

Penso que, para que um Estado seja categorizado como um 'sistema violador total', é preciso reconhecer que no país estudado impera o totalitarismo ou um regime ditatorial – esse indicador é primordial para que a definição 'sistema violador'

---

9 Recomendo vivamente que pesquisas sobre violações a direitos fundamentais observem a adequação ou o desrespeito, pelo sistema estudado, aos axiomas propostos por Luigi Ferrajoli (FERRAJOLI, Luigi. **Direito e Razão – Teoria do Garantismo Penal**, Revista dos Tribunais, 2010) e, no que toca especificamente à fase investigativa (com foco na Constituição brasileira de 1988), por mim (SILVA, Márcio Alberto Gomes. **Eficiência e respeito a direitos fundamentais na atividade investigativa: um discurso possível: pela criação de axiomas que limitem a atuação estatal na busca de uma investigação criminal garantista,** editora Juspodivm, 2022).

alcance o patamar de 'total'. Isso porque no totalitarismo/ditadura não é possível dialogar com o Estado[10]. Não é possível contrapor ideias. Não é possível contrariar o regime sem que existam duras consequências a serem enfrentadas pelo opositor. Primo Levi resume, com precisão, as três principais 'armas' do Estado totalitário: "a propaganda direta, ou camuflada de educação, instrução, de cultura popular; a obstrução oposta ao pluralismo das informações; e o terror"[11].

A Inquisição era um aparelho persecutório inserido na Igreja Católica – responsável pela defesa da fé e regido pelo Direito Canônico –, mas contava, no recorte aqui proposto, com o apoio da monarquia absolutista (em Portugal e na Espanha)[12]. Por isso, considero adimplida a primeira característica reclamada no modelo de análise proposto, até porque, ao fim e ao cabo, a liquidação física dos condenados por práticas heréticas era materializada pela 'justiça secular'[13].

Para que o sistema posto não seja discutido (no caso estudado, a crença na fé católica), ele precisa de uma vigilância constante, algo que muitas vezes beira a paranoia. Assim, o denuncismo acaba sendo lugar-comum, característica comum em sistemas violadores. A Inquisição apelava, como se verá

10 ORWELL, George. **Porque Escrevo e outros ensaios.** Artigo: Literatura e Totalitarismo, editora Antígona, 2ª. Edição, 2021, artigo original publicado em 1941, p. 60.

11 LEVI, Primo. **Os que sucumbem e os que se salvam**, Dom Quixote, 2019, original em 1986, p. 32. Quanto à última característica listada por Primo Levi (o 'terror'), saliento que um dos claros objetivos da Inquisição era cultivar o medo. "O medo disseminou-se na sociedade graças ao poder de que a Inquisição dispunha para provocar a ruína social e financeira das pessoas, levando as suas vítimas à indigência ao confiscarem-lhes os bens, ao expulsá-las da terra natal e decretando que os seus descendentes não poderiam aceder a cargos oficiais ou usar sedas, joias e qualquer outro sinal de prestígio. Pior ainda, o medo era assegurado pelo princípio do sigilo, pois os acusados não podiam saber os nomes dos seus acusadores" (GREEN, Toby. **Op. cit.**, p. 41).

12 SARAIVA, António José. **Op. cit.**, p. 32-43.

13 Curiosamente, não era o Santo Ofício o responsável pela imposição de pena que significava derramamento de sangue (pena de morte, por exemplo). Uma vez reconhecida a culpa pela Inquisição, os inquisidores "relaxavam" o condenado à justiça secular (comum) para imposição de pena. Era prática frequente o uso de eufemismos (o que António José Saraiva chama, a meu ver corretamente, de *mise-em-scène*). O autor afirma que "é patente nelas um cuidado de linguagem tendente a colocar os inquisidores na posição de pessoas pacientes, caridosas e quase vítimas da obstinação dos réus, a quem pretendiam beneficiar com a misericórdia" (SARAIVA, Antônio José. **Inquisição e Cristãos-Novos.** Gradiva, Lisboa, 2019, p. 112). O relaxamento do "culpado" ao braço secular era precedido da seguinte fórmula: "e o relaxam à justiça secular, a quem pedem com muita instância e eficácia se haja com ele benigna e piedosamente, e não proceda a pena de morte nem efusão de sangue" (SARAIVA, António José. **Op. cit.**, p. 112). A frase é, obviamente, hipócrita, porque a justiça secular não contrariava as decisões do Santo Ofício e sempre condenava os relaxados à morte (COELHO, António Borges. **Inquisição de Évora – 1522 – 1668**, editora Caminho, 2018, p. 151).

alhures, para o 'dever espiritual' de denunciar hereges nos 'editais da fé' (voltarei ao tema alhures, mas já adianto que a omissão diante da heresia fazia do omisso um fautor do herético, também sujeito à jurisdição do Santo Ofício).

O cidadão desejado pelo 'sistema violador total' é um ser disciplinado, cabisbaixo, desconfiado, pronto a denunciar quem desafia o 'modelo' desejado, para ser simpático aos seus olhos, e que não se atreva a discutir ou desafiar a ordem posta[14]. A imposição, de cima para baixo, do pensamento 'correto', do modo de agir 'adequado', da crença 'redentora' molda a sociedade que, temendo represálias, finda se adequando e, em dado momento, o observador, seja ele um súdito, seja um estrangeiro, pode ser induzido a pensar que o modelo imposto é aceito de bom grado – normalmente, a maior parte da população oprimida prefere assumir o "papel" determinado pelo líder tirano e "viver a sua vida", ainda que esta seja fortemente limitada pela ausência de liberdades.

O estudo de distopias criadas por célebres autores é uma ferramenta importante na identificação de 'sistemas violadores de direitos fundamentais'. No brilhante *Fahrenheit 451,* Ray Bradbury imaginou uma sociedade na qual os livros, e quem ousa lê-los, constituem a ameaça a ser duramente reprimida pelo Estado[15]. Na obra, os bombeiros, ao invés de cumprirem a nobre missão de apagar incêndios e salvar vidas, representam o aparelho persecutório e têm a função 'estabilizadora' de identificar e queimar os livros e as casas dos que se atrevem a possuir os objetos proscritos. Percebe-se no livro o cenário acima desenhado, próprio de sistemas fechados: proibição do pensamento livre[16], onipresença/onisciência do aparelho persecutório, manipulação da história (o passado é modificado ao bel-prazer

---

14 ORWELL, George. **Op. cit.**, p. 63.

15 BRADBURY, RAY. **Fahrenheit 451**, Biblioteca Azul, 3ª edição, 9ª reimpressão, 2022, original publicado em 1953, p. 26.

16 "Se não quiser um homem politicamente infeliz, não lhe dê os dois lados de uma questão para resolver; dê-lhe apenas um. Melhor ainda, não lhe dê nenhum" BRADBURY, RAY. **Op. cit.**, p. 84.

do sistema)[17], transformação do inimigo (acadêmicos, professores ou simplesmente leitores) em fora-da-lei, denuncismo (a maioria da sociedade passa a se comportar de acordo com o modelo imposto e deixa de nutrir empatia em relação ao 'subversivo'), letargia (muitos dos que não concordam com a repressão escolhem, simplesmente, silenciar para evitar a perseguição[18]) e duras consequências enfrentadas por quem opta por desafiar o *status quo*[19] (podendo culminar com a perda da vida[20]).

2.2. Eleição de inimigos

Como a Inquisição era um aparelho persecutório a serviço da Igreja Católica, o 'inimigo' óbvio do Santo Ofício foi o 'herege'[21]. A pessoa que não se enquadrava no modelo proposto (cristão católico) podia ser alvo do sistema.

As limitações não se referiam apenas ao 'crer'. O 'pensar' (censura imposta a livros, por exemplo[22]) e o 'ser' (criminalização do homossexualismo, por exemplo) também enfrentavam, à época, duras restrições. Assim, o indivíduo que não se encaixava no modelo social imposto se transmudava em 'herege', 'blasfemo' ou 'bruxa'[23] – leia-se 'inimigo'.

---

17 À guisa de exemplo, cito passagem que indica que os Bombeiros da América foram criados em 1970 com a missão de "queimar livros de influência inglesa nas colônias" e que o primeiro foi Benjamim Franklin. BRADBURY, RAY. **Op. cit.**, p. 55.

18 BRADBURY, RAY. **Op. cit.**, p. 106-107.

19 BRADBURY, RAY. **Op. cit.**, p. 56-61.

20 É muito comum que a responsabilidade pelos abusos perpetrados pelo aparelho persecutório que tem por missão a manutenção do *status quo* em um 'sistema violador de direitos fundamentais' seja transferida para a vítima dos atropelos. Na obra de Bradbury, o personagem principal, o bombeiro Guy Montag, fica abalado depois que uma mulher detentora de livros morre queimada em uma das missões da sua equipe. Consternado, ele contou a sua esposa, Mildred, o ocorrido. Esta, enfadada, responde: "para mim, ela não é nada; ela não deveria ter livros. A responsabilidade era dela, ela devia ter pensado nisso. Eu a odeio. Ela o deixou perturbado, e se você continuar assim vamos fiar na rua da amargura, sem casa, sem trabalho, sem nada (BRADBURY, RAY. **Op. cit.**, p. 73).

21 Nicolau Eymerich, no seu *Directorium Inquisitorum* (publicado em 1376), afirma que "é herege quem disser coisas que se oponham às verdades essenciais da fé". Há no texto, ainda, a definição do 'herege pertinaz ou impenitente' (os que, interpelados pelos juízes e intimados a confessar e abjurar, preferem se "agarrar obstinadamente aos seus erros"). Eymerich orienta que estes devem ser "entregues ao braço secular para serem executados". Os 'hereges penitentes' são os que ouviram "a voz da sabedoria", confessaram e aceitaram as penas aplicadas pela Inquisição. Já os 'hereges relapsos' são os reincidentes, que devem ser "entregues ao braço secular para serem executados" (BUENO, Manuel Carlos. **Código de Hamurabi, Manual dos Inquisidores, Lei das XII Tábuas, Lei de Talião**, 2ª edição, EDIJUR, 2019, p. 56-57).

22 SARAIVA, Antônio José. **Op. cit.**, p. 85-104.

23 António Borges Coelho afirma que "relendo o gráfico e o capítulo sobre a repressão ideológica e sexual, verificamos que o modelo apontado pela Inquisição à sociedade portuguesa se definia pela negação do judeu, do mouro, dos luteros, dos blasfemos, dos bruxos, dos bígamos, dos solicitantes, dos nefandos sodomitas (fachonos, somíticos e somítegos)" (COELHO, António Borges. **Op. cit.**, p. 563).

A premissa de que quem não é católico é contrário à lei (a divina e a sua representação terrena – o Direito Canônico) e, por ser herege, é 'inimigo', revela a pouca disposição do sistema persecutório inquisitivo para a tolerância[24]. Essa redução do discurso político à dualidade (amigo/inimigo) é muito perigosa (esse perigo se amplifica em sistemas totalitários/ditatoriais[25]). Aqui, à partida, o discurso é religioso, contudo, quando observamos que o comportamento/adequação é uma imposição do sistema sob pena de perda da liberdade, dos bens e até da vida, não há como negar o pano de fundo político.

A máxima de transmudar em inimigo quem não crê nas ideias indicadas pelo regime político ou pela religião predominante – quando há reflexo do discurso religioso no campo político em um Estado que não se pretende laico – como adequadas ou corretas é limitante e, por óbvio, contrária à liberdade[26].

Nessa toada, consigno que o 'sistema violador total de direitos fundamentais' não conhece a palavra 'liberdade'. Ele não tolera nenhuma faceta desta: de expressão, de crença, de convicção

---

24 É interessante observar como as violações decorrentes de ventos totalitários da época aqui retratada se repetem ao longo dos tempos. A intolerância da Igreja Católica aqui analisada (Séculos XVI a XVIII) se assemelha ao extremismo defendido pelo Estado Islâmico do Iraque e da Síria (*Daesh*), no que toca à fé mulçumana. Diz-nos Adonis (Ali Ahmad Saïd Esber): "na concepção islâmica, o outro, o não-mulçumano, pode optar entre duas identidades: ou não é crente, e então deve ser rejeitado ou morto; o vive sob a égide do regime islâmico e, nesse caso, paga o tributo" (ADONIS. **Violência e Islão**, Porto Editoral, 2016, original publicado em 2015, p. 184).

25 A dualidade amigo-inimigo, segundo Carl Schmitt (cujas teorias apoiaram fortemente o 'sistema violador total de direitos fundamentais' nazista, como se verá no capítulo seguinte) "tem o sentido de designar o mais extremo grau de intensidade de uma ligação ou separação, de uma associação ou dissociação; ela pode existir em teoria e na prática sem que, ao mesmo tempo, tenham de ser aplicadas todas aquelas diferenciações morais, estéticas, econômicas ou outras. O inimigo político não precisa ser moralmente mau, não precisa ser esteticamente feio; não tem de surgir como concorrente econômico e até talvez possa parecer vantajoso fazer negócio com ele. Ele é, precisamente, o outro, o estrangeiro, e é suficiente, para a sua essência, que ele seja existencialmente, num sentido particularmente intensivo, algo outro e estrangeiro, de tal modo que, em caso extremo, sejam possíveis conflitos com ele que não possam ser decididos nem por uma normatização geral, que possa ser encontrada previamente, nem pela sentença de um terceiro 'não participante' e, portanto, 'apartidário'" (SCHMITT, Carl. **O Conceito do Político**, Edições 70, 2019, original publicado em 1932, p. 51/52). Toby Green afirma, com propriedade, que "o medo é uma ferramenta maravilhosa para consolidação de um Estado cada vez mais autoritário. Implantado com êxito, este medo poderá ser sempre invocado, quer em nome da guerra do bem contra o mal quer contra alvos que constituam perigos de ordem econômica ou política" (GREEN, Toby. **Op. cit.**, p. 107).

26 No ensaio Literatura e Totalitarismo, George Orwell afirma (referindo-se a momento histórico ulterior), com precisão que o "totalitarismo aboliu a liberdade de pensamento com uma intensidade que jamais se ouviu falar em qualquer época anterior. E é importante ter consciência de que o seu controlo do pensamento não é apenas negativo, mas também positivo. Não se limita a proibi-lo de exprimir – ou até de pensar – certos pensamentos; dita o que irá pensar, cria uma ideologia para si, tenta reger sua vida emocional, assim como tenta estabelecer um código de conduta. E isola-o tanto quanto possível do mundo exterior, fecha-o num universo artificial no qual o leitor não tem padrões de comparação. O Estado totalitário procura, em qualquer caso, controlar os pensamentos e emoções dos seus súbditos pelo menos tão completamente quanto controla suas acções" (ORWELL, George. **Op. cit.**, p. 61).

política, de ir e vir. Exatamente por tencionar controlar o cidadão em todas as suas esferas individuais é que ele finda sendo um opositor da vida livre. E a retórica[27] religiosa, quando usada pelo Estado para esse fim por um regime totalitário[28], tende a ser ainda mais inflexível porque as consequências prometidas pelo discurso que impõe limitação ao comportamento/crença não são somente tangíveis – perda da liberdade, confisco do patrimônio e mesmo a liquidação física – mas espirituais[29].

O inimigo preferencial da Inquisição portuguesa foi o cristão-novo,[30] judeus que se converteram ao catolicismo para conseguirem permanecer na Península Ibérica, depois da expulsão determinada pelos reis da Espanha e de Portugal. A perseguição aos cristãos-novos começou primeiro na Espanha, com o apoio irrestrito dos Reis Católicos, Fernando e Isabel, ao Santo Ofício. Mais tarde, já no reinado de D. João III, a Inquisição é efetivamente instalada em Portugal e passa a caçar seu alvo preferencial: os cristãos-novos.

---

27 Sobre a retórica, vide '**Fedro**' (Platão, Edições 70, 2022). Na obra, Platão narra o diálogo travado entre Sócrates e Fedro sobre a retórica, tendo como ponto de partida um discurso de Lísias sobre o amor. Em apartada síntese, depois de ouvir a leitura do discurso deste (proclamado por Fedro), Sócrates defende, em inspirado discurso, a ideia de Lísias sem, contudo, com ela concordar (e isso mostra como a retórica pode servir a quem domina essa arte). Após, em respeito e temor aos deuses, Sócrates finda defendendo o amor com todas as suas forças.

28 Sublinho aqui o pensamento de James A. Haught (diferente do aqui defendido) de que a religião não é simplesmente o instrumento para o fim político, mas sim a efetiva causa dos conflitos. Ele salienta que "a fé mantém os grupos separados, alienados em campos hostis. O 'tribalismo religioso' prepara o palco para o banho de sangue. Sem ele, os jovens poderiam se adaptar à mudança dos tempos, casar entre si e esquecer feridas históricas. Mas a religião determina a separação – e o que quer que separe as pessoas gera conflito" (HAUGHT, James A. **Op. cit.**, p. 15-16). Particularmente, defendo que a religião é um instrumental do 'sistema violador' (quando ele é alicerçado em alguma crença religiosa) para justificar a eleição dos 'inimigos', que devem perecer por serem contrários à 'lei divina'. Isso porque a crença religiosa (qualquer que seja ela) tende a superestimar seus dogmas (entendendo-os como leis imutáveis) e subestimar os outros credos (se minha crença é a correta, então todas as outras estão erradas). Assim, uma vez fixadas as premissas religiosas de determinada crença, "exige-se que nenhuma outra ótica possa ter valor" (NIETZCHE, Friedrich. **O Anticristo**, Edições 70, 2018, original publicado em 1844-1900, p. 21 – nessa obra o filósofo tece críticas ferozes dirigidas especificamente ao cristianismo, mas o pensamento transcrito pode tranquilamente ser transferido para outros credos). Esse é o perigo do transporte do pensar teológico para a política (o Estado tenderá a subvalorizar as crenças diferentes da 'oficial' e isso pode levar à liquidação física dos 'infiéis', se o sistema se transmudar em um 'sistema violador total de direitos fundamentais').

29 O destino prometido era tenebroso. O súdito era liquidado fisicamente pela fogueira da Inquisição e partia, segundo a crença imposta, para o fogo do inferno. A persecução penal continuava mesmo com a morte do acusado. António José Saraiva esclarece que "se algum preso morria, o seu processo continuava até concluir-se e a sentença executava-se na sua estátua pintada e na caixa com os seus ossos. Se algum defunto, antes de passados quarenta anos sobre a sua morte, era denunciado e se provava a acusação, desenterravam-se os seus despojos e queimavam-se no auto-de-fé" (SARAIVA, António José. **Op. cit.**, p. 72).

30 Os Reis Católicos da Espanha, Fernando e Isabel, expulsaram os judeus que não quiseram se converter ao catolicismo em 1492. O mesmo caminho foi seguido por D. Manuel, rei de Portugal, em 1496. Isso ocasionou a conversão de muitos judeus, que eram conhecidos como cristãos-novos. O pretexto para a instalação da Inquisição em Portugal foi a suposta prática, pelos recém-convertidos, do judaísmo (SARAIVA, António José. **Op. cit.**, p. 14-18).

A eleição do inimigo é uma decisão política (Carl Schmitt, jurista alemão que defendeu várias teses usadas pelo nazismo para justificar seus abusos, reduziu o conceito do político à dualidade amigo/inimigo) e António José Saraiva sustenta que o pano de fundo para perseguição dos judeus (agora cristãos-novos) em Portugal objetivou, ao fim e ao cabo, o confisco de suas propriedades e bens (os judeus eram identificados pela expressão "gente da nação" e desempenhavam papel importante nos negócios e no financiamento do principado) e a limitação de acesso a funções/cargos/postos relevantes (já que a "limpeza de sangue"[31] será, depois de instalada a Inquisição, requisito para o exercício do magistério universitário, para o exercício de cargos eclesiásticos, profissões liberais e acesso às ordens militares[32]).

Essa discriminação injustificável levada a cabo em Portugal no recorte aqui estudado, calcada no 'ser' e no 'crer', será repetida, apenas para citar um exemplo impactante, no Século XX, na Alemanha nazista (Leis de Nuremberg, de 1935)[33]. Isso reforça a necessidade do estudo dos sistemas violadores de direitos fundamentais, para identificar a repetição de tristes momentos históricos que significaram perseguição e liquidação física de inocentes por Estados totalitários/ditatoriais.

---

31 Não possuir na sua árvore genealógica judeu, mouro, nem pessoa condenada pela Inquisição.

32 António José Saraiva vaticina que "o judeu não se encontrava no plano dos clérigos ou dos nobres. Estes últimos constituíam o grupo dominante, revestido de prestígio e tradição, sancionados pela ordem divina, identificados com a única escala de valores geralmente admitida. Os Judeus, pelo contrário, como minoria religiosa e nacional, achavam-se na situação de tolerados, e o saque dos seus bens ou a violência sobre as suas pessoas não oferecia o carácter de sacrilégio ou de subversão da ordem social" (SARAIVA, António José. **Op. cit.**, p. 26-27). Sobre a "limpeza de sangue" (necessária para desempenhar uma série de cargos/empregos), o autor afirma que "uma das armas porque a Inquisição se fazia temer era a mancha que todo o processo inquisitorial lançava sobre a família e a descendência do processado. Bastava que um indivíduo passasse pelos cárceres inquisitoriais para que todos os seus parentes perdessem a limpeza de sangue" (SARAIVA, António José. **Op. cit.**, p. 105).

33 Mesmo antes do recorte aqui proposto (Inquisição em Portugal), James A. Haught salienta que o "Quarto Concílio de Latrão determinou em 1215 que todos os judeus em terras católicas deviam usar emblemas ou roupas que os distinguissem". O autor afirma, a seguir, que o Vaticano ordenou que os judeus, à época, fossem confinados em guetos (HAUGHT, James A. **Op. cit.**, p. 49). Os judeus eram alvos preferenciais dos católicos porque foram apontados sistematicamente pela Igreja Católica como "os assassinos de Cristo". A partir dessa pecha, muitos outros 'relatos' surgiram: que os "judeus habitualmente sacrificavam crianças cristãs", que os judeus "roubavam hóstias e as mutilavam ou passavam pregos no meio delas, para crucificar Jesus novamente", que os judeus eram a causa da peste negra porque "envenenavam poços" (HAUGHT, James A. **Op. cit.**, p. 43, 49 e 69).

2.3. *'Direito Penal do autor' e 'Direito Penal do inimigo'*

O inimigo eleito pela Inquisição (o súdito que não professa a fé católica no recorte aqui estudado) foi formalmente perseguido na forma da lei da época, o que demonstra que o Estado que segue rigorosamente a lei pode ser categorizado como 'sistema violador total de direitos fundamentais'.

Os crimes relacionados a práticas heréticas podem ser validamente categorizados como manifestações do 'Direito Penal do autor'[34]. Abandona-se a punição de fatos considerados pela lei como criminosos e passa-se a punir o 'ser', o 'crer' e o 'pensar'[35] – o inimigo passa, dessa forma, a personificar tudo que é pernicioso e, por isso, deve ser duramente combatido, por se traduzir em um criminoso perigoso, cuja própria existência desafia o sistema posto[36].

Punir um ser humano – privando-o dos seus bens, liberdade e mesmo da sua vida – por sua crença, sua religião, sua opção sexual, pela cor de sua pele, pela sua etnia/raça é bárbaro, pedante, desumano e agressivo. O Estado que edita leis penais que permitem inaugurar persecução penal calcada nesse viés discriminatório acredita que há uma crença, uma religião, uma opção sexual, uma cor de pele, uma etnia/raça melhor, superior, correta e que tudo que não se adequa ao modelo tido como 'ideal' é ilegal e, por isso, merecedor de punição.

---

34 Sobre o direito penal do autor, Luigi Ferrajoli, com absoluta precisão, afirma que "não se pode esquecer, todavia – seja pela época e o regime político nos quais foram sistematizados e codificados, seja, sobretudo, pela identidade do esquema teórico que o fundamenta – que estas medidas reafirmam em larga parte um modelo nazista do "tipo normativo de autor" (Tätertip) e aquele staliniano do "inimigo do povo". O pressuposto geral da sua aplicação não é, de fato, a comissão de um crime, mas uma simples qualidade pessoal determinada vez a vez com critérios puramente potestativos: aquele de "suspeito" ou de "perigoso", associada muitas vezes a elementos sintomáticos como a condição do condenado, ou do reincidente, ou do ocioso, ou do vagabundo ou similar. A sua natureza, por outro lado, se inscreve naquele mais amplo, indeterminado e variado universo, nascido principalmente das praxes e colocado à margens do direito penal e daquele administrativo que é denominado de direito de polícia (FERRAJOLI, Luigi. **Op. cit.**, p. 706).

35 DE FIGUEIREDO DIAS, Jorge. **Direito Penal: parte geral – Tomo I – Questões Fundamentais; A Doutrina Geral do Crime**, 3ª. edição, Gestlegal, 2019, p. 275.

36 Criminalizar o 'ser', o 'crer' e o 'pensar' é extremamente perigoso porque autoriza construções teóricas que dialogam com de privação de liberdade por tempo indeterminado e mesmo com a liquidação do 'infrator' (segundo essa linha radical de raciocínio, as únicas soluções efetivas para 'proteger' a sociedade de alguém que 'é e sempre vai ser' perigoso é o isolamento perpétuo ou a morte) – isso se torna ainda mais problemático quando o inimigo desafia a fé imposta (porque ele finda 'contrariando' a 'lei divina', ainda mais inflexível que a 'lei dos homens').

O 'Direito Penal do autor' é um dos indicadores importantes no estudo dos sistemas violadores[37]. O Direito Penal deve se ocupar de punir fatos: condutas eleitas como perniciosas à vida em sociedade e que findam atropelando bens jurídicos tidos como relevantes em determinado momento histórico. A criminalização de pessoas/grupos, pensamentos ou crenças ao longo da história deu azo a graves violações de direitos fundamentais.

O passo seguinte na verificação de indicadores relacionados à categorização de um sistema violador total de direitos fundamentais é o 'Direito Penal do inimigo'[38] – imposição de sanções mais gravosas a estes que aos 'cidadãos comuns'. Trata-se, evidentemente, de construção teórica muito mais recente que o 'sistema violador total' do Santo Ofício na Península Ibérica, mas que pode (sua essência, sua ideia), a meu ver, ser usada ao longo da história como elemento do modelo de análise aqui proposto[39], até porque a discriminação de 'pessoas perigosas' pelo poder punitivo sempre existiu na história da humanidade – o que se modificava sutilmente ao longo do tempo era o fundamento dessa perseguição diferenciada[40].

2.4. Liquidação física do inimigo

A última característica que distingue o 'sistema violador total de direitos fundamentais' de um sistema violador 'comum', nos termos aqui propostos, é a propensão à liquidação física de grupos de pessoas – opositores do regime ou mesmo inocentes eleitos pelo Estado como 'inimigos'. Para ser

---

37 Nesse sentido, axioma construído por Luigi Ferrajoli: "*Nulla injuria sine actione*" (FERRAJOLI, Luigi. **Op. cit.**, p. 91).

38 Nas palavras de Francisco Muñoz Conde, "neste Direito Penal do Inimigo, de acordo com Jakobs, o Estado para lutar eficazmente contra o inimigo impõe penas desproporcionais e draconianas, penaliza condutas inócuas em si mesmas ou muito distantes de representar uma ameaça ou perigo para um bem jurídico e o que é ainda mais grave, elimina ou reduz ao mínimo certas garantias e direitos do imputado no processo penal" (**Direito Penal do Inimigo**, editora Juruá, 2012, p. 25).

39 António José Saraiva indica estudo realizado pelo inquisidor Cardeal Cunha, que revela que o Regimento do Santo Ofício era mais severo que a "legislação geral e do costume" (SARAIVA, António José. **Op. cit.**, p. 69).

40 "O poder punitivo sempre discriminou os seres humanos e lhes conferiu um tratamento punitivo que não correspondia à condição de pessoas, dado que os considerava apenas como entes perigosos ou daninhos. Esses seres humanos são assinalados como inimigos da sociedade e, por conseguinte, a eles é negado o direito de terem suas infrações sancionadas dentro dos limites do direito penal liberal, isto é, das garantias que hoje o direito internacional dos direitos humanos estabelece universal e regionalmente" (ZAFFARONI, Eugenio Raul. **O inimigo no direito penal**, Revan, 2007, p. 11).

categorizado no ápice da classificação de 'sistemas violadores', na linha aqui defendida, o Estado precisa atropelar diuturnamente o bem jurídico mais caro do cidadão: a vida. Como se verá adiante com mais vagar, a Inquisição portuguesa ceifou a vida de várias pessoas condenadas por práticas heréticas (pelo garrote e pela fogueira, por exemplo).

Essa característica, como já desenhado supra, era 'suavizada' no caso específico da Inquisição, porque o Santo Ofício não cumpria a pena de morte imposta ao herético. Uma vez condenado pelo Tribunal Eclesiástico, o réu era entregue à justiça comum para execução da reprimenda capital, em um mero jogo de cena, posto que a justiça secular não contrariava a Inquisição e sempre garroteava ou lançava às chamas os hereges 'relaxados'.

Podemos, destarte, resumir a construção de um 'sistema violador total de direitos fundamentais', tendo aqui como paradigma a Inquisição portuguesa, por meio dos seguintes passos: i) apesar de ser um tribunal eclesiástico, estava inserido em um regime totalitário (monarquia absolutista) e contava com o apoio do príncipe para atuar livremente; ii) elegeu seus 'inimigos' (os súditos que não professavam a fé católica – em especial judeus e cristãos-novos); iii) utilizou do ordenamento jurídico da época (Direito Canônico) para transmudar o inimigo em 'criminoso' (autor do crime de heresia) – 'Direito Penal do autor'; iv) impôs tratamento mais severo ao 'inimigo' que ao 'cidadão comum' (o cidadão comum, nesse recorte histórico, é o cristão-velho) – 'Direito Penal do inimigo'; v) promoveu liquidação física do inimigo.

2.5. Outros indicadores relacionados a sistemas violadores aplicáveis à Inquisição portuguesa

Como dito anteriormente, além dos elementos essenciais já estudados para a caracterização do 'sistema violador total de direitos fundamentais' (que serão repetidos em todos os capítulos), indicarei, em relação ao Santo Ofício, mais quatro critérios que podem ser validamente utilizados para identificar sistemas persecutórios que atropelam direitos de investigados/réus/condenados.

O primeiro deles é a cumulação das funções persecutórias. É pernicioso cumular funções estatais persecutórias porque isso significa indevida concentração de poderes[41]. Para que o sistema processual penal seja equilibrado é preciso que existam freios e contrapesos, o que só é possível se as principais funções estatais persecutórias forem repartidas – quanto maior a especialização, menor a possibilidade de atropelo a direitos individuais, porquanto maior a possibilidade de fiscalização pelos outros atores envolvidos no sistema. No sistema processual penal inquisitivo todas as funções persecutórias eram desempenhadas pelo Santo Ofício, que investigava, acusava, providenciava defesa (deficitária e puramente formal) e julgava.

O segundo critério é o secretismo – sigilo absoluto. É importante, de logo, esclarecer que é possível aceitar que na persecução penal exista sigilo (que será sempre relativo), principalmente no curso da investigação criminal. Mesmo na investigação, contudo, o sigilo não pode ser absoluto e, em algum momento, deve ceder para que seja possível ao investigado conhecer todas as provas e elementos informativos produzidos no curso do feito, evitando, assim, que exista completa surpresa em relação à formulação de uma futura inicial acusatória[42]. Em outros momentos, o sigilo objetiva a defesa da intimidade da vítima ou do próprio investigado. O que aqui

41 Sobre o tema (numa abordagem que foca na persecução penal brasileira, na forma da Constituição Federal de 1988), vide o axioma "Não há investigação criminal sem presidência de autoridade impartial, imparcial e desinteressada, em procedimento que tramite em órgão com atribuição investigativa outorgada pela Constituição Federal ou pela legislação" (SILVA, Márcio Alberto Gomes. **Op. cit.**, p. 87-117).

42 Nesse sentido (investigação materializada com estrito respeito à Constituição brasileira de 1988), vide o axioma "Não há investigação criminal sem mínima publicidade", concebido em face do estudo da persecução penal brasileira calcada na Constituição de 1988 (SILVA, Márcio Alberto Gomes. **Op. cit.**, p. 186-204).

se rechaça é o segredo, o sigilo absoluto – como ocorria no sistema processual penal inquisitivo, como se verá alhures – que inviabiliza a defesa, encobre vilipêndio a direitos individuais e permite condenações injustas (como se verá adiante, o secretismo era um traço característico dos 'estilos' da Inquisição).

O terceiro ponto é evidente. Um sistema que atropela direitos individuais na produção de provas é, obviamente, violador[43]. A admissão de tortura para obtenção de prova é claro exemplo dessa funesta característica. Trata-se de prática desleal, que fomenta a confissão[44] de crimes não praticados[45] e a delação de inocentes para que o tormento cesse. No próximo tópico será demonstrado que a tortura, que na inquisição era 'institucional', era um instrumento à disposição dos inquisidores no curso da persecução penal, previsto, inclusive, no seu Regimento[46].

Mais um ponto (o quarto): dificultar a atuação da defesa no curso da persecução penal é outra característica relevante na identificação de um sistema violador[47]. Admitir a incomunicabilidade do preso, criar entraves ao direito de entrevista reservada, obstruir a efetiva atuação dos advogados/defensores, dentre outras práticas deletérias, são exemplos dessa característica. A defesa, como dito supra e detalhado alhures, era disponibilizada pelo próprio Santo Ofício e tinha uma atuação muito limitada não sendo, por isso, efetiva[48].

---

43 Nesse sentido, no que toca à investigação estatal garantista com foco na Constituição brasileira de 1988, confira o axioma: "Não há prova da materialidade e indícios de autoria sem observância das regras constitucionais e legais na construção da prova" (SILVA, Márcio Alberto Gomes. **Op. cit.**, p. 132-153).

44 "A confissão era tudo para os inquisidores. Em termos ideológicos representava que o pecador reconhecia o pecado e a possibilidade de o limpar, em termos psicológicos provava o triunfo da vontade deles sobre a do preso e a confissão de impotência por parte deste" (GREEN, Toby. **Op. cit.**, p. 86).

45 Mesmo vítimas podiam ser alçadas à condição de hereges: "em Portugal, em Évora, um quarto dos acusados de sodomia foram torturados, incluindo um rapaz de 12 anos que fora violado pelo cunhado: e depois foi julgado pelo seu 'crime' e torturado até confessar" (GREEN, Toby. **Op. cit.**, p. 99).

46 Diz-nos António José Saraiva que "para esclarecimento completo da matéria nesta fase do julgamento os inquisidores recorriam à tortura, ou tormento, cuja aplicação está minuciosamente prevista no Regimento" (SARAIVA, António José. **Op. cit.**, p. 62). Toby Green salienta que a "tortura era apenas um aspecto do processo judicial e muita gente nem o considerava abominável. Pelo contrário, era considerado um processo útil para se descobrir a verdade" (GREEN, Toby. **Op. cit.**, p. 99).

47 Nesse sentido, axioma criado por Luigi Ferrajoli: "*Nulla probatio sine defensione*" (*in* FERRAJOLI, Luigi. **Op. cit.**, p. 91).

48 O advogado nomeado pelo Santo Ofício "não podia examinar o processo, que todavia estava à inteira disposição do promotor. Às entrevistas do réu com o advogado assistia permanentemente o meirinho" (SARAIVA, António José. **Op. cit.**, p. 60).

3. O processo inquisitorial

Em síntese impactante, António José Saraiva afirma que "o processo inquisitorial, como veremos, era secreto, sem apelo, e deixava nas mãos dos inquisidores o poder praticamente arbitrário de condenar ou absolver"[49]. Indubitavelmente, o sistema persecutório levado a cabo pela Inquisição portuguesa se traduzia em um 'sistema violador total de direitos fundamentais'[50].

O sistema processual penal inquisitivo se iniciava mesmo antes da investigação e do processo em si. É possível afirmar que a máquina de persecução destinada a punir crimes de heresia (lembro que os crimes perseguidos pelo Santo Ofício eram ligados ao Direito Penal do autor[51]) se iniciava com a publicação dos editais da fé (que, como se verá alhures, incentivavam o denuncismo para a instauração de processos para punir hereges) e tinha como principal fonte probante o próprio acusado.

À partida, é preciso deixar claro que a lógica do processo penal é reativa. Parte-se da detecção de um fato supostamente criminoso, há a instauração de procedimento investigativo, com a recolha de elementos informativos e provas com o fito de elucidar o delito e, a partir daí, identifica-se o seu autor, em atividade retrospectiva, que futuramente permitirá formulação de pretensão acusatória em juízo. No processo penal pensado pelo Santo Ofício essa ideia é invertida, sendo o suspeito, como dito, a principal fonte de elementos probantes usados alhures contra ele. A lógica aqui é prospectiva: i) incentivo ao denuncismo para indicação, em massa, de suspeitos de

---

49 SARAIVA, António José. **Op. cit.**, p. 87.

50 Toby Green afirma que no sistema processual inquisitivo "a verdade vinha em terceiro lugar, depois do preconceito e do poder" (GREEN, Toby. **Op. cit.**, p. 108).

51 Punia-se quem tinha crenças diferentes da fé católica e quem tinha comportamentos não tolerados pela sociedade da época (inclusive sexuais). Eram crimes perseguidos pelo Santo Ofício (e se traduzem em claras manifestações de Direito Penal do autor): judaísmo, islamismo, luteranismo/calvinismo, sodomia, dentre outros (COELHO, António Borges. **Op. cit.**, p. 212).

práticas tidas como heréticas; ii) prisão desses suspeitos sem demonstração de efetiva necessidade e sem limitação temporal; e iii) busca incessante da confissão (inclusive mediante tortura) para confirmação da notícia, formalização da acusação e ulterior condenação (inclusive à morte, pelo braço secular[52]). Tudo em um processo guiado pelo secretismo, sem oportunidade para efetivo exercício do direito de defesa.

Nesta senda, notar-se-á que no sistema inquisitivo (para focar nas quatro últimas características aqui propostas para detectar violação de direitos fundamentais): i) havia cumulação indevida de funções no curso da persecução penal (o Santo Ofício era responsável por investigação, acusação, defesa e julgamento); ii) toda atividade persecutória era secreta (no afã de impedir que as atrocidades praticadas fossem conhecidas e que o sistema fosse questionado); iii) as provas incriminatórias eram colhidas com atropelo a direitos individuais (não se conhecia, por exemplo, o direito ao silêncio e a não autoincriminação); iv) não exista, efetivamente, atuação defensiva (posto que, ao fim e ao cabo, o defensor era indicado pelo próprio Santo Ofício).

3.1. Os editais da fé

O "Edital da Fé" era publicado anualmente, no primeiro domingo da Quaresma. Com base neste, os fiéis eram obrigados (sob pena de excomunhão) a denunciar se "sabem ou ouviram" que algum cristão batizado disse ou fez alguma das coisas que no edital eram declaradas contrárias à fé católica. Como já assentado supra, "as denúncias são, juntamente com as confissões, a base do processo do Santo Ofício"[53], na forma do § 1º do título 3º do Livro II do Regimento[54].

52 Como já salientado supra, não era o Santo Ofício o responsável pela execução da pena capital. O condenado era entregue à justiça secular para ser garrotado ou queimado, conforme o caso, em praça pública em cerimônias assistidas por numerosos súditos – os autos-de-fé.

53 SARAIVA, António José. **Op. cit.**, p. 89.

54 "Porquanto a denunciação é um dos meios principais que há para se poder em juízo proceder contra os culpados, os inquisidores sem dilação alguma ouvirão as pessoas que vierem denunciar à Mesa do Santo ofício e tomarão pessoalmente suas denunciações".

3.2. *As notícias de crimes de heresia*

As notícias, inclusive as anônimas, eram a mola propulsora da atuação do Santo Ofício (como todo processo inquisitivo, a denúncia da prática herética era secreta e o denunciado não ficava sabendo quem o havia denunciado). O denuncismo era incentivado[55], isso redundava em paranoia e em várias notícias falsas, motivadas por disputas pessoais, inveja e outros sentimentos inconfessáveis[56].

Como existia verdadeira sanha condenatória, havia empecilhos à retratação do noticiante ou testemunha, para que o processo continuasse a qualquer custo[57]. Em síntese elucidativa, António José Saraiva afirma que "todas as facilidades eram dadas à entrada das denúncias, e todas as dificuldades eram postas à sua eliminação ou exclusão"[58].

A notícia para deflagração de novos processos (identificação de novos hereges) podia ser extraída, inclusive, por meio de tortura imposta ao acusado de práticas heréticas (dizia-se que o preso estava sendo 'atormentado *in caput alienum*'[59], na forma do § 13 do título 14 do Livro II do Regimento – para indicar cúmplices).

3.3. *A persecução penal e os meios de prova (violadores) admitidos pelo Santo Ofício*

O sistema processual penal inquisitivo admitia extenso leque de opções probantes sempre no sentido de comprovar[60]

55 Os próprios fiéis que "sendo testemunhas de heresias ou actos sob a alçada da Inquisição, os não venham denunciar, estão sujeitos não apenas à excomunhão *ipso facto incurrenda* (isto é: automática), como consta do Edital da Fé, mas ainda a serem descobertos e perseguidos pelo Santo Ofício como fautores de hereges segundo se determina no Livro III do Regimento, que trata das penas" (SARAIVA, António José. **Op. cit.**, p. 89).

56 GREEN, Toby. **Op. cit.**, p. 110.

57 Nesse sentido, Fr. António de Sousa (*Aphorismi Inquisitorum* – 1630), citado por António José Saraiva, que orientava (em tratado de direito inquisitorial) que "se o acusador quiser desistir da acusação, em crime de heresia, não deve ser facilmente ouvido" (SARAIVA, António José. **Op. cit.**, p. 91).

58 SARAIVA, António José. **Op. cit.**, p. 91.

59 Na Inquisição espanhola era possível a tortura *in caput alienum* (do réu para indicação de cúmplices) e mesmo a tortura de testemunhas que cometiam perjúrio e não se retratavam (TURBERVILLE, A. S. **Op. cit.**, p. 77).

60 A palavra não foi escolhida por acaso. O sistema se traduzia em quadro mental paranoico (que se verifica quando o responsável pelo julgamento desenvolve a ideia fixa de que um alvo da persecução penal é autor do fato apurado e passa a determinar produção de provas que confirmem seu raciocínio pré-concebido).

a culpa do acusado. Havia evidente desequilíbrio entre a atuação acusatória (superdimensionada) e a atividade defensiva (praticamente inexistente, já que, como dito, era indicada pela própria Inquisição). Repito: as funções de investigar, acusar, defender e julgar eram todas acumuladas pelo Santo Ofício.

Depois da notícia da prática herética, normalmente o suspeito era preso – a prisão, medida extrema e excepcional, era lugar comum no sistema processual penal inquisitivo[61]. Depois de preso, o suspeito era revistado, despojado de seus objetos valiosos e instado a "descarregar sua consciência" (na forma do § 9º do título 4 do Livro II do Regimento[62]).

Depois da prisão, havia três sessões de interrogatório: i) genealogia; ii) *in genere* ou na generalidade; iii) *in specie* ou na especialidade. Como o sistema processual penal inquisitivo não conhecia os direitos ao silêncio[63] e a não autoincriminação[64] (outros claros indicadores de que o sistema era violador), o interrogatório era guiado pelo princípio de que competia ao preso declarar espontaneamente as suas culpas. Reforçando o secretismo do processo, o preso sequer era informado acerca do motivo da sua prisão ou sobre quem o havia delatado como herege[65]. O sistema violador escudava-se no sigilo absoluto – o acusado e todos os envolvidos no processo juravam

---

61 Confirmando o secretismo e a incomunicabilidade dos presos, António Borges Coelho afirma que "as prisões rodeavam-se do maior segredo" (COELHO, António Borges. **Op. cit.**, p. 101).

62 SARAIVA, António José. **Op. cit.**, p. 93.

63 Nas três sessões de interrogatório, "se dará juramento ao réu para dizer a verdade e ter segredo e será perguntado se cuidou em suas culpas e as quer confessar para descargo de sua consciência e seu bom despacho; e, sendo relapso ou tendo culpas de sodomia, para descargo de sua consciência e salvação de sua alma" (SARAIVA, António José. **Op. cit.**, p. 94). O autor esclarece: "a diferença de fórmulas vinha de que os sodomitas e relapsos (ou reincidentes) eram condenados à morte, em caso de culpa provada, mesmo quando confessavam as culpas" (SARAIVA, António José. **Op. cit.**, p. 94).

64 COELHO, António Borges. **Op. cit.**, p. 43.

65 SARAIVA, António José. **Op. cit.**, p. 93. Os presos "não eram informados das provas que havia contra eles nem dos nomes de quem os denunciara" (GREEN, Toby. **Op. cit.**, p. 108). O cenário era semelhante ao desenhado por Franz Fafka no livro O Processo (transcrevo a passagem que retrata a prisão do personagem principal, Josef K., sem que lhe seja minimamente explicado o porquê da privação da sua liberdade): "Não nos cabe explicar isso. Volte para seu quarto e espere ali. O inquérito está em curso, de modo que se inteirará de tudo em seu tempo devido. Saiba que exorbito de minhas atribuições ao falar-lhe tão amistosamente. Confio, porém, em que apenas me ouça Franz, o qual, igualmente, infringindo todas as regras, mostra-se-lhe muito cordial. Se você continua tendo tanta sorte como na designação de seus guardas pode alimentar esperanças" (KAFKA, Franz. **O processo,** Martin Claret, 2011, original publicado em 1925, p. 41).

nada dizer sobre os 'estilos' da Inquisição, inclusive sobre o uso desenfreado da tortura (tortura 'institucional').

A primeira sessão de interrogatório ocorria dez dias depois da prisão (recordemos que o acusado detido sequer sabia porque havia sido privado de sua liberdade) e era apenas para identificação da genealogia do preso. Averiguava-se nessa sessão se o preso sabia rezar o Padre Nosso, a Ave Maria, o Credo, a Salve Rainha e se conhecia os Mandamentos. A sessão era finalizada perguntando-se ao preso se sabia o porquê do cárcere (no processo penal que conhece e respeita direitos individuais a lógica é o extremo oposto – quando há detenção, que deve ser sempre excepcional, o preso deve ser imediatamente cientificado dos seus direitos e comunicado do motivo do encarceramento, vedada a incomunicabilidade).

O segundo interrogatório era realizado um mês depois da prisão (interrogatório *in genere*). O foco era tratar genericamente das crenças e cerimônias das quais o detido era acusado, ainda sem que se permitisse ao preso conhecer detalhadamente a acusação que contra ele pesava. Perguntava-se acerca da prática de jejuns, se o acusado comia ou não carne de porco, se não trabalhava ou não aos sábados. Ao fim da segunda sessão, novamente o preso era admoestado a confessar as culpas (o direito a não autoincriminação era novamente atropelado).

O terceiro interrogatório constituía a sessão *in specie*. Nela o preso era perguntado sobre os fatos imputados. A Inquisição podia ludibriar o acusado, em atitude extremamente desleal, dando a entender que havia um número maior de testemunhas dos supostos atos heréticos que as que de fato existiam[66].

O sistema processual penal inquisitivo buscava incessantemente a confissão. O Santo Ofício advertia o acusado de que confessar era o "único meio com que podem merecer que com

---

66 SARAIVA, António José. **Op. cit.**, p. 95.

eles se use de misericórdia"[67]. Contudo, mesmo confessando, o acusado enfrentava sérios problemas, vez que a Inquisição passava a se interessar por eventuais cúmplices – o preso era instado a declinar "a pessoa ou pessoas que lhe ensinaram os erros de que se acusa, o tempo e lugar em que foi, as pessoas que se acharam presentes, com toda miudeza"[68]. Outro inconveniente da confissão: se esta não fosse completamente coincidente com as denúncias, o preso era animado a continuar falando e admitindo suas culpas (e isso deixava o acusado desnorteado, porque ele não era informado precisamente acerca do teor das acusações). Mesmo quando a confissão era completa, a Inquisição tratava de propor fórmula ambígua com o fito de desorientar o réu e dele arrancar alguma outra prática proibida: "lhe será dito somente que trate de examinar sua consciência, e achando-a encarregada em alguma cousa mais a venha manifestar estando certo que se usará com ele de muita misericórdia"[69]. A sessão *in espécie* podia ser repetida se a confissão não satisfizesse os inquisidores. Nesse caso, o réu seria considerado "diminuto".

O sistema processual penal inquisitivo admitia a prática de tortura[70] (nos termos do título XIV do Regimento). Em síntese apertada, duas eram as situações, segundo António José Saraiva[71], que admitiam os tormentos: i) se não existisse prova da culpa (clara demonstração de que o Santo Ofício desconhecia o princípio do favor rei[72] e, como dito, atropelava os direitos ao silêncio e a não autoincriminação); ii) se a confissão

67 SARAIVA, António José. **Op. cit.**, p. 96.
68 SARAIVA, António José. **Op. cit.**, p. 96.
69 SARAIVA, António José. **Op. cit.**, p. 97.
70 A tortura (como tudo que o preso sofria nos porões da Inquisição) devia ser escondida: "os presos não devem comparecer no auto-de-fé mostrando sinais de tormento, sendo por isso de preferir o potro nos quinze dias que precediam o auto-de-fé. Com efeito, era mais fácil quebrar e deslocar membros e ossos nos tratos de polé" - a citação faz referência aos autos-de-fé, cerimônias organizadas pelo Santo Ofício nas quais os acusados considerados culpados eram entregues à justiça secular para confirmação das condenações e imposição das sanções - inclusive a de morte pela fogueira, que era executada durante a "festa" (SARAIVA, António José. **Op. cit.**, p. 99).
71 SARAIVA, António José. **Op. cit.**, p. 97.
72 O princípio em testilha prescreve que em caso de dúvida deve ser adotada a solução que mais beneficie o réu, em regra absolvendo-o.

fosse considerada diminuta (incompleta). O uso do tormento era decidido por maioria de votos. A tortura se traduzia num ato solene, com presença de outro inquisidor ou deputado, um representante da diocese e um notário[73]. A solenidade se iniciava com a seguinte fórmula:

> Que pelo lugar em que se estava e instrumentos que nele via poderia entender qual era a diligência que com ele réu estava mandada fazer; pelo que, e para a poder escusar, o tornam a admoestar, com muita caridade, da parte de Cristo Nosso Senhor, queira confessar suas culpas para com uso alcançar a misericórdia que nesta mesa se dá aos bons e verdadeiros confitentes[74].

Antes de iniciado o tormento, o notário advertia o acusado que se ele morresse ou perdesse algum sentido "culpa será sua, pois voluntariamente se expõe àquele perigo, que pode evitar confessando suas culpas, e não será dos ministros do Santo Ofício que, fazendo justiça segundo os merecimentos da sua causa, o julgam a tormento" (§ 5º do título 14 do Livro II do Regimento da Santa Inquisição). Isso demonstra que a tortura no sistema persecutório do Santo Ofício era 'institucional' (no capítulo sobre o regime ditatorial brasileiro tratarei do tema com mais vagar). Era autorizada pelo seu regimento e era aplicada segundo um método pré-estabelecido. Como em todo 'sistema violador', a culpa da morte do 'inimigo' é sempre do próprio 'inimigo', que não 'colaborou' ou que 'resistiu' à ação do aparelho persecutório. A lógica inquisitorial que trata o inquisidor como sujeito de conhecimento e o investigado/réu como objeto de conhecimento, permitindo uso de tortura para obtenção da resposta pretendida, é chamada por Zaffaroni de "sequestro de Deus"[75].

73 SARAIVA, António José. **Op. cit.**, p. 98.

74 SARAIVA, António José. **Op. cit.**, p. 98.

75 "O sujeito de conhecimento – inquisidor (interrogador ou investigador) – pergunta ao objeto do conhecimento – inquirido (interrogado ou investigado) – e deste modo obtém a verdade. Se o objeto não responde o suficiente ou o faz sem a clareza ou precisão demandada pelo sujeito, é violentado até a obtenção da resposta (mediante tortura).

O tormento mais comum era o de polé[76]. Contudo, se o preso não suportasse fisicamente os tratos a seguir descritos, era possível praticar sevícias mais brandas, como o potro[77].

Quando o réu atormentado confessava, o notário anotava a confissão e a apresentava ao detido 24 horas depois para ratificação. Se o preso se recusasse a assinar, seria novamente atormentado (se a recusa se repetisse, o réu era considerado 'diminuto' ou 'negativo' conforme o caso – e, por conta disso, era condenado à morte).

Além da busca incessante pela confissão, era possível colher provas em desfavor do acusado pela vigilância ininterrupta (por carcereiros) e por formas rudimentares de infiltração e delação (presos denunciando supostas práticas heréticas de seus companheiros de cárcere).

Os carcereiros eram encarregados de vigiar tudo o que acontecia na prisão do Santo Ofício para identificar algum indício de prática herética pelo detido. A rotina e o comportamento do encarcerado podia ser indiciária, por exemplo, de que ele era judeu e o testemunho do carcereiro atestando que ele come ou não come algum tipo de alimento que lhe era oferecido podia ser importante prova acusatória.

Os detidos, que podiam ser acomodados em determinadas celas para coletar informações para o Santo Ofício – como

---

O inquisidor ou interrogador deixa de ser um árbitro e passa a ser um investigador, a virtude está do seu lado porque exerce o poder do soberano, dado que este se considera vítima (usurpa ou confisca o papel da vítima). Deus já não decide entre dois iguais como partes, mas sim está sequestrado pelo senhor, pelo *dominus*" (ZAFFARONI, Eugenio Raul. **Op. cit.**, p. 38).

76 "O tormento devia ser normalmente de polé: o preso era atado pelos braços e içado no ar por uma corda que corria numa roldana. Antes de dar a ordem para começar, novamente o inquisidor, <com muita caridade>, aconselhava o preso a confessar. E se ele ainda recusava começavam os <tratos>. A uma ordem do inquisidor, o carrasco largava a corda e o paciente despenhava-se em direção ao solo, até que num golpe repentino a corda estacava: todo o corpo se contorcia num choque violento e as cordas enterravam-se na carne" (SARAIVA, António José. **Op. cit.**, p. 63).

77 O preso era deitado ao comprido numa espécie de banca ou leito de ripas e atado com cordas que as voltas de uma manivela iam esticando e fazendo enterrar na carne (SARAIVA, Antônio José. **Op. cit.**, p. 63). Mais uma passagem acerca da admissão de tortura para obtenção de confissão/informações no sistema inquisitivo: "se após a devida sessão de tortura a acusada se recusar a confessar a verdade, caberá ao Juiz colocar diante dela outros aparelhos de tortura e dizer-lhe que terá de suportá-los se não confessar. Se então não for induzida pelo terror a confessar, a tortura deverá prosseguir no segundo ou no terceiro dia, mas não naquele mesmo momento, salvo se houver boas indicações de seu provável êxito" (KRAMER, Heinrich e SPRENGER, James. **O martelo das feiticeiras**, 25ª edição, Record: Rosa dos Tempos, 2014, p. 433).

dito, forma rudimentar de infiltração com utilização de particulares a serviço da Inquisição – eram estimulados a deletar seus companheiros de cárcere[78], em uma forma rudimentar de delação premiada.

Mesmo amigos ou "outro homem de confiança, que tenha intimidade com a acusada" eram usados como agentes infiltrados a serviço do Santo Ofício para colher a tão perseguida confissão das práticas heréticas – estes eram animados a entabular conversas longas com as mulheres acusadas de bruxaria, nas masmorras da Inquisição[79].

Outra proposta inquisitorial de coleta probante é levar a acusada (de bruxaria) a um castelo e, depois de alguns dias de cárcere, o castelão fingir que vai sair para uma viagem demorada, com introdução de algum 'familiar' (eram como eram conhecidos os colaboradores da Inquisição) ou "mulher honesta", que simularão uma visita e prometerão "deixá-la sair em plena liberdade se ela lhes ensinar como realizar certas práticas maléficas"[80].

Em arremedo de possibilidade negocial, o *Malleus Maleficarum*[81] admite que o juiz prometa a vida à acusada, condenando-a à prisão perpétua (a pão e água), desde que forneça evidências que conduzam à condenação de outras bruxas.

---

78 SARAIVA, Antônio José. **Op. cit.**, p. 91.

79 "Então, se não for seu cúmplice, que finja ser muito tarde para retornar, e que permaneça na prisão com ela para que continuem a conversar durante a noite. E se for cúmplice, que comam e bebam juntos, e que conversem entre si a respeito de tudo o que já fizeram. Mas que do lado de fora da cela, em local propício, sejam colocados observadores, que a tudo escutem e que tomem notas de suas palavras, colocando-se junto a eles um escrivão se necessário" (KRAMER, Heinrich e SPRENGER, James. **Op. cit.**, p. 442).

80 KRAMER, Heinrich e SPRENGER, James. **Op. cit.**, p. 443.

81 Verdadeiro manual da Inquisição escrito pelos inquisidores Heinrich Kramer e James Sprenger no Século XV (KRAMER, Heinrich e SPRENGER, James. **Op. cit.**, p. 432). O texto, na época de sua publicação, foi usado como verdadeiro alicerce 'científico' para teses misóginas e discriminatórias que serviram para 'identificar' e 'caçar' bruxas, tendo sido referendado por bula do Papa Inocêncio VIII, em 1484. As teses são fantasiosas (para não dizer completamente absurdas). Cito como exemplo a explicação pormenorizada de como "as bruxas copulam com os demônios conhecidos como íncubos" - íncubos e súcubos são demônios que assumem a forma masculina e feminina, respectivamente, e travam contato sexual com mulheres e homens, respectivamente, durante o sono (KRAMER, Heinrich e SPRENGER, James. **Op. cit.**, p. 231-241). Zaffaroni vaticina que "historicamente, a primeira emergência foi teorizada pelos criminólogos medievais, chamados de demonologistas, provenientes da ordem dos dominicanos, e foi sintetizada no famoso *Malleus Maleficarum*, primeira teorização extensa, processada e elaborada com fina filigrana, de modo integrado, pela criminologia etiológica, pelo direito penal, pelo processo penal e pela criminalística (ZAFFARONI, Eugenio Raul. **Op. cit.**, p. 86).

Em síntese, vê-se que o sistema inquisitivo, como sistema violador que era, combinava a funesta fórmula de não reconhecimento de direitos dos súditos (com admissão de tortura para obtenção de confissões e indicação de novos "hereges", por exemplo), prática de atos secretos, confusão de persecução penal e prospecção e falta de fiscalização da sua atuação[82].

Continuemos. A acusação era formulada pelo próprio Santo Ofício (na figura do promotor). O promotor era o responsável pela confecção do libelo. Eram formuladas tantas acusações quantos os denunciantes, e não quantos fossem os fatos.

O processo inquisitivo não contava com participação efetiva da defesa, vez que o advogado do réu era nomeado pelo Santo Ofício – que funcionava, insisto, como investigador, acusador, defensor e juiz[83].

O sistema processual penal estudado não conhecia o direito de entrevista reservada. Reforçando a ideia de secretismo, é mister salientar que o advogado não tinha vista do processo e só conhecia os libelos e sentenças quando estes eram comunicados ao réu. O defensor não podia acompanhar o réu nos interrogatórios (nos quais este era submetido a tormento) e a defesa inicial era geral – como os depoimentos eram lidos sem a indicação dos nomes das testemunhas, a defesa precisava "contraditá-las" às escuras[84].

---

82 António Borges Coelho afirma que "o tribunal do Santo Ofício constituía um organismo autónomo, não sujeito a fiscalização externa, sobrepondo-se a todos os tribunais e justiças em matérias ditas da fé" (COELHO, António Borges. **Op. cit.**, p. 53).

83 António José Saraiva relata o disparate: "Chega enfim o dia do libelo articulado pelo Promotor de Justiça, e pela primeira vez o réu sabe as acusações, ou melhor, as denúncias que pendem sobre ele, sob a forma estudadamente vaga que vimos preceituada. E aqui surge, na sua realidade, uma personagem prevista no Regimento: o advogado do réu nomeado e responsabilizado pela Inquisição, como já sabemos. O autor das Notícias acrescenta que os advogados são escolhidos entre os familiares da Inquisição mais resolutos contra os Cristãos-Novos; <e assim, verdadeiramente, não são procuradores dos presos, senão contra os presos>. De chapéus na cabeça sentam-se o advogado e o guarda em suas cadeiras; e o réu senta-se num banquinho sem espaldar, de cabeça descoberta como um súdito em face do senhor. Nesse cenário que também parece inspirado de Kafka, decorrem as entrevistas. Mas no Processo do romancista o advogado limita-se a humilhar o réu por conta própria. Aqui ele trabalha por conta da Inquisição. Se o réu, posto perante as acusações, pretende que está inocente, o advogado trata de o exortar a que confesse "que ali não há outro remédio (...), porque se não confessa há-de estar no cárcere muitos anos, e no fim há-de sair a queimar, ou confesso como os outros" (SARAIVA, António José. **Op. cit.**, p. 118-119). Toby Green, acerca da atuação da defesa no sistema inquisitivo salienta que os advogados providenciados pela Inquisição "só tinham uma sugestão a fazer aos réus: confessar" (GREEN, Toby. **Op. cit.**, p. 111).

84 Em síntese, acerca do processo penal inquisitivo e as provas produzidas no seu curso: "É impossível não pensar

3.4. Autos-de-fé

As sentenças prolatadas pela Inquisição eram tornadas públicas em cerimônias denominadas autos-de-fé[85]. Tais 'espetáculos', realizados em um domingo, eram preparados com grande pompa e circunstância, acompanhados de faustosos banquetes, e dele participavam as principais autoridades e toda população da cidade[86].

Os presos saiam em procissão do Tribunal do Santo Ofício em cortejo guiado por religiosos, com participação de 'familiares' (como já sublinhado supra, estes eram os colaboradores da Inquisição), inquisidores e do inquisidor-geral.

Em Lisboa, os autos-de-fé eram feitos no Terreiro do Paço. Havia sermões inflamados em defesa da Inquisição e com ataques aos hereges e a leitura das sentenças.

Quando algum condenado era 'relaxado' à justiça secular, perguntava-se se ele queria morrer em comunhão com fé católica – isso conduzia ao garrote, com ulterior redução do morto a cinzas na fogueira. Se, contudo, o condenado se mantivesse fiel a sua crença religiosa, era ele queimado vivo (deixados à companhia do "Demônio, que está junto deles para lhes receber as almas e leva-las com ele às chamas do fogo infernal assim que estejam fora de seus corpos"[87]).

O espetáculo de crueldade e expiação por vezes era acompanhado de gritos da multidão para que se 'fizesse a barba' do condenado – arremetiam-se contra a face deste "tições acesos na ponta de grandes varas" até que seu rosto ficasse carbonizado[88]. A agonia do condenado à morte pela fogueira podia

---

que o processo do Santo Ofício é não apenas um processo especial, mas, mais do que isso, um simulacro de processo, um conjunto de formas ambíguas e ilusórias que permitiam ao julgador uma decisão puramente arbitrária. Esta é a sua característica fundamental" (SARAIVA, António José. **Op. cit.**, p. 111).

85 HAUGHT, James A. **Op. cit.**, p. 62.

86 Turberville afirma que os autos-de-fé da Espanha eram mais faustosos que os de Roma. O autor cita o gracejo de Voltaire em relação à cerimônia: "certo asiático, ao chegar a Madrid numa ocasião dessas, ficou na dúvida se se tratava de uma festa, de uma cerimônia religiosa, de um sacrifício, ou de uma chacina; de fato, era tudo isto" (TURBERVILLE, A. S. **Op. cit.**, p. 92-93).

87 SARAIVA. António José. **Op. cit.**, p. 76.

88 SARAIVA. António José. **Op. cit.**, p. 76.

durar horas a fio a depender do tempo, maior ou menor quantidade de ventos no dia da execução em praça pública.

Sobre os autos-de-fé, António José Saraiva sentencia que "os assistentes sentiam-se, na sua maior parte, aterrorizados e seguros, porque as vítimas pertenciam a uma minoria contra a qual se concitava o ódio"[89] (o 'inimigo', cuja liquidação física funciona, na retórica do sistema violador total de direitos fundamentais, como solução de todos os males).

4. Conclusão

Nesse capítulo foram traçadas as linhas do que chamo de 'sistema violador total de direitos fundamentais' tendo como foco o Santo Ofício (Inquisição).

Desenhei, como farei nos outros capítulos, os elementos essenciais para o reconhecimento desse sistema – o ápice entre os 'sistemas violadores'. Saliento que tais elementos não são estanques e imutáveis e podem ser aprofundados e acrescidos[90].

É interessante notar como os traços característicos aqui propostos se amoldam ao longo dos tempos (enfrentei aqui sistema penal/processual penal dos Séculos XVI a XVIII e o modelo de análise proposto é idêntico ao de outros momentos históricos por mim analisados – nazista, soviético/stalinista, do Estado Novo português, da ditadura militar brasileira e do Estado Islâmico do Iraque e da Síria). A história se repete, daí a importância de sempre recontá-la, por pior e mais triste que ela seja.

Se o regime de determinado país é totalitário/ditatorial, certamente seu sistema persecutório (e suas leis) será instrumentalizado para perseguir opositores ('inimigos') e construir condenações a todo e qualquer custo, com evidente

89 SARAIVA. António José. **Op. cit.**, p. 78.

90 Aliás, quanto maior a profundidade do estudo desenvolvido nesse tema, melhor. O estudo histórico permite prevenir que novos aparelhos estatais violadores de direitos nasçam e se desenvolvam.

atropelo dos direitos fundamentais do investigado/acusado, culminando, eventualmente, com a liquidação física destes. Como visto supra, a situação pode mesmo se agravar se o fim político for instrumentalizado pelo argumento religioso (dualidade crente x herege).

Doutra banda, mesmo um país democrático precisa estar alerta (o recorte aqui estudado se refere a sistema levado a cabo em uma monarquia absolutista nos Séculos XVI a XVIII, mas serve de alerta). O Estado Democrático de Direito pode, eventualmente ou mesmo frequentemente, violar direitos fundamentais dos seus cidadãos. Por exemplo, por meio de procedimentos apuratórios[91] e processos que não observem os direitos/garantias do investigado, prisões provisórias/cautelares desnecessárias, cárceres insalubres ou superlotados, dentre outras possibilidades.

Assim, em jeito de síntese conclusiva, qualquer traço do sistema penal ou processual penal moderno que se assemelhe aos 'estilos' do Santo Ofício merece ser rechaçado. Para tanto, é importante que a persecução penal seja aclarada e auditada (o secretismo permite abusos e dificulta a identificação de práticas abusivas), tudo com o fito de que exemplos históricos como o exposto neste capítulo não sejam novamente reproduzidos.

91 Sobre as premissas para uma investigação estatal que respeite direitos/garantias fundamentais do investigado com foco na Constituição brasileira de 1988, vide o já citado **Eficiência e respeito a direitos fundamentais na atividade investigativa – um discurso possível: pela criação de axiomas que limitem a atuação estatal na busca de uma investigação criminal garantista** (SILVA, Márcio Alberto Gomes, editora Juspodivm, 2022).

5. Imagens

Em 22 de maio de 2022, visitei a Casa da Inquisição em Mosaraz (Portugal). Lá funciona um museu onde é possível acessar processos reais da Inquisição portuguesa. A fotos foram por mim tiradas (amadoras, portanto).

Fachada da Casa da Inquisição em Monsaraz (Portugal)

Interior da Casa da Inquisição

Ré acusada de bruxaria e pacto com o demônio, que foi levada a tormento

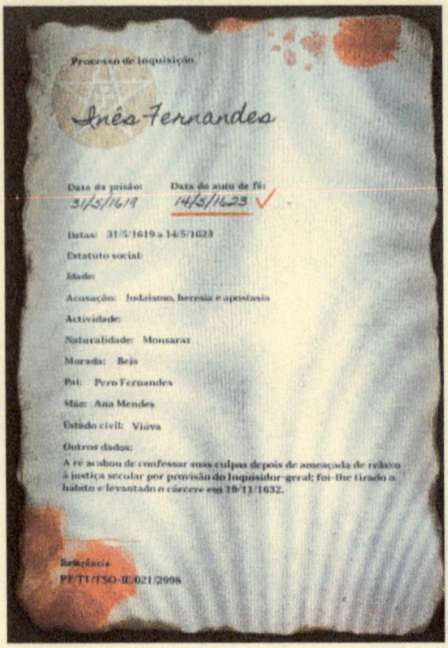

Processo de inquisição

Inês Fernandes

Data da prisão: 31/5/1619
Data do auto de fé: 14/5/1623

Datas: 31/5/1619 a 14/5/1623

Estatuto social:

Idade:

Acusação: Judaísmo, heresia e apostasia

Actividade:

Naturalidade: Monsaraz

Morada: Beja

Pai: Pero Fernandes

Mãe: Ana Mendes

Estado civil: Viúva

Outros dados:

A ré acabou de confessar suas culpas depois de ameaçada de relaxo à justiça secular por provisão do Inquisidor-geral; foi-lhe tirado o hábito e levantado o cárcere em 19/11/1632.

Referência

PT/TT/TSO-IE/021/2998

Ré que confessou suas 'culpas' após ser ameaçada de relaxamento ao braço secular

Réu acusado de judaísmo que foi encarcerado e teve seus bens confiscados

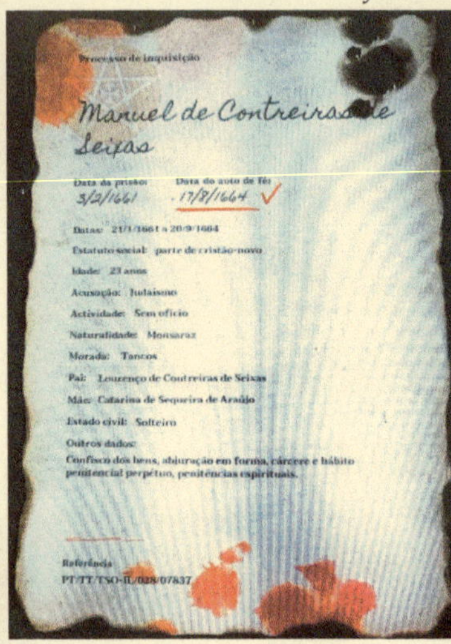

Processo de inquisição

Manuel de Contreiras de Seixas

Data da prisão: 3/2/1661
Data do auto de fé: 17/8/1664

Datas: 21/1/1661 a 20/9/1664

Estatuto social: parte de cristão-novo

Idade: 23 anos

Acusação: Judaísmo

Actividade: Sem ofício

Naturalidade: Monsaraz

Morada: Tancos

Pai: Lourenço de Contreiras de Seixas

Mãe: Catarina de Sequeira de Araújo

Estado civil: Solteiro

Outros dados:

Confisco dos bens, abjuração em forma, cárcere e hábito penitencial perpétuo, penitências espirituais.

Referência

PT/TT/TSO-IL/028/07837

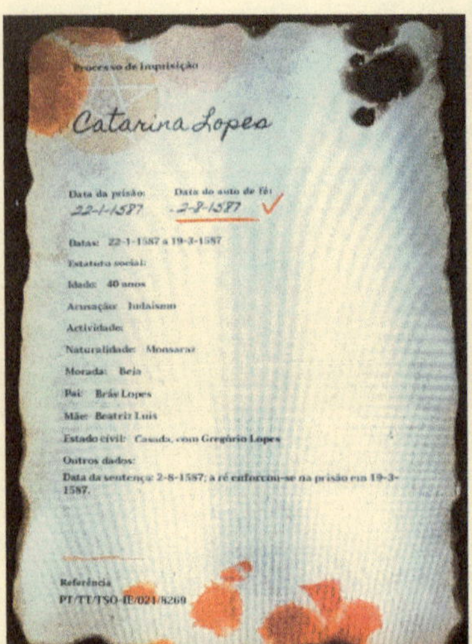

Processo de inquisição

Catarina Lopes

Data da prisão: 22-1-1587
Data do auto de fé: 2-8-1587

Datas: 22-1-1587 a 19-3-1587

Estatuto social:

Idade: 40 anos

Acusação: Judaísmo

Actividade:

Naturalidade: Monsaraz

Morada: Beja

Pai: Brás Lopes

Mãe: Beatriz Luís

Estado civil: Casada, com Gregório Lopes

Outros dados:

Data da sentença: 2-8-1587; a ré enforcou-se na prisão em 19-3-1587.

Referência

PT/TT/TSO-IE/021/8260

A ré, acusada de judaísmo, enforcou-se no cárcere do Santo Ofício

Representação de auto-de-fé em Lisboa

Em abril de 2022, visitei Évora, em Portugal.

Homenagem às vítimas da Inquisição portuguesa, na Praça do Giraldo, em Évora

Prédio onde funcionou o Palácio da Inquisição em Évora

6. Referências bibliográficas

ADONIS. **Violência e Islão**, Porto Editoral, 2016, original publicado em 2015.

BAUGHT, James A. **Perseguições religiosas**, Ediouro, 2003.

BRADBURY, RAY. **Fahrenheit 451**, Biblioteca Azul, 3ª edição, 9ª reimpressão, 2022, original publicado em 1953.

BUENO, Manuel Carlos. **Código de Hamurabi, Manual dos Inquisidores, Lei das XII Tábuas, Lei de Talião**, 2ª edição, EDIJUR, 2019.

COELHO, António Borges. **Inquisição de Évora – 1522 – 1668**, editora Caminho, 2018.

CONDE, Francisco Muñoz. **Direito Penal do Inimigo**, editora Juruá, 2012.

DE FIGUEIREDO DIAS, Jorge. **Direito Penal: parte geral – Tomo I – Questões Fundamentais; A Doutrina Geral do Crime**, 3ª. edição, Gestlegal, 2019.

FERRAJOLI, Luigi. **Direito e Razão – Teoria do Garantismo Penal**, Revista dos Tribunais, 2010.

GREEN, Toby. **A Inquisição: o reino do medo**, Editorial Presença, 2010, original publicado em 2007.

KAFKA, Franz. **O processo.** São Paulo: Martin Claret, 2011, original publicado em 1925.

KRAMER, Heinrich e SPRENGER, James. **O martelo das feiticeiras**, 25ª edição, Record: Rosa dos Tempos, 2014.

LEVI, Primo. **Os que sucumbem e os que se salvam**, Dom Quixote, 2019, original em 1986.

NIETZCHE, Friedrich. **O Anticristo**, Edições 70, 2018, original publicado em 1844-1900.

ORWELL, George. **Porque Escrevo e outros ensaios.** Artigo: Literatura e Totalitarismo, editora Antígona, 2ª. Edição, 2021, artigo original de 1941.

PLATÃO. **Fedro**, Edições 70, 2022.

SARAIVA, António José. **Inquisição e Cristãos-Novos.** Gradiva, 1ª edição, Lisboa, 2019.

SARAIVA, António José. **A Inquisição Portuguesa**, Publicações Europa América, 1956.

SCHMITT, Carl. **O Conceito do Político**, Edições 70, 2019, original publicado em 1932.

SILVA, Márcio Alberto Gomes. **Eficiência e respeito a direitos fundamentais na atividade investigativa: um discurso possível: pela criação de axiomas que limitem a atuação estatal na busca de uma investigação criminal garantista,** editora Juspodivm, 2022.

SILVA, Márcio Alberto Gomes. **Prova e Polícia Judiciária** (organizado por IBRAHIN, Francini Imene Dias, JÚNIOR, Joaquim Leitão e DE CARVALHO, Tristão Antonio Borborema). Artigo: A Inquisição como sistema violador - o processo e os meios de obtenção de provas, Editora Mizuno, 2022, p. 379-392.

TURBERVILLE, A. S. **A Inquisição Espanhola**, Portugália Editora, original publicado em 1932.

ZAFFARONI, Eugenio Raul. **O inimigo no direito penal**, Revan, 2007.

CAPÍTULO 2

O NAZISMO como sistema violador total de direitos fundamentais

1. Noções introdutórias

O presente capítulo tem em mira apresentar o nazismo como 'sistema violador total de direitos fundamentais'[1].

No tópico seguinte discutirei, resgatando modelo apresentado no capítulo anterior, a expressão 'sistema violador', mas já é possível adiantar que o Terceiro Reich alemão será categorizado como sistema violador total de direitos fundamentais porque ele foi um sistema totalitário e se traduziu em aparelho estatal explicitamente atropelador dos direitos de determinados grupos de pessoas. A sua estrutura e o seu ordenamento jurídico foram construídos para permitir diuturna inobservância dos mais caros direitos de homens e mulheres – patrimônio, liberdade, dignidade e mesmo a vida – que foram eleitos, pelo seu líder, como 'inimigos e inimigas do Estado'.

Repito: estudar com profundidade sistemas violadores é importante, na medida em que, detectadas as violações, e como foi possível essa escalada de desrespeito sistemático de direitos, será possível não as repetir. Esquecer a história, jamais! Conhecer a fundo erros históricos é fundamental para as futuras gerações. Inclusive, para identificar que ideias antigas e deletérias estão a ser reinseridas em determinado ordenamento jurídico – e que isso pode transmudar um sistema constitucional/democrático num sistema violador de direitos fundamentais.

2. O 'sistema violador total de direitos fundamentais'

Resgatando modelo apresentado no capítulo anterior, para que um Estado seja categorizado como um sistema violador total, na minha concepção, é preciso reconhecer

1 A terminologia adequada quando se fala nos direitos do homem é tema complexo. Direitos humanos, individuais, públicos subjetivos, fundamentais, dentre outras possibilidades são expressões usadas quando se estuda/explica o rol de direitos do homem dotados de historicidade, inalienabilidade, imprescritibilidade e irrenunciabilidade. A expressão utilizada no presente trabalho será direitos fundamentais (a nomenclatura foi utilizada, por exemplo, pela Constituição Federal brasileira de 1988 – título II).

que no país estudado impera o totalitarismo ou um regime ditatorial/autoritário. Esse é o traço diferenciador para que a definição 'sistema violador' alcance o patamar de 'total'. Isso porque no totalitarismo/ditadura não é possível dialogar com o Estado[2]. Não é possível contrapor ideias. Não é possível contrariar o regime sem que existam duras consequências. Repito as armas do totalitarismo, indicadas por Primo Levi: "a propaganda direta[3], ou camuflada de educação, instrução, de cultura popular; a obstrução oposta ao pluralismo das informações; e o terror"[4].

À guisa de exemplo, cito o modelo hipotético de regime totalitário desenhado por George Orwell na obra *1984*[5], uma fotografia brilhante e atemporal de um sistema violador total. As características extraídas desse fabuloso livro podem servir de modelo de análise para a identificação de um sistema totalitário. A Oceânia imaginada por Orwell vigiava diuturnamente seus cidadãos, controlava seus pensamentos e ações, punia severamente quem desafiava o sistema, utilizava-se de tortura, de execuções judiciais e extrajudiciais e manipulava a realidade, para fazê-la adequada aos interesses do líder e seu grupo próximo (dentre outros atropelos aos direitos fundamentais dos seus cidadãos).

Como dito, não é possível dialogar nem contestar o 'sistema violador total' impunemente. Para que o sistema não seja discutido e, assim, seja perpetuado a fórceps, ele precisa de uma vigilância constante, algo que muitas vezes beira a

---

2 ORWELL, George. **Porque Escrevo e outros ensaios.** Artigo: Literatura e Totalitarismo, editora Antígona, 2ª. edição, 2021, artigo original de 1941, p. 60.

3 "A publicidade nazista tinha que ser popular. Dirigida às massas. E ajustada à inteligência e às expectativas do público. O segredo era focar em meia dúzia de slogans e martelá-los na cabeça das pessoas. Do tipo: "Judeus são bacilos". Ou: "O marxismo é a estratégia judaica para subjugar o mundo". A propaganda tinha que marcar os extremos: certo/errado, bom/mau e assim por diante" (SZKLARZ, Eduardo. **Nazismo: como isso pôde acontecer**, Jandaíra, 2022, original publicado em 2014, p. 65).

4 LEVI, Primo. **Os que sucumbem e os que se salvam**, Dom Quixote, 2019, original publicado em 1986, p. 32.

5 ORWELL, George. **1984**, Porto Editora, 2021, original publicado em 1949.

paranoia. Assim, o denuncismo[6] acaba sendo lugar-comum. O próprio sistema apela para o 'dever moral' de denunciar os 'inimigos do Estado'[7] e isso permite que toda contestação visível ao sistema desapareça, porque toda fumaça de inconformismo é duramente reprimida. Tudo é permitido para manutenção do *status quo*, inclusive detenções desarrazoadas, tortura, penas degradantes/cruéis e mesmo a morte.

O cidadão desejado pelo sistema violador total é um ser disciplinado, cabisbaixo[8], desconfiado, pronto a denunciar quem desafia o regime para ser simpático aos seus olhos e que não se atreva a discutir ou desafiar a ordem posta[9]. Na definição de Orwell, o cidadão "bem-pensante"[10].

Para que o sistema violador total se sustente, e a população permaneça míope em relação aos problemas sociais, econômicos e políticos reais, é preciso a eleição de um inimigo[11], que será incansavelmente perseguido e cuja derrota acachapante significará o triunfo do Estado e a esperança de uma vida

---

6 "Toda a sua ferocidade estava direcionada para fora, contra os inimigos do Estado, os estrangeiros, os traidores, os sabotadores, os pensacriminosos. Era quase normal que pessoas acima dos trinta tivessem medo dos próprios filhos. E com motivos para tal, porque não passava quase semana nenhuma sem uma notícia no jornal a descrever como um sacaninha bisbilhoteiro – "criança herói" era o que normalmente lhes chamavam – tinha ouvido um comentário comprometedor e denunciara os próprios pais à Polícia do Pensamento" (ORWELL, George. **Op. cit.**, p. 33).

7 A Gestapo (*Geheime Staatspolizei*), polícia secreta do 'sistema violador total' nazista, utilizava-se muito do denuncismo para perseguir os 'inimigos' do Reich. O estímulo às denúncias feitas pela população era reforçado pela impressão de onipresença do aparelho repressivo estatal, levada a cabo pela propaganda nazista (MCDONOUGH, Frank. **Gestapo**, LeYa, 2016, original publicado em 2015, p. 52).

8 Hannah Arendt sentencia que "a única maneira possível de se viver no Terceiro Reich sem ter o comportamento de um nazi era não aparecer de todo". Significava, na prática, a anulação política e pública dos que pensavam contra o sistema (ARENDT, Hannah. **Eichmann em Jerusalém – Uma reportagem sobre a banalidade do mal**, editora ITACA, 2017, original publicado em 1963/64, p. 225).

9 ORWELL, George. **Op. cit.**, p. 63. Frank Dikötter vaticina: "como saber o que o povo achava do líder, uma vez que a liberdade de expressão é sempre a primeira baixa em uma ditadura? Hitler não foi eleito pela maioria, e, um ano após assumir o poder, os nazistas jogaram cerca de 100 mil pessoas comuns em campos de concentração. A Gestapo, os camisas-pardas e seus séquitos não hesitavam em prender aqueles que não clamassem o líder de maneira apropriada" (DIKÖTTER, Frank. **Como ser um ditador: o culto à personalidade no século XX**, editora Intrínseca, 2022, original publicado em 2018, p. 13).

10 Diz Orwell: "espera-se até que o membro mais humilde do Partido seja competente, diligente e até inteligente dentro de limites estreitos, mas é também necessário que seja um fanático crédulo e ignorante tendo como principais estados de ânimo o medo, o ódio, a adulação e o triunfo orgiástico" (**Op. cit.**, p. 222). "O objetivo do culto (à personalidade do ditador) não era convencer ou persuadir, mas disseminar a confusão, destruir o senso comum, forçar à obediência, isolar os indivíduos e privá-los de dignidade. As pessoas tinham que se autocensurar e também monitoravam aos demais, denunciando aquelas que não pareciam suficientemente sinceras no ofício de devoção ao líder" (DIKÖTTER, Frank. **Op. cit.**, p. 14).

11 Na obra 1984, o personagem Emmanuel Goldstein é o "traidor primordial, o primeiro conspurcador da pureza do Partido". Quem pensar e defender as ideias do traidor, automaticamente figurará como inimigo (ORWELL, George. **Op. cit.**, p. 18).

melhor para a população – que se verá livre daquela erva-daninha que impede o florescimento do jardim prometido pelo tirano[12]. Isso mantém a população em estado de letargia, porque o cidadão 'comum' passa a ter um justo receio de ser identificado como inimigo pelo aparelho repressivo estatal. Esse estado de constante terror[13] desemboca numa massa de pessoas ávidas apenas por desempenhar o papel que o sistema lhes impõe[14].

Dentre as várias explicações possíveis no que toca à construção dos inimigos do povo (e tratando especificamente da Alemanha nazista), trago à tona, uma vez mais, Carl Schmitt e sua famosa obra *O Conceito do Político*. Segundo o autor alemão – cujas teorias foram largamente utilizadas pelos nazistas para justificar barbáries –, em síntese bastante apertada, o conceito do político se traduz na definição, pelo Estado, de quem são seus amigos e inimigos[15].

Um dos impactos perniciosos dessa linha de pensamento (reducionista), sem nenhuma sombra de dúvida, é a perseguição dos 'inimigos' no plano interno – o Estado atacando

---

12 ORWELL, George. **Op. cit.**, p. 43/44.

13 Hannah Arendt afirma que "a diferença fundamental entre ditaduras modernas e as tiranias do passado está no uso do terror não como meio de extermínio e amedrontamento dos opositores, mas como instrumento corriqueiro para governar massas perfeitamente obedientes. O terror, como o conhecemos hoje, ataca sem provocação preliminar e as suas vítimas são inocentes, até mesmo do ponto de vista do perseguidor. Este foi o caso da Alemanha nazi quando a campanha de terror foi dirigida contra os judeus, isto é, contra pessoas cujas características comuns eram aleatórias e independentes da conduta individual específica" (*in* **As Origens do Totalitarismo**, 9ª. edição, 2020, editora Dom Quixote, original publicado em 1948, p. 7).

14 No ensaio Literatura e Totalitarismo, George Orwell afirma, com precisão que: "O totalitarismo aboliu a liberdade de pensamento com uma intensidade que jamais se ouviu falar em qualquer época anterior. E é importante ter consciência de que o seu controlo do pensamento não é apenas negativo, mas também positivo. Não se limita a proibi-lo de exprimir – ou até de pensar – certos pensamentos; dita o que irá pensar, cria uma ideologia para si, tenta reger sua vida emocional, assim como tenta estabelecer um código de conduta. E isola-o tanto quanto possível do mundo exterior, fecha-o num universo artificial no qual o leitor não tem padrões de comparação. O Estado totalitário procura, em qualquer caso, controlar os pensamentos e emoções dos seus súbditos pelo menos tão completamente quanto controla suas acções" (ORWELL, George. **Op. cit.**, p. 61).

15 Para o autor, a diferenciação entre amigo e inimigo "tem o sentido de designar o mais extremo grau de intensidade de uma ligação ou separação, de uma associação ou dissociação; ela pode existir em teoria e na prática sem que, ao mesmo tempo, tenham de ser aplicadas todas aquelas diferenciações morais, estéticas, econômicas ou outras. O inimigo político não precisa ser moralmente mau, não precisa ser esteticamente feio; não tem de surgir como concorrente econômico e até talvez possa parecer vantajoso fazer negócio com ele. Ele é, precisamente, o outro, o estrangeiro, e é suficiente, para a sua essência, que ele seja existencialmente, num sentido particularmente intensivo, algo outro e estrangeiro, de tal modo que, em caso extremo, sejam possíveis conflitos com ele que não possam ser decididos nem por uma normatização geral, que possa ser encontrada previamente, nem pela sentença de um terceiro 'não participante' e, portanto, 'apartidário'" (SCHMITT, Carl. **O Conceito do Político**, Edições 70, 2019, original publicado em 1932, p. 51/52).

ferozmente quem vive em seu território e é governado segundo suas leis. Uma das formas mais eficazes de perseguição 'legal' de grupos indesejáveis é a criminalização das suas crenças, do seu pensamento, do seu modo de agir. Para esse fim, regimes totalitários/ditatoriais fazem uso, em larga escala, do 'Direito Penal do autor'[16]. Abandona-se a punição de fatos considerados pela lei como criminosos e passa-se a punir o "ser" e o "pensar"[17] – o inimigo passa, dessa forma, a personificar tudo que é pernicioso e, por isso, deve ser duramente combatido, por se traduzir em um criminoso perigoso, cuja própria existência desafia o sistema posto[18].

A etapa seguinte em um 'sistema violador total' é a adoção do 'Direito Penal do inimigo'[19]. A construção teórica que cunhou essa nomenclatura é mais recente que o nazismo alemão das décadas de 30 e 40 do Século XX, mas é possível utilizá-la para explicar esse passo a passo que culminou com a construção, na Alemanha, pelo *Führer*[20] Adolf Hitler e seus asseclas, de um sistema violador total de direitos fundamentais.

---

16 Sobre o direito penal do autor, Luigi Ferrajoli, com absoluta precisão, afirma que "não se pode esquecer, todavia – seja pela época e o regime político nos quais foram sistematizados e codificados, seja, sobretudo, pela identidade do esquema teórico que o fundamenta – que estas medidas reafirmam em larga parte um modelo nazista do "tipo normativo de autor" (Tätertip) e aquele staliniano do "inimigo do povo". O pressuposto geral da sua aplicação não é, de fato, a comissão de um crime, mas uma simples qualidade pessoal determinada vez a vez com critérios puramente potestativos: aquele de "suspeito" ou de "perigoso", associada muitas vezes a elementos sintomáticos como a condição do condenado, ou do reincidente, ou do ocioso, ou do vagabundo ou similar. A sua natureza, por outro lado, se inscreve naquele mais amplo, indeterminado e variado universo, nascido principalmente das praxes e colocado à margens do direito penal e daquele administrativo que é denominado de direito de polícia (FERRAJOLI, Luigi. **Direito e Razão – Teoria do Garantismo Penal**. São Paulo: Revista dos Tribunais, 2010, p. 706).

17 DE FIGUEIREDO DIAS, Jorge. **Direito Penal: parte geral – Tomo I – Questões Fundamentais; A Doutrina Geral do Crime**, 3ª. edição, Gestlegal, 2019, p. 275.

18 Criminalizar o 'ser' e o 'pensar' é extremamente perigoso porque autoriza construções teóricas que dialogam com de privação de liberdade por tempo indeterminado e mesmo com a liquidação do 'infrator' (segundo essa linha radical de raciocínio, as únicas soluções efetivas para 'proteger' a sociedade de alguém que 'é e sempre vai ser' perigoso é o isolamento perpétuo ou a morte).

19 Defendida pelo penalista alemão Günter Jakobs e que, numa síntese apertada, permite limitação mais severa de direitos fundamentais das pessoas identificadas como inimigas do Estado. O inimigo, na visão do penalista alemão, é indivíduo que com seu comportamento se afastou, de modo decidido, do Direito e, por isso, "não proporciona a garantia cognitiva mínima necessária a um tratamento como pessoa" (JAKOBS, Günther, MELIÁ, Manuel Cancio. **Direito Penal do inimigo, noções e críticas**, 6ª. Edição, Livraria do Advogado, 2020, p. 34). Trata-se de "autor por tendência", que "rechaça, por princípio, a legitimidade do ordenamento jurídico, e por isso persegue a destruição dessa ordem" (JAKOBS, Günther, MELIÁ, Manuel Cancio. **Op. cit.**, p. 35).

20 Depois que o presidente Hindenburg faleceu, em 1º de agosto de 1934, Hitler "fundiu os cargos de chanceler e presidente sob o título de líder (*Führer*). O Exército se dispôs a fazer o seguinte juramento: 'Juro, perante Deus, obedecer sem reserva a Adolf Hitler, *Führer* do Reich, chefe supremo da *Wehrmacht*, e me comprometo, como soldado destemido, a sempre observar este juramento, mesmo com o risco da minha vida'. Agora Hitler era o líder incontestável e inquestionável do Terceiro Reich" (MCDONOUGH, Frank. **Gestapo**, LeYa, 2016, original publicado em 2015, p. 47).

A última característica que distingue o 'sistema violador total de direitos fundamentais' de um sistema violador 'comum' é a propensão à liquidação física de grupos de pessoas, opositores do regime ou mesmo inocentes eleitos pelo Estado como 'inimigos'. Para ser categorizado no ápice da classificação de 'sistemas violadores', o Estado precisa atropelar diuturnamente o bem jurídico mais caro do cidadão – a vida. No nazismo alemão, considerando especificamente as décadas de 30 e 40 do Século XX[21], não era preciso sequer processo penal formal para impor detenção, expropriação de bens, penas cruéis/degradantes e mesmo a morte de pessoas previamente eleitas como 'inimigas do Estado'[22].

Podemos, destarte, resumir a construção de um 'sistema violador total de direitos fundamentais' (tendo como pano de fundo o Terceiro Reich alemão) por meio dos seguintes passos: i) tomada do poder por um regime totalitário ou ditatorial (que não admite discussão democrática de ideias, nem alternância do poder e que se centra na figura de um líder cujas ordens são incontrastáveis[23]); ii) eleição dos 'inimigos do Estado' pelo poder dominante (no caso alemão, judeus[24], comunistas[25],

---

21 Segundo Arendt, "o regime nazi só se tornou abertamente totalitário e abertamente criminoso quando rebentou a guerra, a 1 de setembro de 1939" (**Op. cit.**, p. 153). Abertamente, porque antes o totalitarismo já existia.

22 "O trem dos deportados cruzara a fronteira húngara e, em território polonês, fora assumido pela Gestapo. E tinha parado ali. Os judeus tiveram que descrê e subir em caminhões. Os caminhões seguiram para uma floresta. Mandaram-nos descer. Mandaram-nos cavar grandes valas. Quando os deportados terminaram seu trabalho, os homens da Gestapo começaram o deles. Sem paixão, sem pressa, abateram os prisioneiros, que deveriam, um a um, se aproximar do buraco e expor a nuca. Bebês eram jogados para o alto e feitos de alvos para metralhadoras. Isso foi na Galícia, perto de Kolomyia" (WIESEL, Elie. **A noite**, editora Sextante, 2021, original publicado em 1956, p. 29).

23 Adolf Eichmann alegou diversas vezes em sua defesa quando foi julgado pelos seus crimes em Jerusalém, nos anos 60 do Século XX, que "as palavras do *Führer* tinham força de lei". Ou seja, "as ordens que emanavam diretamente de Hitler não tinham de ser escritas" (ARENDT, Hannah. **Op. cit.**, p. 250). Essa constatação é confirmada por Primo Levi, que cita Rudolf Höss (penúltimo comandante - *Oberscharführer* - de Auschwitz e inventor das câmaras de ácido cianídrico – ele foi condenado à morte em Varsóvia, em 1947) e próprio Eichmann, resumindo as justificações de ambos para suas práticas criminosas da forma que se segue: "fomos educados para a obediência absoluta, para a hierarquização, para o nacionalismo; fomos embebidos de slogans, embriagados de cerimônias e de manifestações; ensinara-nos que a única justiça era o que agradava ao nosso povo, e a única verdade eram as palavras do Chefe" (LEVI, Primo. **Op. cit.**, p. 31).

24 A eleição do judeu como inimigo pode ser claramente identificada na obra *Mein Kampf* (escrita por Hitler quando este esteve detido em face de uma tentativa falhada de tomar o poder). O ódio pelos judeus aparece em vários trechos do livro e os "inimigos do povo" são responsabilizados por todos os problemas da sociedade alemã (HITLER, Adolf. **Mein Kampf – A Minha Luta**, Guerra e Paz, 3ª edição, 2018, original publicado em julho de 1925).

25 Os comunistas foram intensamente caçados pela Gestapo como 'inimigos' do Reich. "O incêndio do Reichstag, em 27 de fevereiro de 1933, ofereceu ao regime de Hitler o pretexto ideal para desencadear uma onda brutal e sem precedentes de violência contra o Partido Comunista. Na noite do incêndio, 10 mil comunistas foram presos. Os jornais

ciganos[26], homossexuais[27] e pessoas com deficiência, para listar alguns exemplos); iii) utilização do aparato legal para transmudar o inimigo em 'criminoso' (ou, *latu senso*, pessoa que contraria a lei) ou pessoa 'descartável' (como as pessoas com deficiências, que foram fisicamente eliminadas pelo programa Aktion T4[28]) – 'Direito Penal do autor'[29]; iv) tratamento mais severo dispensado ao inimigo que ao 'cidadão comum'[30] (com possibilidade de detenções arbitrárias, confisco do patrimônio, tratamento degradante, penas cruéis, chegando, no ápice, à eliminação física) – Direito Penal do inimigo.

Assim é que o Terceiro Reich alemão: i) traduzia-se em um regime totalitário (centralizado na figura do *Führer*) ii) elegeu judeus (e outros grupos acima citados) como inimigos do povo e do Estado; iii) editou as chamadas Leis de Nuremberg (que findaram retirando a proteção jurídica das pessoas eleitas como

---

comunistas foram fechados, as manifestações e comícios proibidos. Os campos de concentração 'selvagens' improvisados pela SA passaram a ser o foro principal da violência anticomunista" (MCDONOUGH, Frank. **Op. cit.**, p. 101). Aqui se observa clara perseguição relacionada ao 'pensar'. A oposição política não era tolerada pelo sistema violador total nazista. A defesa de ideias comunistas ou mesmo a demonstração pública de descontentamento ou não concordância com as diretrizes do governo nazista eram duramente reprimidas. No mesmo sentido, Frank Dikötter esclarece que "Hitler usou o incidente (incêndio do Reichstag) para alegar que uma trama comunista estava em curso. Decretada a suspensão de direitos básicos, "o terror e a propaganda agora caminhavam de mãos dadas, à medida em que centenas de milhares de camisas-pardas perseguiam e capturavam seus oponentes" (DIKÖTTER, Frank. **Op. cit.**, p. 72).

26 "No dia 8 de dezembro de 1938, Himmler promulgou um decreto igualmente ameaçador, intitulado 'Combate à Praga Cigana', que falava na necessidade de enfrentar o problema cigano nos termos das 'características íntimas dessa raça' (MCDONOUGH, Frank. **Op. cit.**, p. 180).

27 Segundo Eric Frattini os homossexuais eram considerados "corruptores do sangue alemão". Assim, a homossexualidade foi declarada pelo regime nazista "crime de degeneração contrário ao sentimento popular saudável". O autor aponta o perecimento de 5 mil a 15 mil homossexuais nos campos de Dachau, Buchenwald, Gross-Rosen, Mauthausen, Natzweller, Ravensbruck e Auschwitz-Birkenau (FRATTINI, Eric. **Ahnenerbe: os cientistas de Hitler**, 2021, Bertrand Editora, p. 25 e 27). A Gestapo, a partir de outubro de 1934, passou a contar com uma "seção especial encarregada da homossexualidade no quartel-general berlinense" (MCDONOUGH, Frank. **Op. cit.**, p. 175). A criminalização da homossexualidade masculina (o lesbianismo não era penalmente reprimido, apensar dos nazistas considerarem as lésbicas "aberrantes sexuais") encontrava abrigo no parágrafo 175 do Código Penal alemão. O dispositivo é clara expressão do 'Direito Penal do autor' – criminalização do 'ser'.

28 A operação Aktion T4 foi desencadeada por determinação do *Führer*, oficialmente e secretamente a partir de outubro de 1939, e tinha o objetivo de conceder "morte misericordiosa" a quem fosse diagnosticado com algumas condições supostamente hereditárias como: "fraqueza mental, esquizofrenia, transtorno maníaco-depressivo, epilepsia genética, doença de Huntingon, cegueira genética, surdez genética, deformidade física severa e alcoolismo crônico" (FRATTINI, Eric. **Op. cit.**, p. 78-79). "Em agosto de 1941, já terão sido mortas cerca de 70 mil pessoas" (BENSOUSSAN, Georges. **Atlas do Holocausto – A execução dos judeus da Europa, 1939 -1945**, editora Guerra e Paz, 2022, p. 40).

29 Jorge de Figueiredo Dias, no mesmo sentido aqui defendido, afirma que o Direito Penal do autor foi largamente utilizado pela legislação penal nacional-socialista alemã e fascista italiana imediatamente antes e durante a II Grande Guerra (**Op. Cit.**, p. 276).

30 "Claro que houve uma coerção brutal no nazismo, mas também houve um amplo consenso. E a explicação é simples: o terror nazista foi seletivo, sobretudo no início. Começou vitimando comunistas e social-democratas, depois atingiu judeus, gays, testemunhas de Jeová, deficientes físicos e mentais, alcoólatras, bandidos e outros grupos impopulares. O alemão médio foi preservado. Assim, a ferocidade inicial do regime ganhou mais ibope do que perdeu. O controle social não inspirou medo na maioria – e sim confiança" (SZKLARZ, Eduardo. **Op. cit.**, p. 85).

inimigas e serviram de marco legal para fundamentar violações de direitos fundamentais); iv) identificou compulsoriamente, expulsou, deteve, confiscou os bens, atropelou os direitos mais mínimos e, finalmente, liquidou fisicamente seus inimigos[31].

3. A doutrina penal nazista

No livro 'Doutrina Penal Nazista', Eugenio Raul Zaffaroni demonstrou como a cosmovisão nazista subverteu a dogmática penal alemã, que passou a teorizar a partir dos valores defendidos por Hitler e seus asseclas.

O jurista argentino, inicialmente, conclama a importância da construção de um "direito penal humano", que procura efetivar a "premissa de que todo ser humano é pessoa e deve ser tratado como tal", consagrado na positivação dos Direitos Humanos a partir de 1948. No sentido oposto, há o "direito penal desumano", que admite "haja humanos não tratados como pessoas ou que dissimule ou acobertem essa realidade". Na mesma linha defendida nessa obra, Zaffaroni afirma que "em todas as ditaduras, há seres humanos que são privados do status jurídico de pessoa e a que se combate livremente por qualquer meio"[32].

O ponto de partida para construção da doutrina penal nazista foi a eliminação do pensamento científico divergente.

31 A solução da questão judaica pelo regime nazista alemão foi sendo modificada (e se tornando mais gravosa e cruel): primeiro a expulsão, depois a identificação compulsória, a concentração, culminando com a liquidação física. "A perseguição aos judeus foi um processo gradual. Os nazistas queriam expeli-los da economia, distanciá-los dos vizinhos e depois expulsá-los da Alemanha. Os alemães que com eles se misturavam socialmente, antes que Hitler tomasse o poder, marginalizaram-nos posteriormente e os excluíram. O regime nazista chegou a promulgar quatrocentas leis antijudaicas diferentes" (MCDONOUGH, Frank. **Op. cit.**, p. 187). Eis relato estarrecedor da violência sem limites dos nazistas contra seus inimigos judeus na Polônia: "quando os alemães invadiram nosso país, em 1939, entraram nas casas dos judeus. Os homens foram levados em massa para serem transportados até os campos de trabalho forçado, as mulheres foram estupradas. *Rassanschande* não importava. Eu vi como eles pegavam crianças pequenas pelos pés e quebravam a cabeça delas batendo contra uma árvore ou um umbral. Essa era a moda naquela época. Parece que todo ano há uma moda nova na SS. Em 1940, a moda era, em dupla, puxar as crianças até que literalmente arrebentassem. Em 1941, pegavam uma bacia d'água e afundavam o rosto da criança. Assim, as pobrezinhas se afogavam em 10 centímetros de água. Nos últimos tempos, eles ficaram um pouco mais calmos. Matam os judeus com gás, os campos agora são sanatórios em comparação com alguns anos atrás, porque agora eles exterminam as pessoas de maneira mais sistemática" (WIND, Eddy de. **Última parada: Auschwitz: meu diário de sobrevivência**, Planeta do Brasil, 2019, original publicado em 1946, p. 106-107).

32 ZAFFARONI, Eugenio Raul. **Doutrina Penal Nazista: a dogmática penal alemã entre 1933 a 1945**, tradução Rodrigo Murad do Prado, editora Tirant lo Blanch, 2019, p. 23.

Hans Frank, "dirigindo-se aos juristas advertiu sem meias palavras que tinham proibida toda crítica à lei, porque, assim como todo bom nazista, estão estritamente ligados ao seu *Führer* pelo dever de lealdade e obediência"[33]. Construiu-se, assim, um pensamento científico que se ocupou de teorizar o Direito Penal sob a ótica dos valores do grupo detentor do poder político. Nessa tarefa, destacaram-se os advogados Georg Dahm e Friedich Schaffstein, da Escola de Kiel.

Um outro traço importante da 'politização' da ciência jurídica foi a 'limpeza' da academia. Professores judeus e os docentes que defendiam teses divergentes da cosmovisão nazista foram defenestrados dos seus cargos, para que a disseminação do novo pensamento teórico não enfrentasse oposição[34].

A construção dogmática penal da Alemanha nazista partia da premissa de que que a comunidade popular (*Volksgemeinschaft*), composta pelos alemães arianos, respondia "a suas normas por condicionamento biológico interno"[35]. Esse pensamento desembocou na conclusão de que o Direito se transmitia geneticamente (a 'herança genética' se perpetuava apenas na raça ariana) e fundamentou a construção de um Direito Penal racista.

O próximo passo dessa construção teórica foi interpretar que o crime é uma traição à *Volksgemeinschaft*. Como o ariano, nessa absurda construção teórica, possuía um senso de ética/justiça inato, a prática de uma conduta ilícita (que atinge negativamente a comunidade popular) significava um ato de traição. Outro pilar de sustentação da doutrina penal nazista era a convicção de que a comunidade popular é sistêmica – e, portanto, seus integrantes devem desempenhar o papel que

33 ZAFFARONI, Eugenio Raul. **Op. cit.**, p. 134. "Adultos ou crianças, indistintamente, escutavam que o *Führer* está sempre certo" (DIKÖTTER, Frank. **Op. cit.**, p. 82).
34 Esse pensamento foi implementado com sucesso na Universidade de Kiel (ZAFFARONI, Eugenio Raul. **Op. cit.**, p. 155).
35 ZAFFARONI, Eugenio Raul. **Op. cit.**, p. 29.

deles é esperado. Resgatou-se o *Formicarius*, de Johanes Nider, ideia de que a sociedade correspondia a um formigueiro, no qual cada formiga tem um papel, sabe sua função e deve agir em prol da comunidade[36].

Em síntese, Zaffaroni afirma que "o direito surgia da comunidade do povo e, como apontava Hitler, o Estado era considerado apenas um instrumento para outro objetivo, que era a realização da comunidade do povo mesma"[37]. É importante relembrar que a comunidade do povo era formada apenas por alemães arianos ("quem está fora da comunidade do povo está fora do direito, não é partícipe do direito"[38]). A ideia de comunidade, portanto, advinha de matriz biológica, natural e o simples fato de pertencer à raça ariana "dotava cada indivíduo de um sentimento de justiça inato"[39].

Como a sociedade foi concebida como 'formigueiro', cada indivíduo devia ocupar seu papel na comunidade do povo. O crime nascia, destarte, da inobservância desse dever, da quebra do sistema social imposto e do dever de obediência ao sistema. O Direito Penal, assim, foi carregado de um conteúdo ético e o crime praticado por um membro da comunidade, insisto, constituía um ato de traição. Todas essas noções permitiram/contribuíram para a inobservância do primado do *nullum crimen sine lege* (princípio da legalidade), com introdução da analogia no Código Penal do Reich.

A base teórica que permitiu as barbáries nazistas foi construída também fora do Direito Penal, por expoentes do calibre do já citado Carl Schimtt, que teorizou a destruição do ordenamento das leis escritas, que deviam ser substituídas pela arbitrariedade absoluta, "com uma suposta ordem que identificava ética e direito, inclusive sonhando com o

36 ZAFFARONI, Eugenio Raul. **Op. cit.**, p. 29.
37 ZAFFARONI, Eugenio Raul. **Op. cit.**, p. 61.
38 ZAFFARONI, Eugenio Raul. **Op. cit.**, p. 77.
39 ZAFFARONI, Eugenio Raul. **Op. cit.**, p. 61.

desaparecimento do Estados de leis, para surgir, no futuro, um direito de comunidade"[40]. Esse pensamento, atrelado ao entendimento de que o *Führer* era o magistrado dos magistrados e a sua interpretação era sempre a última e a melhor para comunidade popular relativizava qualquer lei formalmente editada e significava o superdimensionamento do Poder Executivo que, à época, se sobrepôs ao Legislativo e ao Judiciário (consolidação do totalitarismo).

Nessa linha, Carl Schmitt concluiu que a vontade de *Führer* é última fonte do Direito. Essa construção serviu para legitimar a funesta "Noite das Facas Longas" (*Nacht der langen Messer*), que culminou com o assassinato maciço de opositores de Hitler no partido nazista. Três dias depois do massacre, Hitler editou uma lei com um único artigo, que afirmava que as medidas executadas entre 30 de junho e 1º de julho de 1934 estavam em "conformidade com o direito de defesa necessária do Estado"[41].

A escolha do conceito do político de Carl Schmitt para guiar o modelo de análise proposto nesta obra não foi por acaso. A redução da complexa e plural discussão política à simples dualidade amigo/inimigo é perigosíssima. Essa construção, como se verá em todos os capítulos, serviu de pano de fundo para a construção de 'sistemas violadores de direitos fundamentais' ao longo da história e foi usada intensamente pelos nazistas para justificar seus crimes bárbaros[42].

---

40 ZAFFARONI, Eugenio Raul. **Op. cit.**, p. 45.

41 "É impactante a teorização criada para justificar a "Noite das Facas Longas" (quando opositores de Hitler foram liquidados fisicamente por determinação deste). Dias após, o Führer editou um mandamento legal que considerou todos os assassinatos práticas lícitas, materializadas em legítima defesa do Estado. Carl Schmitt, asseverou que o "Führer protege o direito dos piores abusos, quando perante o perigo cria o direito em junção da sua condução como máximo senhor do tribunal. O verdadeiro Führer sempre é também juiz. Da condução deriva a judicialidade. Na verdade, o fato do Führer foi autêntica judicialidade, não submeteu a justiça, mas sim foi ele mesmo a máxima justiça. O poder judicial do Führer se origina na mesma fonte jurídica de todo o direito do povo. Na necessidade máxima, protege-se o máximo do direito e aparece o máximo grau de judicialidade vingadora para a realização desse direito" (ZAFFARONI, Eugenio Raul. **Op. cit.**, p. 46).

42 "O nazismo, dado que sua essência era a de um programa político radical de construção de um sistema, precisava inventar um inimigo de seu projeto de instalação de sociedade sistêmica" (ZAFFARONI, Eugenio Raul. **Op. cit.**, p. 103).

No nazismo, segundo Zaffaroni, os humanos foram classificados em "próprios, estranhos, inimigos, traidores e perdedores". Essas classificações correspondiam aos arianos (próprios), não arianos (estranhos), judeus/ciganos (inimigos) e arianos dissidentes (traidores)[43].

Ao Direito Penal foi atribuída a "função de extermínio dos chamados 'estranhos à comunidade' ou 'parasitas sociais', entre os quais não somente eram incluídos os delinquentes habituais e os homossexuais, mas também os chamados *Untermenschen*, raças inferiores, especialmente os judeus"[44].

Ora, se o 'inimigo' é a causa da degeneração da sociedade, ele deve ser caçado e exterminado pelo que 'é' e pelo 'perigo' que representa à 'comunidade do povo'. Essa foi a retórica difundida pelo 'sistema violador' nazista por meio da refundação da doutrina penal alemã – a partir da cosmovisão nazi.

A dogmática penal abandonou a ideia de que o crime atinge bens jurídicos relevantes e passou a focar no Direito Penal como instrumento de defesa da 'comunidade do povo'. O delito passou a ser considerado violação de um dever jurídico[45].

O delírio nazista pode ser sintetizado no pensamento de Roland Freisler. O presidente do *Volksgericht* (Tribunal do Povo)[46] "começava perguntando-se se o direito penal quer limitar-se a reagir diante de resultados danosos ou se o que o povo quer é criar com seu direito penal e sua aplicação um aparelho de contínua operação de autolimpeza do seu próprio corpo"[47]. Essa segunda acepção do Direito Penal ("Direito Penal de luta", segundo Freisler) não se limitava a eliminar o perturbador da paz, mas sim de excluir "o tipo mesmo do perturbador da paz, ou seja, todo aquele que apresente a

---

43 ZAFFARONI, Eugenio Raul. **Op. cit.**, p. 26.
44 ZAFFARONI, Eugenio Raul. **Op. cit.**, p. 12.
45 ZAFFARONI, Eugenio Raul. **Op. cit.**, p. 168.
46 Como se verá adiante, o *Volksgericht* foi criado em 1934 para julgar delitos políticos.
47 ZAFFARONI, Eugenio Raul. **Op. cit.**, p.122.

característica de portador do princípio não social, anárquico"[48]. Esse raciocínio é evidentemente perigosíssimo, porquanto determinista, biológico, calcado no 'ser' e permissivo da liquidação física de quem nada fez no mundo dos fatos.

Outros pilares da doutrina alemã nazista foram: i) o 'Direito Penal da vontade' (deve ser observada a intenção do agente, ainda que, objetivamente, o crime não se consume, por exemplo[49]), defendido por Freisler, que afirmava que o vínculo não era fato-resultado-expiação, mas sim culpabilidade-expiação (para o 'sentimento ético', não é necessário a consumação do delito, mas a vontade do agente)[50]; e ii) o 'Direito Penal do autor' (criminalização do 'pensar', do 'ser' e do 'crer', com nítido afastamento do Direito Penal do fato).

A construção teórica que acreditava numa raça pura e numa comunidade sistêmica deu legitimidade ao assassinato em massa e à esterilização de doentes. O racismo fundamentou, ainda, a edição das Leis de Nuremberg[51], o decreto de eliminação de recém-nascidos disformes, dentre outros abusos cometidos pelo estado totalitário alemão nazista.

Na mesma linha de 'refundação' da dogmática penal a partir da cosmovisão nazista, Edmund Mezger, reformulou sua 'culpabilidade normativa' para inserir a necessidade de pena pela 'culpabilidade de autor', com a eliminação dos incorrigíveis, em virtude de "determinantes biológicos" e a possibilidade de aplicação de pena indeterminada para criminosos habituais[52].

O doutrinador alemão neokantista teorizou o que Zaffaroni chamou de "dolo com cegueira", posto que, para aquele,

---

48 ZAFFARONI, Eugenio Raul. **Op. cit.**, p. 123.
49 ZAFFARONI, Eugenio Raul. **Op. cit.**, p. 96.
50 ZAFFARONI, Eugenio Raul. **Op. cit.**, p. 121-122.
51 Zaffaroni aponta o advogado Wilhelm Stuckart como principal autor dos projetos da Lei para a proteção da honra e do sangue alemães e da Lei de cidadania do Reich. Ele também participou do decreto de eliminação de recém-nascidos disformes e representou o Ministro do Interior na Conferência de Wansee, onde foi decidida a 'solução final' (ZAFFARONI, Eugenio Raul. **Op. cit.**, p. 50).
52 ZAFFARONI, Eugenio Raul. **Op. cit.**, p. 139.

era possível punir o agente como se tivesse se comportado dolosamente, mesmo sem que ele tivesse agido efetivamente com dolo[53].

Em jeito de síntese, e de acordo com Francisco Muñoz Conde, a Escola de Kiel (tendo à frente Dahm e Schafstein) tentou "converter o Direito Penal em um Direito Penal de autor e da vontade, no qual a 'atitude interna' e a 'violação do dever de fidelidade ao *Führer* e ao povo alemão' constituíam a base do conceito material do delito"[54].

4. Autonomização do aparelho policial

Em todos os capítulos desta obra aponto que o 'sistema violador total de direitos fundamentais' se vale do sistema persecutório como um instrumento para perpetuação do *status quo,* silenciando ou tentando silenciar qualquer oposição ao regime[55]. Nesse sentido, Zaffaroni afirma que "em todo crime maciço, as polícias se autonomizam e operam à margem dos juízes, dando origem a um sistema penal subterrâneo".

O jurista argentino acrescenta, com razão, que nos Estados de Direito (acrescento eu: nos Estados Democráticos de Direito), a autonomização dos aparelhos policiais é – ou pelo menos deve ser – contida. Para frear essa atuação subterrânea, os abusos precisam ser seriamente investigados e punidos. Caso contrário, ter-se-á mera retórica (discurso inflamado inadmitindo o atropelo a direitos e, na prática, impunidade

53 "Quando um ser humano adulto incorre em um aborto, em uma ação homossexual, em uma afronta à raça, se consciência de que isto seja uma injustiça, até querendo aceitar sua alegação, não satisfaz o desvalor do fato uma pequena pena por desconhecimento culposo do direito". Mezger entendia que o desconhecimento acerca das proibições nazis seria inadmissível como desculpa, por se tratar de *crimina odiosa.* (ZAFFARONI, Eugenio Raul. **Op. cit.**, p. 142).

54 ZAFFARONI, Eugenio Raul. **Op. cit.**, p. 12.

55 "Você acorda de manhã e vai à banca comprar jornal. No caminho, vê uma viatura policial em frente à casa de uma amiga. Os vizinhos a denunciaram por não responder à saudação nazista. Ao chegar na banca, você vê estampada na capa do jornal a lista de empresas que mantêm negócios com judeus. Elas serão ameaçadas pelo governo e poderão fechar as portas. No trabalho, você fica sabendo que seu chefe foi preso porque é gay. E repara que um colega escuta cada vez que você fala ao telefone. No fim da tarde, você vai ao dentista e finalmente volta para casa a fim de relaxar. Mas dá de cara com um policial sentado no sofá da sua sala. Ele acusa você de comunista. Você nega, mas ele diz que sabe de fonte segura. Seu dentista te dedurou. E se for mentira pouco importa. Seu destino está decidido. Você enfrentará uma sessão de tortura para confessar o crime. Depois será confinado num campo de concentração por tempo indeterminado. Bem-vindo à sociedade policial do Terceiro Reich" (SZKLARZ, Eduardo. **Op. cit.**, p. 84).

dos agentes estatais que torturam e liquidam fisicamente pessoas) e o país corre o risco de se transmudar em um 'sistema violador de direitos fundamentais'.

Na Alemanha nazista, a autonomização policial não só foi tolerada como incentivada[56]. Os 'inimigos' da comunidade do povo estavam à mercê do aparelho policial[57] – da SS (*Schutzstaffel*) e da Gestapo (*Geheime Staatspolizei*)[58]. Não é demais lembrar que os abusos cometidos pelos membros da SS não eram da competência dos tribunais judiciais (a *Schutzstaffel* respondia apenas ao *Führer*).

5. O Tribunal do Povo

Outro órgão importante na 'tarefa' de liquidação de 'inimigos' do 'sistema violador total de direitos fundamentais' nazista e, como tal, instrumento de manutenção do *status quo* por meio do terror estatal, foi o Tribunal do Povo (*Volksgericht*).

Criado em 1934, o tribunal era composto por juízes e militares e tinha a competência para julgar delitos políticos. Nele, destacou-se a figura do já citado Roland Freisler[59], um dos seus presidentes. Nos processos sob sua presidência não havia defesa efetiva, os réus eram humilhados, insultados, injuriados, cuspidos, as audiências duravam minutos e as sentenças com imposição de pena capital eram prolatadas com frequência.

Freisler morreu quando presidia uma sessão do *Volksgericht, em* 3 de fevereiro de 1945, quando, depois de um bombardeio inglês, uma coluna do edifício o esmagou.

56 "O sistema punitivo formal, ou seja, a justiça penal, ocupava-se dos arianos traidores ou delinquentes comuns" (ZAFFARONI, Eugenio Raul. **Op. cit.**, p. 85-86).

57 "A alucinada sociedade sistêmica que os nazistas procuraram impor considerava que seus inimigos externos eram as raças inferiores que podiam contaminá-la e destruí-la. A tarefa encomendada ao direito administrativo policial era a eliminação destes inimigos (judeus, ciganos, etc.)" (ZAFFARONI, Eugenio Raul. **Op. cit.**, p. 234).

58 "Assim, durante a guerra, os trabalhadores civis poloneses que incorriam em atos de indisciplina ou abandono do trabalho eram diretamente executados pelas autoridades policiais sem intervenção judicial alguma" (ZAFFARONI, Eugenio Raul. **Op. cit.**, p. 85-86).

59 "Como presidente do *Volksgericht* durante três anos, conseguiu entrar na história como o palhaço carrasco disfarçado de juiz mais trágico e letalmente ridículo de todos os tempos" (ZAFFARONI, Eugenio Raul. **Op. cit.**, p. 90).

6. Leis de Nuremberg, o império das leis, o 'Direito Penal do autor' e 'Direito Penal do inimigo'

Em setembro de 1935, o *Reichstag*[60] aprovou, por unanimidade, as chamadas Leis de Nuremberg[61]. São dois mandamentos legais (a Lei da Proteção do Sangue Alemão e da Honra Alemã[62] e a Lei de Cidadania do Reich[63]) que se traduzem em marcos normativos que autorizavam o Estado alemão a diferenciar (discriminar) com base em critérios raciais[64] – a matriz discriminatória nazista se funda, repiso, na suposta existência

---

60 Parlamento alemão.

61 BENSOUSSAN, Georges. Op. cit., p. 29-30

62 **Lei da Proteção do Sangue Alemão e da Honra Alemã**

Motivado pela percepção de que a pureza do sangue alemão é a condição essencial para a existência contínua do povo alemão e inspirado pela determinação inflexível de assegurar a existência da nação germânica para sempre, o Reichstag adotou, por unanimidade, a seguinte lei, promulgada abaixo:

Artigo 1

1. Os casamentos entre judeus e indivíduos do estado de sangue alemão, ou com ele relacionado, são proibidos.
2. Os casamentos, no entanto, já concluídos, são inválidos, mesmo que concluídos no exterior para circundar esta lei. Os processos de anulação só podem ser iniciados pelo promotor público.

Artigo 2

As relações extraconjugais entre judeus e indivíduos do estado de sangue alemão, ou com ele relacionado, são proibidas.

Artigo 3

Os judeus não podem empregar nas suas casas mulheres do estado de sangue alemão, ou com ele relacionado, com menos de 45 anos de idade.

Artigo 4

1. Os judeus estão proibidos de hastear a bandeira do Reich ou a bandeira nacional, ou de expor as cores do Reich.
2. Têm, por outro lado, autorização para expor as cores judaicas. O exercício deste direito está protegido pelo estado.

Artigo 5

1. Qualquer pessoa que viole as proibições referidas no Artigo 1 será punida com prisão com trabalho forçado [Zuchthaus].
2. Um homem que viole as proibições referidas no Artigo 2, será punido com prisão [Gefängnis] ou prisão com trabalho forçado.
3. Qualquer pessoa que viole o exposto nos Artigos 3 e 4, será punida com prisão com trabalho forçado de até um ano e uma multa, ou com uma destas penalidades.

Artigo 6

O ministro do Interior do Reich, em coordenação com o Delegado do *Führer* e com o ministro da Justiça do Reich, emitirá os regulamentos legais e administrativos necessários para aplicar esta lei.

Artigo 7

A Lei entra em vigor no seguinte à sua promulgação, exceto o Artigo 3, que entra em vigor a 1 de Janeiro de 1936.

63 **Lei de Cidadania do Reich**

O Reichstag decretou, por unanimidade, a seguinte lei, que é promulgada no presente documento:

Artigo 1

1. Um indivíduo do estado é uma pessoa que goza da proteção do Reich alemão e que, em consequência, tem obrigações específicas para com isso.
2. O estatuto do indivíduo do estado é adquirido de acordo com as disposições do Reich e da Lei de Cidadania do Reich.

Artigo 2

1. Um cidadão de Reich é um indivíduo do estado que é de sangue alemão, ou com ele relacionado, e prova, pela sua conduta, que está disposto e apto a servir fielmente o povo alemão e Reich.
2. A cidadania do Reich é adquirida através da concessão de um certificado de cidadania do Reich.
3. O cidadão do Reich é o único portador de direitos políticos completos de acordo com a lei.

Artigo 3

O ministro do Interior do Reich, em coordenação com o Delegado do *Führer*, emitirá as ordens legais e administrativas necessárias para implementar e concluir esta lei.

64 FRATTINI, Eric. **Op. cit.**, p. 11.

de uma raça pura, a ariana, e aponta que a raiz de todos os problemas na Alemanha é o sangue impuro de judeus e outras "sub-raças"[65] que viviam no território do Reich[66].

O passar dos anos vai demonstrar que os mandamentos legais foram um marco crucial de uma estratégia concebida para 'legalizar'[67] ataques dirigidos aos inimigos do Terceiro Reich[68]: os judeus[69] (e os ciganos[70], homossexuais[71] e comunistas). Esse importante passo na direção de transmudar o Estado alemão em um 'sistema violador total de direitos fundamentais' pode ser resumido em um ponto principal: negar aos judeus (inimigo) o status de cidadãos – fazê-los apátridas os deixou reféns do aparelho estatal alemão, pois nenhum

---

65 "Os nazis têm por objetivo, efetivamente, estabelecer uma espécie de sistema de castas, com quatro castas principais que correspondem quase exatamente às da religião hindu. No topo vem o partido Nazi, em segundo vem a massa do povo alemão, em terceiro vêm as populações europeias conquistadas. Em quarto e último virão os povos de cor, os 'semi-símios', como lhes chama Hitler, que ser]ao abertamente reduzidos à escravatura" (ORWELL, George. **Porque Escrevo e outros ensaios.** Artigo: O Leão e o Unicórnio: o Socialismo e o gênio Inglês, editora Antígona, 2ª. edição, 2021, artigo original publicado em 1941, p. 111.

66 Com o objetivo de emprestar cientificidade às ideias esdruxulas de Hitler, o *Reichsführer* das SS, Heinrich Himmler, criou a Sociedade para a Investigação e Ensino da Herança Ancestral – conhecida como Ahnenerbe, uma estrutura "científica" que construiu premissas que validaram a ideologia de supremacia da raça ariana (FRATTINI, Eric. **Op. cit.**, p. 14).

67 "As Leis de Nuremberg permitiram prender os judeus por um novo crime: 'degradação racial' (*Rassenschande*). Elas criminalizaram as relações sexuais entre judeus e não judeus. Isso tornava mais fácil denunciá-los à Gestapo por infração da lei. Portanto, foi só depois da promulgação das Leis de Nuremberg que a Gestapo se envolveu intensamente com a perseguição à população judaica (MCDONOUGH, Frank. **Op. cit.**, p. 193).

68 "Mal Hitler tomou o poder (ou, como talvez se deveria dizer com mais exatidão, mal o poder lhe foi entregue), imediatamente promulgou em 28 de fevereiro o Decreto para proteção do povo e do Estado, que suspendia os artigos da Constituição de Weimar referentes às liberdades individuais. Esse decreto nunca foi revogado, de forma que todo o III Reich pode ser considerado, do ponto de vista jurídico, um estado de exceção que durou doze anos" (AGAMBEN, Giorgio. **Estado de Exceção**, Edições 70, 2021, original publicado em 2003, p. 13). O estado de exceção aqui citado foi decretado com base no artigo 48° da Constituição de Weimar, um dia depois do incêndio do *Reichstag* (Parlamento alemão). A partir dele, "todos os 'inimigos do povo' podiam ser presos e postos em prisão preventiva (*Schutzhaft*). Isso acabou com o direito anterior da pessoa detida de ser libertada ou levada a um tribunal e acusada dentro de 24 horas. Dali por diante, qualquer um podia, teoricamente, ficar preso sem acusação nenhuma. Não havia defesa legal contra isso. Os direitos fundamentais consagrados pela Constituição de Weimar foram destruídos" (MCDONOUGH, Frank. **Gestapo**, LeYa, 2016, original publicado em 2015, p. 33).

69 A partir da edição das Leis de Nuremberg, "os judeus passaram a ser marginalizados, já que os alemães evitavam qualquer relação que pudesse ser qualificada como traição à pátria entrando em contato com o inimigo do sangue ariano (FRATTINI, Eric. **Op. cit.**, p. 69).

70 Em dezembro de 1942, o *Reichsführer* das SS, Himmler, determinou a deportação de ciganos para Auschwitz-Birkenau. Dos 21 mil ciganos deportados, a maioria morre de fome ou de tifo (BENSOUSSAN, Georges. **Op. cit.**, p. 56). Os ciganos podiam fugir, eventualmente, da deportação caso "consentissem em ser esterilizados" (MCDONOUGH, Frank. **Op. cit.**, p. 182). Os ciganos eram considerados "associais" (e isso, na concepção nazista, decorria da sua "raça" inferior). A esterilização forçada possibilitava a alteração dessa "classificação" (ciganos esterilizados podiam ser classificados como "socialmente ajustados").

71 "Ainda temos homossexualidade na SS. Oito a dez casos por ano. Essas pessoas serão degradadas e expulsas e entregues ao tribunal. Depois de cumprir a pena, eles são levados para um campo de concentração e fuzilados enquanto tentam escapar. Desta forma, espero tirar esse tipo de gente da SS até o fim". Essa frase foi dita em 1937 por Heinrich Himmler, *Reichsführer* das SS, e está exposta no memorial '*Topographie des Terrors*' – Topografia do Terror, em Berlim (visitei a exposição, que foi construída no local onde ficava a sede da Gestapo e da SS, em 08 de setembro de 2021).

país soberano podia reclamar, validamente, qualquer tratamento digno/humano em relação a eles[72].

Esse tipo de legislação, calcada no "ser", que retira direitos e abre caminho para imposição de restrição de direitos ou sanções apenas pelo fato da pessoa existir, é extremamente desleal e contrária à dogmática penal[73]. Punir um ser humano por sua crença, sua religião, sua opção sexual, pela cor de sua pele, pela sua etnia/raça é bárbaro, pedante, desumano e agressivo. O Estado que edita leis penais[74] que permitem inaugurar persecução penal calcada nesse viés discriminatório acredita que há uma crença, uma religião, uma opção sexual, uma cor de pele, uma etnia/raça melhor, superior, correta e que tudo que não se adequa ao modelo tido como 'ideal' é ilegal e, por isso, merecedor de punição.

A admissão do 'Direito Penal do autor' é um dos indicadores importantes no estudo dos sistemas violadores[75]. O Direito Penal deve se ocupar de punir fatos – condutas eleitas como perniciosas à vida em sociedade e que findam atropelando bens jurídicos tidos como relevantes. A criminalização de pessoas, pensamentos ou crenças ao longo da história deu azo a graves violações de direitos individuais antes mesmo do nazismo aqui estudado (caça às bruxas e hereges pela Inquisição[76], por exemplo – vide capítulo 1 deste livro).

72 "Os assessores jurídicos elaboravam a legislação necessária para tornar os judeus apátridas, o que era importante por duas razões: tornava impossível a um país inquirir sobre o paradeiro dos desaparecidos e, por outro lado, permitia ao Estado em que a vítima residia confiscar os seus bens" (ARENDT, Hannah. **Op. cit.**, p. 210).

73 O Direito Penal é fragmentário e tem o papel de proteger bens jurídicos relevantes contra fatos graves contra estes praticados (Direito Penal do fato). Esses fatos, em atenção aos princípios da legalidade, anterioridade e reserva legal devem estar minuciosamente descritos em lei formalmente e materialmente constitucional, aprovada pelo Poder Legislativo (quanto mais "aberta" a descrição fática proibida pela lei penal, maior a discricionariedade estatal na imposição da sanção prevista).

74 Na Alemanha nazista, a "solução final" da questão judaica não demandou sequer efetiva utilização do Direito Penal. Não havia necessidade de formalização de uma acusação, processo, defesa e julgamento para a liquidação física dos "inimigos". O "atalho" foi a desnacionalização. Agambem deixa claro que "uma das poucas regras a que os nazis sempre se ativeram no decurso da "solução final" era a de os judeus e ciganos só poderem ser enviados para os campos de extermínio depois de terem sido desnacionalizados por completo (mesmo dessa cidadania de segunda classe que lhes era atribuída após as leis de Nuremberg). Quando os seus direitos deixam de ser direitos do cidadão, então o homem é verdadeiramente sagrado, no sentido que o termo "sacro" tinha no direito romano arcaico: votado à morte" (AGAMBEM, Giorgio. **Para lá dos direitos do homem**, Antígona Editores Refractários, 2021, original publicado em 1996, p. 61).

75 Nesse sentido, axioma criado por Luigi Ferrajoli: "*Nulla injuria sine actione*" (FERRAJOLI, Luigi. **Op. cit.**, p. 91).

76 António Borges Coelho afirma que "relendo o gráfico e o capítulo sobre a repressão ideológica e sexual,

Essa disfunção ('Direito Penal do autor' – ou, o que é pior, qualquer alternativa legal que prive arbitrariamente os outrora cidadãos de todos os seus direitos) é sobremaneira mais nefasta quando precedida, como foi no sistema violador total nazista, da eleição deliberada de 'inimigos', que findam sendo perseguidos pelo Estado e não tendo seus direitos fundamentais respeitados[77], e pela imposição de sanções mais gravosas a estes que aos 'cidadãos comuns'. Tem-se, então, o já mencionado 'Direito Penal do inimigo'[78]. Nesta esteira, a preocupação de Manuel Monteiro Guedes Valente é relevante:

> O Direito penal, que há muito se afastou da barbárie e da vingança individual e coletiva (inquisitória) e se assumir como limitação de poder do soberano, entra a passos largos em uma linha de estabelecimento de uma nova tentativa de despir o ser humano dos direitos, liberdades e garantias fundamentais penais materiais e processuais, que a dogmática jurídico-criminal procurou cimentar no seio da contradição ou do casamento incompatível[79].

7. Os campos de Auschwitz e Birkenau (Auschwitz II)

7.1. Da chegada ao campo até o perecimento

Aqui veremos, de forma sintética, a dinâmica da atuação do Terceiro Reich na materialização da "solução final da

---

verificamos que o modelo apontado pela Inquisição à sociedade portuguesa se definia pela negação do judeu, do mouro, dos luteros, dos blasfemos, dos bruxos, dos bígamos, dos solicitantes, dos nefandos sodomitas (fachonos, somíticos e somítegos)" (**Inquisição de Évora – 1522 – 1668**, editora Caminho, 2018, p. 563).

77 "Há cinco anos que não se vê nascer sobre esta terra uma manhã sem agonias, uma noite sem prisões, uma tarde sem carnificinas" (CAMUS, Albert. **Cartas a um amigo alemão**, Livros do Brasil/Porto Editora, 2021, original publicado em 1948, p. 52). O trecho da obra de Albert Camus sintetiza o permanente clima de terror imposto pelo III Reich àqueles que foram previamente eleitos como seus inimigos (os judeus, principalmente).

78 Nas palavras de Manuel Cancio Meliá, "a) o Direito Penal do inimigo não estabiliza normas (prevenção geral positiva), mas demoniza (igual exclui) a determinados grupos de infratores; b) em consequência, o Direito Penal do inimigo não é um Direito Penal do fato, mas do autor" (JAKOBS, Günther, MELIÁ, Manuel Cancio. **Op. cit.**, p. 101). Outra disfunção: o inimigo é escolhido ao bel-prazer dos detentores do poder. Nesse sentido, Zaffaroni leciona que "o grau de periculosidade do inimigo -, portanto, da necessidade de contenção – dependerá sempre do juízo subjetivo do individualizador, que não é outro senão o de quem exerce o poder" (ZAFFARONI, Eugenio Raul. **O inimigo no direito penal**, Revan, 2007, p. 25).

79 VALENTE, Manuel Monteiro Guedes. **Direito Penal do Inimigo e o Terrorismo – O progresso ao retrocesso**. Almedina, 2020, p. 47.

questão judaica", decidida na Conferência de Wannsee[80], com foco nos campos de Auschwitz e Birkenau (Auschwitz II)[81].

Depois da decisão acerca do extermínio físico dos judeus, a execução destes foi acelerada. Desde o início da guerra, a liquidação física dos 'inimigos" existia, mas a partir da decisão, o processo passou a ser muito mais rápido[82].

Os judeus, ciganos e todas as vítimas do nazismo aportavam em Auschwitz por meio de ferrovias[83]. Na chegada, os detidos eram submetidos a uma seleção, uma rápida escolha feita pelos médicos alemães logo após o desembarque[84]. Essa seleção separava os aptos para o trabalho, que engrossariam as

---

80 O evento (Conferência dos *Staats-sekretäre*) ocorreu em 20 de janeiro de 1942, nas imediações de Berlim. A reunião foi presidida pelo *Obergruppenführer* Reinhard Heydrich (encarregado pelo *Reichsmarschall* Hermann Göring da preparação da "solução final") e organizada pelo *Obersturmbannführer* Adolf Eichmann. Ali foi selada a "solução final" da questão/problema judaico, ou seja, a liquidação física de 11 milhões de judeus – o processo envolvia o registro compulsório de judeus (para facilitar sua identificação), reunião, deportação para campos de extermínio e liquidação física (ARENDT, Hannah. **Op. cit.**, p. 10/11 e 207/234).

81 No dia 19 de março de 2022, visitei os campos de Auschwitz e Birkenau (Auschwitz II), para aprofundar o conhecimento acerca dos temas aqui tratados. Visitei, ainda, em 16 de junho de 2022, o *Kamp Vught*, localizado em 's-Hertogenbosch (Holanda). O *Kamp Vught* foi um campo de concentração construído em 1942 e o único fora da Alemanha nazista (e áreas anexadas) administrado diretamente pelas SS (seu primeiro comandante foi Karl Chmieleski). Passaram pelo campo cerca de 32.000 prisioneiros (entre judeus, prisioneiros políticos, criminosos comuns, antissociais, homossexuais, dentre outras categorias de detentos). O campo foi evacuado em setembro de 1944 e libertado em outubro do mesmo ano.

82 Desde a *Kristallnacht* (Noite dos Cristais, em novembro de 1938), por meio de outros *pogroms* (ataques e chacinas contra judeus) e pela ação dos *Einsatzgruppen* - verdadeiros esquadrões da morte que simplesmente fuzilavam os "inimigos" e deixavam um rastro de mortes por onde passavam. Inicialmente foram quatro comandos (3000 homens ao todo), criados pelo RSHA (*Reichssicherheitshauptamt* – Departamento Central de Segurança do Reich), então chefiado por Reinhard Heydrich, cuja missão era "assassinar homens judeus e comissários políticos do Exército Vermelho" (BENSOUSSAN, Georges. **Op. cit.**, p. 58). Sobre a atuação dos *Einsatzgruppen*, Primo Levi pontua que seus integrantes recebiam, discretamente, álcool, de modo que "os massacres fossem velados pela embriaguez" (LEVI, Primo. **Op. cit.**, p. 34). O álcool era a ferramenta usada pelos comandantes nazistas para que o "trabalho sujo" fosse executado pelo grupamento mais facilmente, sem contestação.

83 Primo Levi (jovem químico italiano que, em dezembro de 1943, foi capturado na Itália e, no início de 1944, foi deportado para Auschwitz) narra que o transporte se dá "em vagões de mercadorias, fechados por fora, e lá dentro homens, mulheres crianças, apinhados sem piedade, como mercadoria barata, em viagem para o nada, em viagem para baixo, para o fundo" (LEVI, Primo. **Se isto é um homem**. Dom Quixote, 2021, original publicado em 1958, p. 15). As deportações de judeus, depois de determinadas pelo RSHA (pelo departamento sob responsabilidade de Adolf Eichmann), eram organizadas pela Gestapo (MCDONOUGH, Frank. **Op. cit.**, p. 204).

84 A seleção é narrada por Primo Levi de maneira impactante: "em menos de dez minutos, todos nós, homens válidos, fomos reunidos num grupo. O que aconteceu aos outros, às mulheres, às crianças, aos velhos, não pudemos esclarecer nem naquela altura nem depois: a noite engoliu-os, pura e simplesmente. Hoje, todavia, sabemos que, naquela escolha rápida e sumária, avaliara-se se cada um de nós podia ou não trabalhar utilmente para o *Reich*; sabemos que nos campos, respectivamente de Buna-Monowitz e Birkenau, só entraram, do nosso comboio, noventa e seis homens e vinte e nove mulheres e que de todos os outros, num total de quinhentos, nem um se encontrava vivo dois dias depois" (LEVI, Primo. **Op. cit.**, p. 18). As crianças, quando não eram imediatamente liquidadas fisicamente logo após o desembarque em Auschwitz, também se sujeitavam a seleções. Em diálogo impactante com o jovem König (conhecido como Henek – também sobrevivente do citado campo), Primo Levi relata que "as crianças em Birkenau eram como aves migratórias: ao cabo de poucos dias, eram transferidas para o Bloco das experiências, ou diretamente para as câmaras de gás". König (Henek), segundo Levi, findou se estabelecendo como Kapo (chefe) do Block das crianças e era o responsável pela seleção destas. Primo Levi perguntou ao seu jovem interlocutor: "não sentias remorsos?". König (Henek) respondeu "não: porque deveria senti-los? Existiria porventura qualquer outro modo de sobreviver?" (LEVI, Primo. **A trégua**, Dom Quixote, 2020, original publicado em 1963, p. 29).

fileiras do esforço de guerra alemão por meio de trabalhos forçados em condições degradantes, dos inaptos, que seriam imediatamente encaminhados para a liquidação nas câmaras de gás[85]. Antes de serem assassinadas, as vítimas eram orientadas a deixar seus pertencentes (que eram pilhados pelos soldados alemães), eram despidos (as roupas eram reaproveitadas para servir a outros prisioneiros) e eram conduzidos às câmaras de gás (sempre com uso de desinformação – os detidos pensavam que estavam se despindo para serem "desinfectados"). A morte se dava por asfixia, com a utilização do gás Zyklon-B[86] – era muito mais barato e eficiente dizimar pessoas com uso de gás do que assassiná-las, por exemplo, por meio de fuzilamento[87]. Depois de assassinados os detidos, entrava em cena o *Sonder-Kommando*[88], grupamento composto por judeus, que tinha a incumbência de cremar os corpos, não sem antes cortar seus os cabelos[89] e arrancar os dentes de ouro[90].

---

85 "Quando um comboio a abarrotar de judeus chegava a um centro, procedia-se à seleção: os mais fortes iam trabalhar. Muitas vezes, eram eles que iam operar a própria maquinaria de extermínio. Todos os outros eram mortos de imediato" (ARENDT, Hannah. **Op. cit.**, p. 210). "Para esquerda iam todos os velhos, os inválidos e os meninos até mais ou menos 18 anos. Para a direita, os jovens e fortes" (WIND, Eddy de. **Op. cit.**, **p.** 16). O relato de Chil Rajchman acerca da seleção na chegada no inferno chamado Treblinka (campo de extermínio localizado na Polônia) é dramático: "estou nu e olho à minha volta. Não tenho mais nenhuma ilusão, estamos perdidos. Observo que, nos galpões defronte, mulheres e crianças se despem. Ouvem-se gritos de angústia. Impossível se aproximar. Recebemos ordens para formar. Todo mundo obedece. Os que ainda estão tirando a roupa são ferozmente espancados. Uma vez todos alinhados, eles se aproximam e escolhem uma centena de homens, unicamente jovens. Faço parte esse grupo, os outros são levados, não sabemos para onde" (RAJCHMAN, Chil. **Eu sou o último judeu: Treblinka (1942-1943)**, Zahar, 2010, original publicado em 2009, p. 32). Os selecionados, evidentemente, foram imediatamente assassinados.

86 Gás fabricado pela IG Farben para exterminar ratos nos porões de navios e que foi usado pelos nazistas para exterminar seres humanos em Auschwitz-Bikenau. Nem todos os campos de extermínio usavam a mesma solução mortífera. Em Treblinka, por exemplo, os assassinos faziam uso do monóxido de carbono expelido por motor a diesel (RAJCHMAN, Chil. **Op. cit.**, p. 72).

87 É impactante e execrável, mas o Estado violador total de direitos fundamentais da Alemanha nazista pensou em todas as formas de tornar a liquidação física dos inimigos um processo rápido e menos custoso. Era uma linha de produção de cadáveres.

88 "Cabia-lhes a tarefa de manter a ordem entre os recém-chegados (muitas vezes totalmente ignorantes do destino que os esperava) que deviam ser introduzidos nas câmaras de gás, retirar das câmaras os cadáveres, tirar os dentes de ouro dos maxilares, cortar os cabelos femininos, separar e classificar as roupas, o calçado e o conteúdo das bagagens; transportar os corpos para os crematórios e superintender o funcionamento dos fornos, e extrair e eliminar as cinzas. A Equipe Especial de Auschwitz contava, conforma os períodos, de 700 a 1000 efetivos" (LEVI, Primo. **Op. cit.**, p. 57-58). Sobre os *SonderKommando*, Primo Levi diz que "ter concebido e organizado as Equipes foi o crime mais demoníaco do nacional-socialismo" (LEVI, Primo, **Op. cit.**, p. 61). Shlomo Venezia, memorialista que fez parte do SonderKommando de Birkenau, narrou com precisão as penosas atribuições do grupo (VENEZIA, Shlomo. **Sonderkommando: no inferno das câmaras de gás**, Objetiva, 2010).

89 Ainda hoje é possível ver, em Auschwitz, toneladas de cabelos cortados de pessoas assassinadas pelos nazistas no campo (os cabelos eram comercializados). Em Treblinka, Chil Rajchman executou a tarefa de cortar os cabelos das mulheres de cortar os cabelos das mulheres selecionadas pelos nazistas para serem exterminadas nas câmaras de gás do campo. Ele era tonsurador. Um judeu cortando os cabelos de judias pouco antes da liquidação física destas (RAJCHMAN, Chil. **Op. cit.**, p. 49-55).

90 Hannah Arendt relata que "nos centros de extermínio, o trabalho material de matar era geralmente realizado por comandos judaicos". Eles operaram "as câmaras de gás e os fornos crematórios", arrancaram "os dentes de ouro"

Além do extermínio representado pelo assassinato massivo de judeus nas câmaras de gás, praticamente tudo nos campos de Auschwitz e Birkenau conduzia ao perecimento[91], senão vejamos[92]: i) adoecer[93] e se mostrar inapto para o trabalho significava morte porque acelerava o encaminhamento do prisioneiro doente para as câmaras de gás (Primo Levi narra, com assustador detalhamento, seleção havida em Auschwitz-Monowitz[94], no inverno de 1944 – em poucos minutos, um graduado da SS inspecionou a barraca de duzentos homens e decidiu, sem qualquer contestação ou possibilidade de recurso, quem continuaria vivo ou quem seria deslocado para Auschwitz-Birkenau para liquidação física[95]); ii) tentar fugir significava morte tanto em razão dos disparos dos soldados da SS quanto por enforcamento caso o plano fosse descoberto

e cortaram "o cabelo aos cadáveres" e cavaram suas sepulturas (ARENDT, Hannah. **Op. cit.**, p. 220). Há estimativas de extração diária de 30 a 35 quilos de ouro puro, a partir de dentes, joias, objetos e moedas em Auschwitz-Birkenau (BENSOUSSAN, Georges. **Op. cit.**, p. 87).

91 Analisando apenas a privação de liberdade (em relação aos detidos que foram mantidos vivos depois da chegada), nota-se que o sistema, também nesse particular, era violador de direitos fundamentais em um grau extremo. O objetivo claro do sistema era desumanizar seus alvos – "humilhar, degradar, reduzir o homem ao nível das suas vísceras. Por isso as viagens nos vagões selados, deliberadamente promíscuos, deliberadamente privados de água (não se tratava neste caso de motivos econômicos). Por isso a estrela amarela ao peito, o corte dos cabelos, até para as mulheres. Por isso a tatuagem, a roupa grotesca, os sapatos que faziam tropeçar. Por isso, e não seria compreensível de outra forma, a cerimônia típica, predileta, quotidiana, de marca em passo militar dos homens-farrapos diante da banda, uma visão mais grotesca do que trágica" (LEVI, Primo e BENEDETTI, Leonardo De. **Assim foi Auschwitz**, Objectiva, organizado por Fábio Levi e Domenico Scarpa, 2022, p. 95). Reforçando a ideia de desumanização (mesmo dos que era admitidos para o trabalho forçado), Eddy de Wind afirma (sobre a chegada ao campo): "eram empurrados e acotovelados, tratados aos berros, e se não fossem rápidos o bastante, espancados até que encontrassem uma roupa. Uma camisa, uma calça de linho e um paletó, um gorro e um par de tamancos de madeira ou sandálias. Não era possível procurar pelo tamanho certo, e assim ficavam parecendo palhaços em seus uniformes de prisioneiros" (WIND, Eddy de. **Op. cit.**, p. 28). O mesmo funesto relato foi feito por Elie Wiesel - deportado aos 15 anos para Auschwitz. Depois do desembarque no campo não viu mais sua mãe e sua irmã. Passou por Birkenau e Monowitz, sobreviveu à evacuação (marchas da morte) e a Buchenwald, onde viu seu pai morrer: "outro barracão: o depósito. Mesas muito compridas. Montes de uniformes de prisioneiros. Corremos. Ao passar, nos jogam calça, blusão, camisa e meias. Em pouco segundos tínhamos deixado de ser homens. Se a situação não fosse trágica, poderíamos ter caído na gargalhada. Que trajes! Meir Katz, um gigante, ganhou calça de menino, e Stern, um homenzinho magro, uma camisa que se perdia" (WIESEL, Elie. **Op. cit.**, p. 65-66).

92 Hannah Arendt esclarece que "segundo ordens expressas do *Reichsführer* Himmler, quando alguém entrava num campo de concentração, nunca mais podia sair de lá" (**Op. cit.**, p. 130).

93 Sobre as doenças mais frequentes em Auschwitz-Monowitz, Primo Levi e Leonardo De Benedetti (italianos sobreviventes) listam: i) doenças distróficas (relacionadas à nutrição deficiente); ii) doenças do sistema gastrointestinal; iii) doenças devidas ao frio; iv) doenças infecciosas gerais e cutâneas; v) doenças cirúrgicas; vi) doenças de trabalho. Essa lista é pormenorizada no "Relatório sobre a organização higiênico-sanitária do Campo de concentração para Judeus de Monowitz (Auschwitz – Alta Silésia)", elaborado pelo químico Primo Levi e pelo médico Leonardo De Benedetti, a pedido do governo da União Soviética – o campo de Auschwitz foi libertado pelo Exército Vermelho, em janeiro de 1945 (LEVI, Primo e BENEDETTI, Leonardo De. **Op. cit.**, p. 17-48).

94 Auschwitz III (campo de trabalhos forçados - *Arbeitslager*).

95 LEVI, Primo. **Op. cit.**, p. 131-138.

e abortado[96]; iii) a fome enfraquecia e aproximava o detido da morte (os presos eram sustentados com quantidades de alimento muito inferiores ao necessário para a manutenção adequada de um ser humano[97]); iv) o frio também enfraquecia e, por vezes, matava (em Birkenau havia construções de madeira e os prisioneiros enfrentavam o frio do inverno polaco sem um sistema efetivo de aquecimento) – Primo Levi resume o problema do frio em uma frase impactante: "da mesma forma com que se vê acabar uma esperança, assim hoje de manhã chegou o inverno"[98].

Havia, ainda, a funesta utilização de seres humanos em experiências levadas a cabo pelos médicos e cientistas nazistas[99], como as esterilizações feitas em mulheres judias com uso de radiação e injeções de ácido no útero[100].

Entre os artífices dos horrendos experimentos levados a cabo pelos nazistas, destaca-se o *Hauptsturmführer* (capitão)

96 Primo Levi narra uma das execuções, por enforcamento, a que ele assistiu no período em que foi cativo em Auschwitz-Monowitz – ao todo ele testemunhou treze enforcamentos públicos (LEVI, Primo. **Op. cit**,p. 158-160).

97 LEVI, Primo. **Op. cit.**, p. 36 (o autor a define como "fome crônica"). "De vez em quando – cerca de uma vez por mês -, procedia-se nas várias secções do hospital à chamada 'seleção dos mulçumanos' (esta expressão pitoresca designava os indivíduos que tivessem emagrecido extremamente), através da qual eram escolhidos os doentes fisicamente mais débeis com o intuito de os enviar para as câmaras de gás" (LEVI, Primo e BENEDETTI, Leonardo De. **Op. cit.**, p. 43). Eis relato assustador de Elie Wiesel sobre a fome: "a única coisa que ainda me interessava era meu prato de sopa diário, meu naco de pão duro. O pão, a sopa – eram toda minha vida. Eu era um corpo. Talvez menos que isso: era um estômago faminto. Só o estômago sentia o tempo passar" (WIESEL, Elie. **Op. cit.**, p. 83). Lutar contra a fome e o esgotamento por ela gerado era lutar pela vida. Os mais fracos, chamados nos campos de "mulçumanos" eram alvo das seleções e seu destino era a liquidação física: "sabíamos o que significava (a seleção). Um SS ia nos examinar. Ao deparar com um fraco, um 'muçulmano', como dizíamos, anotaria seu número: só serve para o crematório" (WIESEL, Elie. **Op. cit.**, p. 103). "O joelho dobra com o peso dos ossos. E a cabeça, de tão pesada, leva o resto do corpo até o chão. Essas pessoas terminam na posição de reza do islã – daí serem chamadas de muselmäner (muçulmanos)" (SZKLARZ, Eduardo. **Op. cit.**, p. 185).

98 LEVI, Primo. **Op. cit.**, p. 132. Em síntese dramática: "quem suportava o trabalho nas minas? Quem tinha condições de dragar cascalho no rio catorze horas por dia, muitas vezes com água acima da cintura? Quem podia aguentar as surras e quem era imune às infecções?" (WIND, Eddy de. **Op. cit.**, p. 143).

99 Como a extração de testículos de jovens prisioneiros depois de terem sido esterilizados com raios X ou extirpação de úteros depois de esterilização por meio de injeção de substâncias tóxicas. Houve, ainda, as experiências com gêmeos e crianças (que foram intencionalmente infectadas com o vírus da tuberculose) feitas por Josef Mengele e tantas outras materializadas em outros campos de concentração e extermínio, levadas a cabos pelos médicos nazistas (FRATTINI, Eric. **Op. cit.**, p. 250/275). Leonardo De Benedetti revela que Mengele, *Hauptsturmführer* das SS - médico capitão das SS, era o responsável pela revisão das seleções (segundo exame) no hospital de Auschwitz (cabia a ele, destarte, a palavra final acerca dos doentes que iam ser enviados às câmaras de gás). Leonardo, judeu italiano deportado da Itália para Auschwitz-Monowitz, narra que foi "salvo" pelo Dr. Mengele de quatro seleções, depois de se identificar como médico (LEVI, Primo e BENEDETTI, Leonardo De. **Op. cit.**, p. 58 e 75).

100 "Ah, é tudo tão lúgubre aqui. Agora outra vez com as moças gregas. O que fazem exatamente, eu não sei. Elas são queimadas por dentro. Eram quinze. Tiveram uma dor tremenda após a intervenção. Uma delas morreu" (WIND, Eddy de. **Op. cit.**, p. 73). O objetivo das experiências era brutal: "eles querem encontrar uma maneira fácil de esterilização para usar em povos como os poloneses, russos e, se for o caso, talvez até nos holandeses" (WIND, Eddy de. **Op. cit.**, p. 148).

das SS Josef Mengele[101], também responsável pelas seleções, que separavam os admitidos no campo de concentração de Auschwitz dos que seriam imediatamente liquidados fisicamente nas câmaras de gás. As atrocidades não pouparam nem as crianças que, "amarradas a placas de mármore, tinham as colunas, os olhos e órgãos internos investigados, perfurados por injeções e cortados, muitas vezes com emprego de substâncias químicas desconhecidas e sem anestésico"[102].

7.2. Secretismo

O secretismo é uma característica inerente ao sistema violador de direitos fundamentais[103]. O Estado que não observa os direitos fundamentais dos seus cidadãos não consegue conviver com a publicidade, porque se as diuturnas violações forem expostas, é natural que isso gere repercussões negativas dentro e fora do país[104]. Uma população que pouco sabe acerca do que se passa nos porões do regime totalitário e que lida apenas com as notícias que são produzidas por canais de informações do Estado ou a ele ligados é mais dócil e aceita mais facilmente o estado de coisas[105].

Duas facetas podem ser identificadas em relação ao secretismo nos campos de concentração de Auschwitz e Birkenau: i) os próprios prisioneiros, em regra, não sabiam o seu cruel e triste destino[106] antes de estarem trancados nas câmaras de

101 O "Anjo da Morte" atuou em Auschwitz de 1943 a 1945.

102 POSNER, Gerald L. e WARE, John. **Mengele: a história completa do anjo da morte de Auschwitz**, Cultrix, 2019, original publicado em 1986, p. 27.

103 Sobre a necessidade de publicidade (interna e externa) da investigação estatal (com base na Constituição Federal brasileira de 1988), vide o axioma "Não há investigação criminal sem mínima publicidade" (SILVA, Márcio Alberto Gomes. **Eficiência e respeito a direitos fundamentais na atividade investigativa – um discurso possível: pela criação de axiomas que limitem a atuação estatal na busca de uma investigação criminal garantista**, editora JusPodivm, 2022, p. 186/204).

104 Nesse sentido, Hannah Arendt sentencia: "isso é bem mostrado pelos sistemas relativamente fechados dos governos totalitários e das ditaduras de partido único que são, certamente, de longe, os agentes mais eficazes para proteger as ideologias e as imagens do impacto da realidade e da verdade" (ARENDT, Hannah. **Verdade e política**, Relógio D'Água Editores, 1995, original publicado em 1968, p. 49).

105 Por isso o nazismo sempre utilizou expressões eufêmicas para tratar do extermínio dos judeus, tais quais: "instalações especiais, tratamento particular, emigração para os territórios orientais" (LEVI, Primo e BENEDETTI, Leonardo De. **Op. cit.**, p. 140).

106 LEVI, Primo. **Op. cit.**, p. 53, 56, 135 e 146.

gás asfixiante, nem que estavam sendo submetidos a experiências pelos médicos alemães[107]; ii) a propaganda nazista informava que tudo corria muito bem nos campos e que os presos eram tratados com dignidade.

Aliás, a frase na entrada do campo de Auschwitz é clara demonstração do cinismo e da dissimulação empregados pelo regime totalitário: *"ARBEIT MACHT FREI"* (o trabalho liberta). A frase é falsa sob todas as perspectivas possíveis de análise. O campo foi evidentemente construído para eliminação física dos seus prisioneiros e o trabalho desenvolvido no interior era forçado e não possibilitava libertação[108].

Essa característica do regime totalitário/ditatorial (o secretismo[109]) pode ainda ser demonstrada pela destruição das provas do massacre de judeus quando a Alemanha percebeu a iminente derrota na guerra – por meio da destruição dos crematórios[110] e dos documentos, de forma a encobrir os diversos crimes cometidos pelo nazismo[111].

---

107 Em carta enviada por Rudolf Brandt em nome do *Reichsführer* das SS, Heinrich Himmler, ao médico nazista Carl Clauberg, sobre as experiências relacionadas à esterilização de mulheres judias, restou consignado que "as mulheres judicias não devem saber nada sobre esse assunto" (FRATTINI, Eric. **Op. cit.**, p. 266).

108 "Sobre o portão, em ferro fundido, o lema do campo de concentração. Sugestivo, mas perigoso: 'ARBEIT MACHT FREI'. Uma observação que deveria servir para acalmar os inúmeros que entraram ali. Ali e por muitos portões como este, noutros lugares da Alemanha. Mas era apenas uma ilusão, pois esse portão não era outra coisa que o portão do inferno e, em vez de 'Arbeit macht frei', deveria estar escrito: 'Deixai, ó vós que entrais, toda a esperança!'" (WIND, Eddy de. **Op. cit.**, p. 20).

109 Cito outro exemplo impactante. O termo *Einsatzgruppen* - grupos já aqui citados, encarregados da liquidação física, mediante fuzilamento, de inimigos (sem qualquer formalidade prévia, julgamento ou direito de defesa) – significa "unidade de pronto emprego". Esse eufemismo (e outros largamente utilizados pelo III Reich) servia para "iludir as vítimas e prevenir as suas reações de defesa" e, ainda, "para impedir que a opinião pública, e os próprios setores das forças armadas não diretamente implicados, tomassem conhecimento do que estava a acontecerem todos os territórios ocupados pelo Terceiro Reich" (LEVI, Primo. **Op. cit.**, p. 34-35). Mais um exemplo (da manipulação dos fatos com o fito de construir uma 'realidade alternativa' mais favorável ao sistema): a *Brief-Aktion* (operação levada a cabo para "obrigar os deportados a escrever cartas endereçadas à família ou aos amigos para tranquilizá-los quanto à sua situação"). A fórmula imposta pelos nazistas consistia nas palavras "estou em um campo de trabalho e estou bem". O objetivo efetivo da operação era incerto: localizar, por meio dos endereços fornecidos pelos deportados, novos 'alvos' ou passar a falsa impressão que nada de errado acontecei no sistema concentracionário alemão. É possível que essas duas finalidades coexistissem (TAIEB, Karen. **Eu te escrevo de Auschwitz: As cartas inéditas dos prisioneiros do campo de concentração**, editora Planeta, 2022, original publicado em 2011, p. 10-12).

110 Havia um crematório em Auschwitz (o de número I) e quatro crematórios em Birkenau (II, III, IV e V), segundo relato de Shlomo Venezia (VENEZIA, Shlomo. **Op. cit.**, p. 63).

111 No outono de 1944, o *Reichsführer* das SS, Heinrich Himmler, determinou o fim do extermínio de judeus e a destruição das "fábricas da morte" nazistas, com o intuito de praticar "um gesto de boa vontade" que fosse bem visto pelas potências aliadas que estavam derrotando o Terceiro Reich na guerra (ARENDT, Hannah. **Op. cit.**, p. 212). Na obra que narra a libertação de Auschwitz pelo Exército Vermelho e sua peregrinação no retorno até a Itália (de janeiro a outubro de 1945, saindo da Polônia e passando pela União Soviética, Romênia, Hungria, Checoslováquia, Áustria e Alemanha), Primo Levi afirma que "por vários indícios é lícito deduzir a inicial intenção alemã de não deixar nos campos de concentração nenhum homem vivo; contudo, um violento ataque aéreo noturno, e a rapidez do avanço

8. Conclusão

Nesse capítulo foram traçadas as linhas do 'sistema violador total de direitos fundamentais' tendo como foco o Estado alemão nazista. Foram revisados os elementos essenciais para o reconhecimento de um 'sistema violador total' – não são estanques e imutáveis e podem ser aprofundados e acrescidos[112] –, já listados no capítulo inicial.

No modelo de análise aqui utilizado, que pode ser transportado para outros países em outros momentos históricos, o Estado alemão nazista se traduziu em um sistema violador total de direitos fundamentais porque adimpliu as seguintes características: i) era um regime totalitário (centrado na figura do *Führer*); ii) elegeu claramente inimigos do Estado (os principais eram os judeus[113]); iii) utilizou o aparato legal para transmudar o inimigo em pessoa que, pela sua própria existência/crença/pensamentos contrariava a lei – 'Direito Penal do autor'; iv) tratava mais severamente o inimigo que ao "cidadão comum" (detenções arbitrárias, confisco do patrimônio, tratamento degradante[114], penas cruéis) – 'Direito Penal do inimigo'; v) aniquilava fisicamente os inimigos[115]. Além desses itens, na parte final deste capítulo, sublinhei uma característica essencial em sistemas violadores: o secretismo – as decisões

---

russo, induziram os alemães a mudar de ideias, e a empreender a fuga deixando por concluir o seu dever e a sua obra" (LEVI, Primo. **Op. cit.**, p. 11). Isso explica porque os alemães optaram pela apressada evacuação de Auschwitz (os prisioneiros em condições de trabalhar foram evacuados para os campos de Buchenwald e Mauthausen – os doentes foram deixados para trás à própria sorte).

112 Aliás, quanto maior a profundidade do estudo desenvolvido nesse tema, melhor. O estudo histórico permite prevenir que novos aparelhos estatais violadores de direitos nasçam e se desenvolvam.

113 "Judeus nunca eram libertados. Não tinham julgamento. Não recebiam uma pena e, portanto, também não podiam ser libertados" (WIND, Eddy de. **Op. cit.**, p. 24).

114 "O instinto de crueldade, que em todo homem civilizado é sistematicamente reprimido desde a primeira infância pelo ambiente e educação, foi desatado no povo alemão. A moral nacional-socialista, mais o álcool necessário, transformava a pessoa num demônio. Na verdade, isso é uma ofensa ao demônio, pois ele é um vingador justo. Só tortura quando a punição é merecida, ou quando, como Fausto, tem direito de fazê-lo por um contrato de compra e venda. Mas o nazista se lança sobre incontáveis vítimas sem qualquer justificativa" (WIND, Eddy de. **Op. cit.**, p. 54). Em outro testemunho inquietante sobre o tratamento dispensado pelos nazistas aos seus prisioneiros, Eddy de Wind afirma: "o Führer gritava com seus generais. Eles podiam aguentar aquilo muito bem, já que por sua vez gritavam com seus oficiais. E os oficiais gritavam com os soldados. Como uma bola de bilhar que se aquieta quando bate em outra bola, os soldados se aquietavam quando batiam e gritavam com os prisioneiros" (WIND, Eddy de. **Op. cit.**, p. 62).

115 Quadro fixado em Auschwitz revela o perecimento, entre os anos de 1940 e 1945, de, pelo menos, 1.300.000 pessoas, sendo: 1.100.000 judeus, de 140.000 a 150.000 polacos, 23.000 ciganos, 15.000 prisioneiros do exército soviético e 25.000 prisioneiros de outros grupos étnicos.

estatais que determinam os atos de violação e a materialização destes são sempre encobertos por espessa névoa, com o fito de evitar protestos e futura responsabilização de decisores e executores.

Doutra banda, mesmo um país democrático precisa estar alerta[116]. O Estado Democrático de Direito pode, eventualmente ou mesmo frequentemente, violar direitos fundamentais dos seus cidadãos. Por exemplo, por meio de procedimento apuratórios[117] e processos que não observem os direitos/garantias do investigado, prisões provisórias/cautelares desnecessárias, cárceres insalubres ou superlotados, dentre outras possibilidades.

Primo Levi, na conclusão da sua última obra[118], 'Os que sucumbem e os que se salvam', afirma que a terrível experiência nazista pode voltar a ocorrer, bastando para tanto que um novo charlatão "organize, legalize, declare necessária e devida e infecte o mundo" com a violência (útil ou inútil[119]). Ele vaticina que poucos países, mundo afora, "podem ter a garantia de estarem imunes a uma futura vaga de violência, gerada por intolerância, por libido de poder, por razões

116 Lembremos que o NSDAP (Partido Nacional-Socialista) alemão elegeu 230 deputados do *Reichstag* (37% dos votos) na eleição de julho de 1932 e 196 deputados (33,1% dos votos) nas eleições antecipadas de novembro de 1932 e que Adolf Hitler foi nomeado chanceler pelo presidente Hindenburg, em 30 de janeiro de 1933, iniciando, a partir daí, seus passos rumo ao totalitarismo (BENSOUSSAN, Georges. **Op. cit.**, p. 20-22). Destaco, ainda, observação feita por Giorgio Agamben: "nem Mussolini nem Hitler pode ser tecnicamente definidos como ditadores. Mussolini era o chefe do governo, legalmente investido no cargo pelo rei, tal como Hitler era o chanceler do *Reich*, nomeado pelo seu legítimo presidente. Aquilo que caracteriza tanto o regime fascista como o nazi é, como se sabe, que deixaram de subsistir as constituições vigentes (o Estatuto albertino e a Constituição de Weimar, respectivamente) pondo a par a constituição legal, segundo um paradigma que foi acertadamente caracterizado como Estado dual, uma segunda estrutura, em geral não formalizada juridicamente, que podia existir a par da outra graças ao estado de exceção" (AGAMBEN, Giorgio. **Op. cit.**, p. 76-77).

117 Sobre as premissas para uma investigação estatal que respeite direitos/garantias fundamentais do investigado, vide o já citado **Eficiência e respeito a direitos fundamentais na atividade investigativa – um discurso possível: pela criação de axiomas que limitem a atuação estatal na busca de uma investigação criminal garantista** (SILVA, Márcio Alberto Gomes, editora Juspodivm, 2022).

118 O autor italiano se suicidou em 1987.

119 "A violência pela violência, orientada unicamente para a criação de dor" (LEVI, Primo. **Op. cit.**, p. 122). Os nazistas eram verdadeiros especialistas em violência inútil. Espancamentos levados a cabo de inopino eram frequentes nos campos de concentração e extermínio. Nesse sentido, relato de Chil Rajchman (em Treblinka): "de vez em quando, nos ordenam para nos deitarmos e desferem alguns golpes violentos. Em seguida, temos que nos levantar rapidamente e voltar ao trabalho" (RAJCHMAN, Chil. **Op. cit.**, p. 44). Shlomo Venezia (sobrevivente de Auschwitz-Birkenau) narra que os nazistas "espancavam as pessoas assim que chegavam (no campo de concentração/extermínio); para relaxar a tensão, por crueldade e também para que elas perdessem as referências e obedecessem por medo, sem criar dificuldades" (VENEZIA, Shlomo. **Op. cit.**, p. 58).

econômicas, por fanatismo religioso ou político, por atritos sociais"[120]. No mesmo sentido, Zaffaroni[121].

Concluo salientando que é preciso constante vigilância para evitar a ascensão ao poder de uma pessoa ou grupo de pessoas que elimine a possibilidade de debate democrático ou de alternância de poder[122], qualquer traço semelhante ao exemplo histórico representado pelo nazismo alemão nas décadas de 30 e 40 do século XX deve servir de alerta e ser prontamente rechaçado pelos mecanismos democráticos adequados.

Como visto supra, o totalitarismo (ou o regime ditatorial) é a porta de entrada para que um Estado se transmude num 'sistema violador total de direitos fundamentais'. A partir da visão míope e deturpada do líder totalitário (ou do ditador) e dos seus seguidores é possível impor à sociedade uma discussão política que se reduza à dualidade amigo/inimigo[123] e que desemboque na edição de leis discriminatórias, que findam retirando de grupos inteiros (normalmente minoritários) o status de 'seres humanos'[124].

Em arremate, sem liberdade de crença, pensamento e expressão, todos os outros direitos do ser humano tendem a ser paulatinamente inobservados. E, no extremo, o direito de ir e vir, a integridade física e mesmo a vida de grupos inteiros de pessoas pode correr risco.

---

120 LEVI, Primo. **Op. cit.**, p. 235. Primo Levi sublinha a importância dos testemunhos dos sobreviventes do 'sistema violador total' nazista, afirmando "que devemos contar o que vimos para que a consciência moral de todos permaneça atenta e se oponha com firmeza, para que qualquer futura veleidade seja asfixiada logo à nascença, de modo que nunca mais se ouça falar de extermínio" (LEVI, Primo e BENEDETTI, Leonardo De. **Op. cit.**, p. 92).

121 "Dado que a imaginação perversa de todos os tempos deixou pouco espaço para a criatividade maligna, as racionalizações anti-humanas atuais são invariavelmente reiterações de velhas especulações, mais ou menos embelezadas com novas palavras, mas algumas vezes diretamente copiadas ao pé da letra, por isso, no plano científico do direito, nenhuma racionalização anti-humana está totalmente morta, embora, às vezes, permaneça latente" (ZAFFARONI, Eugenio Raul. **Op. cit.**, p. 221).

122 Nesse sentido, Primo Levi: "precisamos portanto de afinar os nossos sentidos, de desconfiar dos profetas e dos encantadores, dos que dizem e escrevem belas palavras não apoiadas em boas razões" (LEVI, Primo. **Op. cit.**, p. 235).

123 Zaffaroni esclarece (com a lucidez de sempre) que "o inimigo da sociedade ou estranho, quer dizer, o ser humano considerado como ente perigoso ou daninho e não como pessoa com autonomia ética, de acordo com a teoria política, só é compatível com um modo de Estado absoluto e que , consequentemente, as concessões do penalismo têm sido, definitivamente, obstáculos absolutistas que a doutrina penal coloca como pedras no caminho da realização dos Estados constitucionais de direito" (ZAFFARONI, Eugenio Raul. **Op. cit.**, p. 12).

124 Primo Levi designa de "fascista" os regimes que "negam, na teoria ou na prática, a fundamental igualdade de direitos entre todos os seres humanos". Esses regimes impõem suas convicções distorcidas por meio da violência e/ou da fraude (LEVI, Primo e BENEDETTI, Leonardo De. **Op. cit.**, p. 142).

9. Imagens

Em 8 de setembro de 2021 visitei o centro de documentação Topografia do Terror, em Berlim. No dia 19 de março de 2022, visitei os campos de extermínio de Auschwitz e Birkenau (Auschwitz II). Em 16 de junho de 2022, fui ao Kamp Vught, *na Holanda. Todas as fotos deste anexo foram por mim feitas durante as visitas (amadoras, portanto).*

9.1. Auschwitz-Birkenau

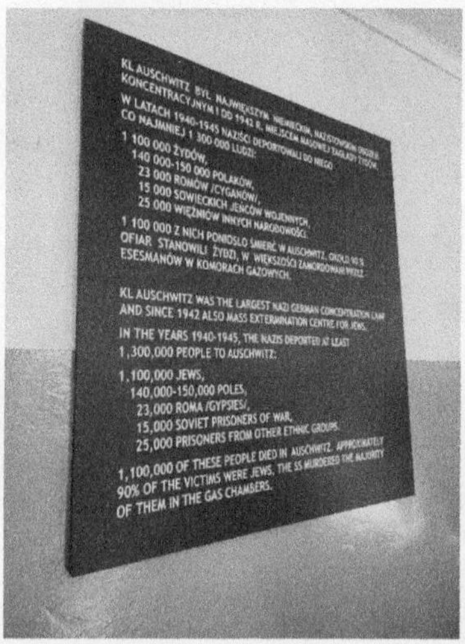

Quadro afixado em Auschwitz com o número de vítimas fatais

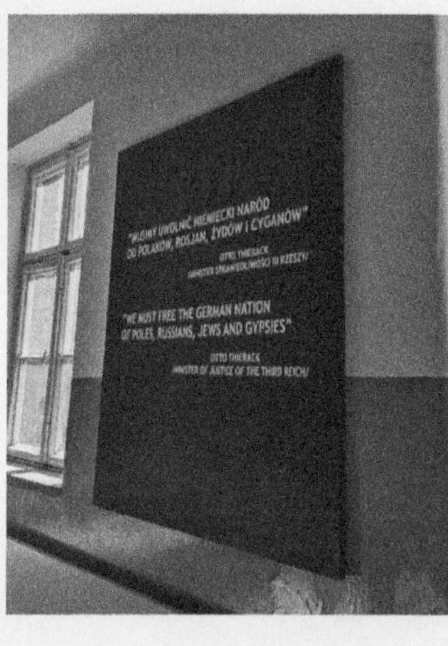

Frase do Ministro da Justiça do III Reich que elege, claramente, os judeus como inimigos (que deviam ser fisicamente liquidados)

Pesticida Zyklon-B, usado para liquidar fisicamente pessoas em Auschwitz-Birkenau

Local onde foram enforcados prisioneiros que tentaram fugir do campo de Auschwitz

Malas de prisioneiros que pereceram no campo

Sapatos de prisioneiros que pereceram no campo

Barracão de prisioneiros em Birkenau (Auschwitz II)

Crematório destruído em Birkenau (para tentar apagar os vestígios do Holocausto)

9.2. Kamp Vught

Estrela amarela (que servia para identificar os judeus) e inscrição segregacionista "Voor Joden verboden" *(Não são permitidos Judeus)*

Categorias de prisioneiros e suas respectivas identificações

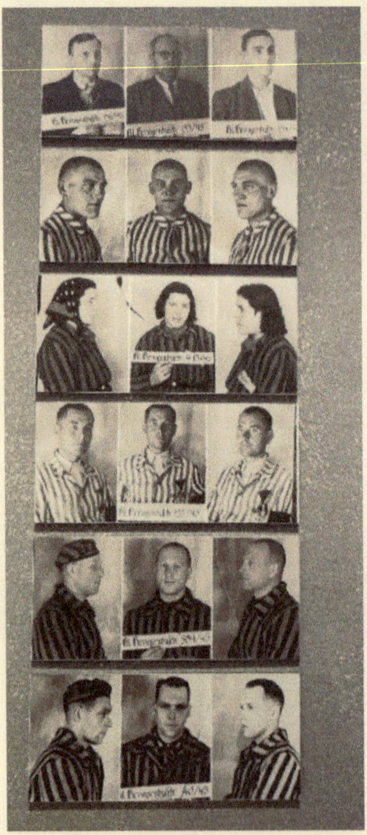

Fotos de prisioneiros que passaram pelo Kamp Vught

Sala com os nomes dos prisioneiros que sucumbiram no Kamp Vught

Reprodução da cela 115, na qual foram encarceradas ao mesmo tempo 74 mulheres em janeiro de 1944 (destas, 10 morreram)

Homenagem às 10 mulheres mortas entre os dias 15 e 16 de janeiro de 1944 na cela 115 do Kamp Vught

Crematório do Kamp Vught

Crematório e laboratório do campo

Vista do Kamp Vught *(reprodução de um barracão e torre de guarda)*

Monumento em homenagem às crianças que foram deportadas para campos de extermínio a partir do Kamp Vught *(tem o nome de 1269 das 1800 crianças deportadas para a morte).*

9.3. *Topografia do terror* (Topographie des Terrors)

A exposição 'Topografia do Terror' foi construída em Berlim, no local onde funcionava a Gestapo, a direção da SS e da SD

Propaganda de ódio lançada por Goebbels em 1941 para que os alemães evitassem contato com judeus

Absurda propaganda nazista que alardeava o 'custo' da pessoa com deficiência para a 'comunidade popular'

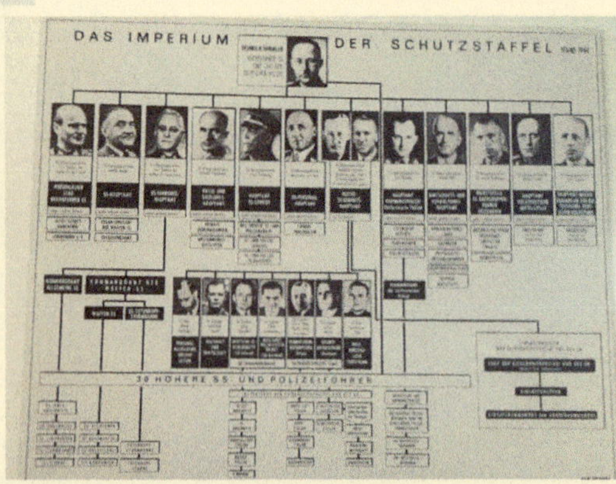

Hierarquia da Schutzstaffel, *encabeçada pelo* Reichsführer *das SS, Heinrich Himmler*

9.4. Academia Nacional de Polícia

O "Anjo da Morte" de Auschwitz, Hauptsturmführer *das SS Josef Mengele, fugiu da Alemanha depois da guerra, morou na Argentina, no Paraguai e no Brasil (onde viveu por 17 anos, até sua morte, em 1979, sem nunca ter sido julgado e responsabilizado pelas atrocidades que praticou). Vários dos seus objetos pessoais (livros, máquinas de datilografar, maleta, óculos, dentre outros), cartas (manuscritas e datilografadas) e documentos (em nome de Wolfgang Gerhard – um dos seus protetores, que lhe cedeu os documentos antes de voltar a morar na Europa) estão expostos no Museu Criminal da Academia Nacional de Polícia, em Brasília/DF, onde essas fotos foram por mim tiradas.*

Objetos e documentos que pertenciam a Mengele expostos no Museu Criminal da Academia Nacional de Polícia

SECRETARIA DA SEGURANÇA PÚBLICA DO ESTADO DE SÃO PAULO
DEPARTAMENTO ESTADUAL DE TRÂNSITO
CARTEIRA NACIONAL DE HABILITAÇÃO
N.º 525951 3ª Via Pront. 525951
Nome: WOLFGANG GERHARD
Nacionalidade austriaca Naturalidade Austria
Nascido a 3 de set. de 1925 Profissão tecnico
Cor bca Cabelos cast. Identidade N.º 1.367.267
Olhos cast. Exame prestado em 02 de 12 de 1955
Para dirigir autos pass. AMADOR
São Paulo, 13 de jan. de 197 6
NEWTON FERNANDES
DIRETOR DA DIVISÃO DE HABILITAÇÃO
DETRAN
PORTADOR
I. O. E.
Res. 365/63 do Cons. Nac. de Trânsito

Carteira Nacional de Habilitação usada por Mengele (com sua foto), em nome de Wolfgang Gerhard

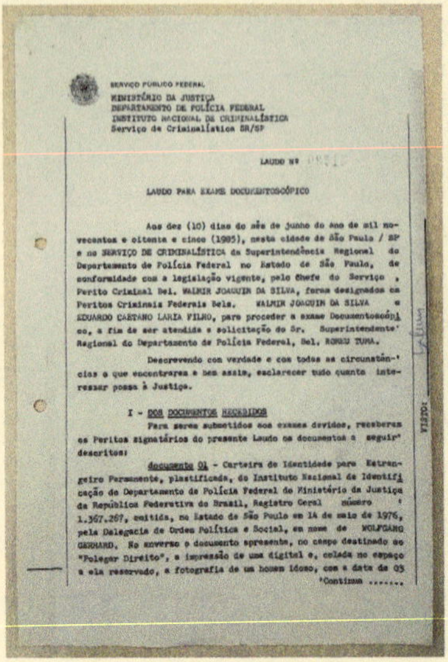

SERVIÇO PÚBLICO FEDERAL
MINISTÉRIO DA JUSTIÇA
DEPARTAMENTO DE POLÍCIA FEDERAL
INSTITUTO NACIONAL DE CRIMINALÍSTICA
Serviço de Criminalística SR/SP

LAUDO Nº

LAUDO PARA EXAME DOCUMENTOSCÓPICO

Aos dez (10) dias do mês de junho do ano de mil novecentos e oitenta e cinco (1985), nesta cidade de São Paulo / SP e no SERVIÇO DE CRIMINALÍSTICA da Superintendência Regional do Departamento de Polícia Federal no Estado de São Paulo, de conformidade com a legislação vigente, pelo Chefe do Serviço, Perito Criminal Bel. WALMIR JOAQUIM DA SILVA, foram designados os Peritos Criminais Federais Bels. WALMIR JOAQUIM DA SILVA e EDUARDO CAETANO LARIA FILHO, para proceder a exame Documentoscópico, a fim de ser atendida a solicitação do Sr. Superintendente Regional do Departamento de Polícia Federal, Bel. ROMEU TUMA.

Descrevendo com verdade e com todas as circunstâncias o que encontrarem e bem assim, esclarecer tudo quanto interessar possa à Justiça.

I - DOS DOCUMENTOS RECEBIDOS

Para serem submetidos aos exames devidos, receberam os Peritos signatários do presente Laudo os documentos a seguir descritos:

documento 01 - Carteira de Identidade para Estrangeiro Permanente, plastificada, do Instituto Nacional de Identificação do Departamento de Polícia Federal do Ministério da Justiça da República Federativa do Brasil, Registro Geral número 1.367.267, emitida, no Estado de São Paulo em 14 de maio de 1976, pela Delegacia de Ordem Política e Social, em nome de WOLFGANG GERHARD. No anverso o documento apresenta, no campo destinado ao "Polegar Direito", a impressão de uma digital e, colada no espaço a ela reservado, a fotografia de um homem idoso, com a data de 03

"Continua ....

VISTO:

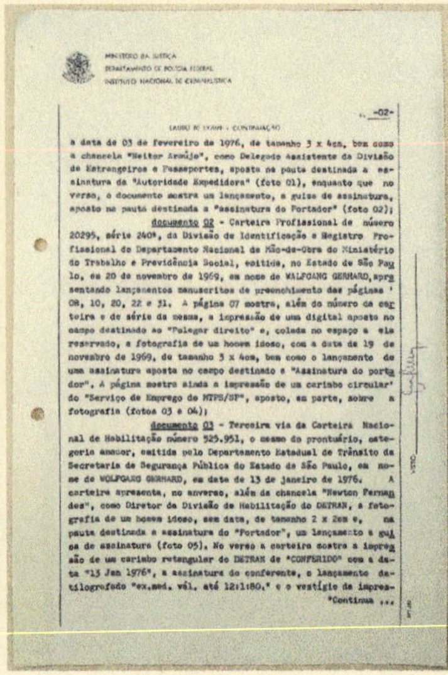

MINISTÉRIO DA JUSTIÇA
DEPARTAMENTO DE POLÍCIA FEDERAL
INSTITUTO NACIONAL DE CRIMINALÍSTICA

-02-

LAUDO DE EXAME - CONTINUAÇÃO

a data de 03 de fevereiro de 1976, de tamanho 3 x 4cm, bem como a chancela "Heitor Araújo", como Delegado Assistente da Divisão de Estrangeiros e Passaportes, aposta na pauta destinada a assinatura da "Autoridade Expedidora" (foto 01), enquanto que no verso, o documento mostra um lançamento, a guisa de assinatura, aposto na pauta destinada a "assinatura do Portador" (foto 02);

documento 02 - Carteira Profissional de número 20295, série 240ª, da Divisão de Identificação e Registro Profissional do Departamento Nacional de Mão-de-Obra do Ministério do Trabalho e Previdência Social, emitida, no Estado de São Paulo, em 20 de novembro de 1969, em nome de WALFGANG GERHARD, apresentando lançamentos manuscritos de preenchimento das páginas 08, 10, 20, 22 e 31. A página 07 mostra, além do número da carteira e de série da mesma, a impressão de uma digital aposta no campo destinado ao "Polegar direito" e, colada no espaço a ela reservado, a fotografia de um homem idoso, com a data de 19 de novembro de 1969, de tamanho 3 x 4cm, bem como o lançamento de uma assinatura aposta no campo destinado a "Assinatura do portador". A página mostra ainda a impressão de um carimbo circular do "Serviço de Emprego de MTPS/SP", aposto, em parte, sobre a fotografia (fotos 03 e 04);

documento 03 - Terceira via da Carteira Nacional de Habilitação número 525.951, o mesmo do prontuário, categoria amador, emitida pelo Departamento Estadual de Trânsito da Secretaria de Segurança Pública do Estado de São Paulo, em nome de WOLFGANG GERHARD, em data de 13 de janeiro de 1976. A carteira apresenta, no anverso, além da chancela "Newton Fernandes", como Diretor da Divisão de Habilitação do DETRAN, a fotografia de um homem idoso, sem data, de tamanho 2 x 2cm e, na pauta destinada a assinatura do "Portador", um lançamento a guisa de assinatura (foto 05). No verso a carteira mostra a impressão de um carimbo retangular do DETRAN de "CONFERIDO" com a data "13 Jan 1976", a assinatura do conferente, o lançamento datilografado "ex.med. vál. até 12:1:80." e o vestígio de impres-

"Continua ...

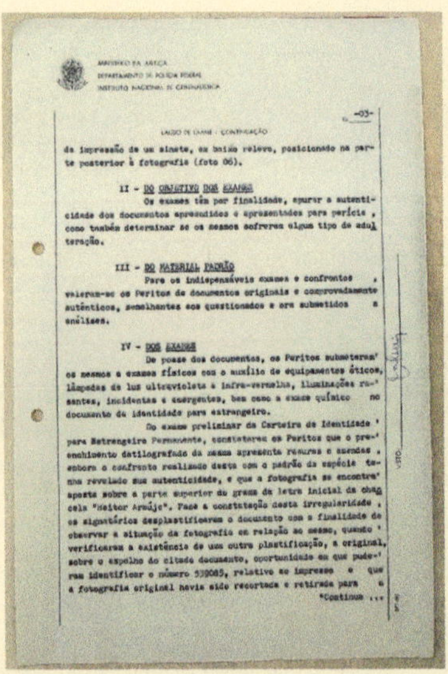

MINISTÉRIO DA JUSTIÇA
DEPARTAMENTO DE POLÍCIA FEDERAL
INSTITUTO NACIONAL DE CRIMINALÍSTICA

-03-

LAUDO DE EXAME - CONTINUAÇÃO

da impressão de um sinete, em baixo relevo, posicionado na parte posterior à fotografia (foto 06).

II - DO OBJETIVO DOS EXAMES

Os exames têm por finalidade, apurar a autenticidade dos documentos apreendidos e apresentados para perícia, como também determinar se os mesmos sofreram algum tipo de adulteração.

III - DO MATERIAL PADRÃO

Para os indispensáveis exames e confrontos, valeram-se os Peritos de documentos originais e comprovadamente autênticos, semelhantes aos questionados e ora submetidos a análises.

IV - DOS EXAMES

De posse dos documentos, os Peritos submeteram os mesmos a exames físicos com o auxílio de equipamentos óticos, lâmpadas de luz ultravioleta e infra-vermelha, iluminações rasantes, incidentes e emergentes, bem como a exame químico no documento de identidade para estrangeiro.

No exame preliminar da Carteira de Identidade para Estrangeiro Permanente, constataram os Peritos que o preenchimento datilografado da mesma apresenta rasuras e emendas, embora o confronto realizado desta com o padrão da espécie tenha revelado sua autenticidade, e que a fotografia se encontra aposta sobre a parte superior do grama da letra inicial da chancela "Heitor Araújo". Face a constatação desta irregularidade, os signatários desplastificaram o documento com a finalidade de observar a situação da fotografia em relação ao mesmo, quando verificaram a existência de uma outra plastificação, a original, sobre o espelho do citado documento, oportunidade em que puderam identificar o número 539085, relativo ao impresso e que a fotografia original havia sido recortada e retirada para a

"Continua ...

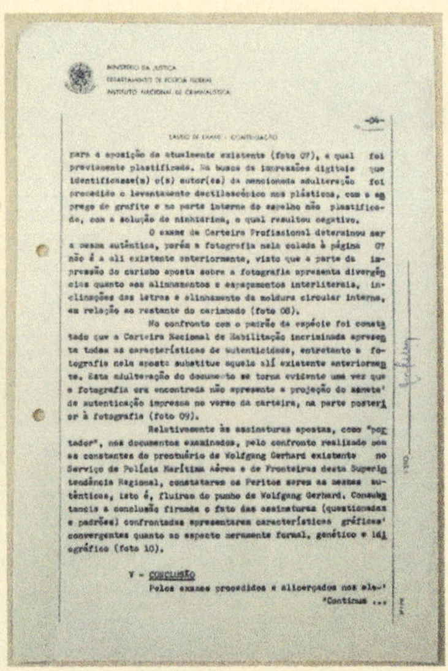

MINISTÉRIO DA JUSTIÇA
DEPARTAMENTO DE POLÍCIA FEDERAL
INSTITUTO NACIONAL DE CRIMINALÍSTICA

-04-

LAUDO DE EXAME - CONTINUAÇÃO

para a aposição da atualmente existente (foto 07), a qual foi previamente plastificada. Na busca de impressões digitais que identificasse(m) o(s) autor(es) da mencionada adulteração foi procedido o levantamento dactiloscópico nos plásticos, com o emprego de grafite e na parte interna do espelho não plastificado, com a solução de ninhidrina, o qual resultou negativo.

O exame da Carteira Profissional determinou ser a mesma autêntica, porém a fotografia nela colada à página 07 não é a ali existente anteriormente, visto que a parte da impressão do carimbo aposta sobre a fotografia apresenta divergências quanto aos alinhamentos e espaçamentos interliterais, inclinações das letras e alinhamento da moldura circular interna, em relação ao restante do carimbado (foto 08).

No confronto com o padrão da espécie foi constatado que a Carteira Nacional de Habilitação incriminada apresenta todas as características de autenticidade, entretanto a fotografia nela aposta substitue aquela alí existente anteriormente. Esta adulteração do documento se torna evidente uma vez que a fotografia ora encontrada não apresenta a projeção do sinete de autenticação impressa no verso da carteira, na parte posterior à fotografia (foto 09).

Relativamente às assinaturas apostas, como "portador", nos documentos examinados, pelo confronto realizado com as constantes do prontuário de Wolfgang Gerhard existente no Serviço de Polícia Marítima Aérea e de Fronteiras desta Superintendência Regional, constataram os Peritos serem as mesmas autênticas, isto é, fluiram do punho de Wolfgang Gerhard. Consubstancia a conclusão firmada o fato das assinaturas (questionadas e padrões) confrontadas apresentarem características gráficas convergentes quanto ao aspecto meramente formal, genético e idiográfico (foto 10).

V - CONCLUSÃO

Pelos exames procedidos e alicerçados nos ele-

"Continua ...

Laudo pericial que demonstra que os documentos usados por Mengele eram autênticos, mas foram adulterados (eram efetivamente de Wolfgang Gerhard, mas Mengele colou sua foto neles)

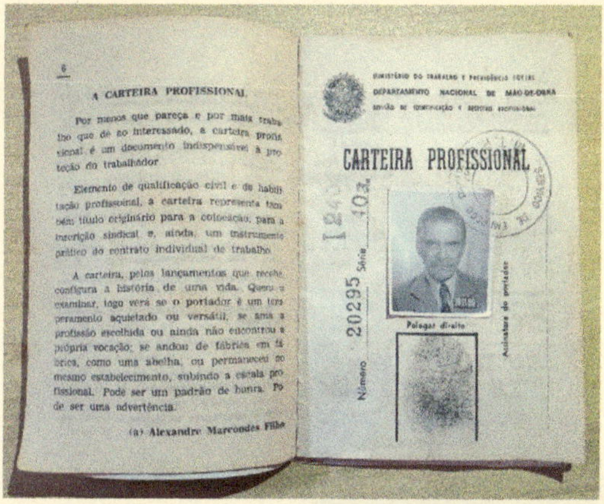

6

A CARTEIRA PROFISSIONAL

Por menos que pareça e por mais trabalho que dê ao interessado, a carteira profissional é um documento indispensável à proteção do trabalhador.

Elemento de qualificação civil e de habilitação profissional, a carteira representa também título originário para a colocação, para a inscrição sindical e, ainda, um instrumento prático do contrato individual de trabalho.

A carteira, pelos lançamentos que recebe, configura a história de uma vida. Quem a examinar, logo verá se o portador é um temperamento aquietado ou versátil, se ama a profissão escolhida ou ainda não encontrou a própria vocação; se andou de fábrica em fábrica, como uma abelha, ou permaneceu no mesmo estabelecimento, subindo a escala profissional. Pode ser um padrão de honra. Pode ser uma advertência.

(a) Alexandre Marcondes Filho

CARTEIRA PROFISSIONAL

Número 20295 Série 103

Polegar direito

Carteira Profissional usada por Mengele (com sua foto), em nome de Wolfgang Gerhard

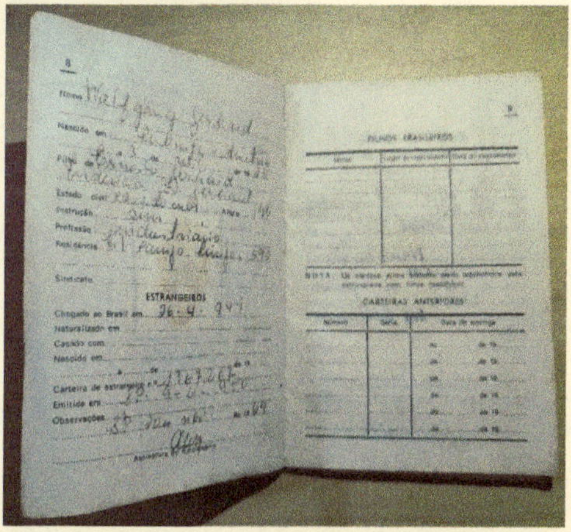

continuação do laudo pericial

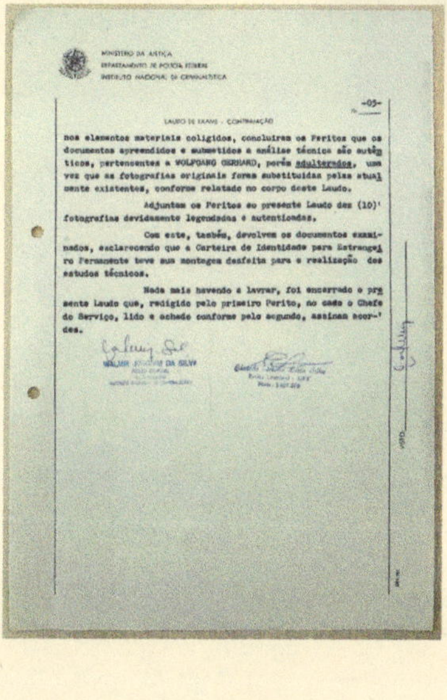

MINISTÉRIO DA JUSTIÇA
DEPARTAMENTO DE POLÍCIA FEDERAL
INSTITUTO NACIONAL DE CRIMINALÍSTICA

-05-

LAUDO DE EXAME - CONTINUAÇÃO

nos elementos materiais coligidos, concluiram os Peritos que os documentos apreendidos e submetidos a análise técnica são autênticos, pertencentes a WOLFGANG GERHARD, porém adulterados, uma vez que as fotografias originais forma [sic] substituidas pelas atualmente existentes, conforme relatado no corpo deste Laudo.

Adjuntam os Peritos ao presente Laudo dez (10) fotografias devidamente legendadas e autenticadas.

Com este, também, devolvem os documentos examinados, esclarecendo que a Carteira de Identidade para Estrangeiro Permanente teve sua montagem desfeita para a realização dos estudos técnicos.

Nada mais havendo a lavrar, foi encerrado o presente Laudo que, redigido pelo primeiro Perito, no caso o Chefe do Serviço, lido e achado conforme pelo segundo, assinam acordes.

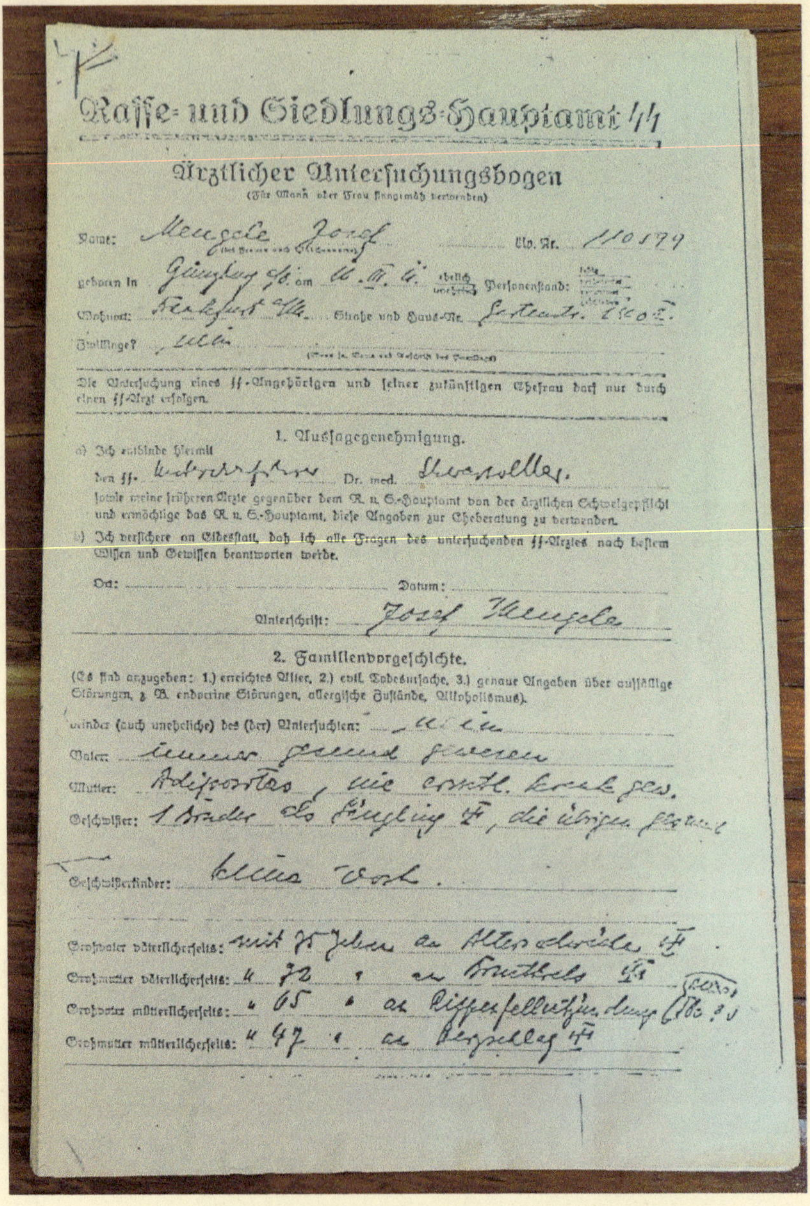

Rasse- und Siedlungs-Hauptamt SS

Ärztlicher Untersuchungsbogen
(Für Mann oder Frau sinngemäß verwenden)

Name: Mengele Josef (bei Frauen auch Mädchenname) SS-Nr. 110179

geboren in Günzburg a/D. am 16.III.11 ledig/verheiratet Personenstand:

Wohnort: Frankfurt a/M. Straße und Haus-Nr.

Zwillinge? nein

Die Untersuchung eines SS-Angehörigen und seiner zukünftigen Ehefrau darf nur durch einen SS-Arzt erfolgen.

1. Aussagegenehmigung.

a) Ich entbinde hiermit den SS-Untersturmführer Dr. med. Schwarzaller sowie meine früheren Ärzte gegenüber dem R. u. S.-Hauptamt von der ärztlichen Schweigepflicht und ermächtige das R. u. S.-Hauptamt, diese Angaben zur Eheberatung zu verwenden.

b) Ich versichere an Eidesstatt, daß ich alle Fragen des untersuchenden SS-Arztes nach bestem Wissen und Gewissen beantworten werde.

Ort: Datum:

Unterschrift: Josef Mengele

2. Familienvorgeschichte.

(Es sind anzugeben: 1.) erreichtes Alter, 2.) evtl. Todesursache, 3.) genaue Angaben über auffällige Störungen, z. B. endocrine Störungen, allergische Zustände, Alkoholismus).

Kinder (auch uneheliche) des (der) Untersuchten: keine

Vater: immer gesund gewesen

Mutter: Adipositas, nie ernstl. krank gew.

Geschwister: 1 Bruder als Säugling †, die übrigen gesund

Geschwisterkinder: keine vorh.

Großvater väterlicherseits: mit 75 Jahren an Altersschwäche †

Großmutter väterlicherseits: " 72 " an Brustkrebs †

Großvater mütterlicherseits: " 65 " an Rippenfellentzündung †

Großmutter mütterlicherseits: " 47 " an Herzschlag †

Formulário do Escritório Central da SS para Raças e Comunidades preenchido por Mengele aos 27 anos, quando ele já integrava a SS (depois de apresentar todos os dados e histórico de saúde, a decisão é que ele estava "apto" e que tinha "capacidade matrimonial").

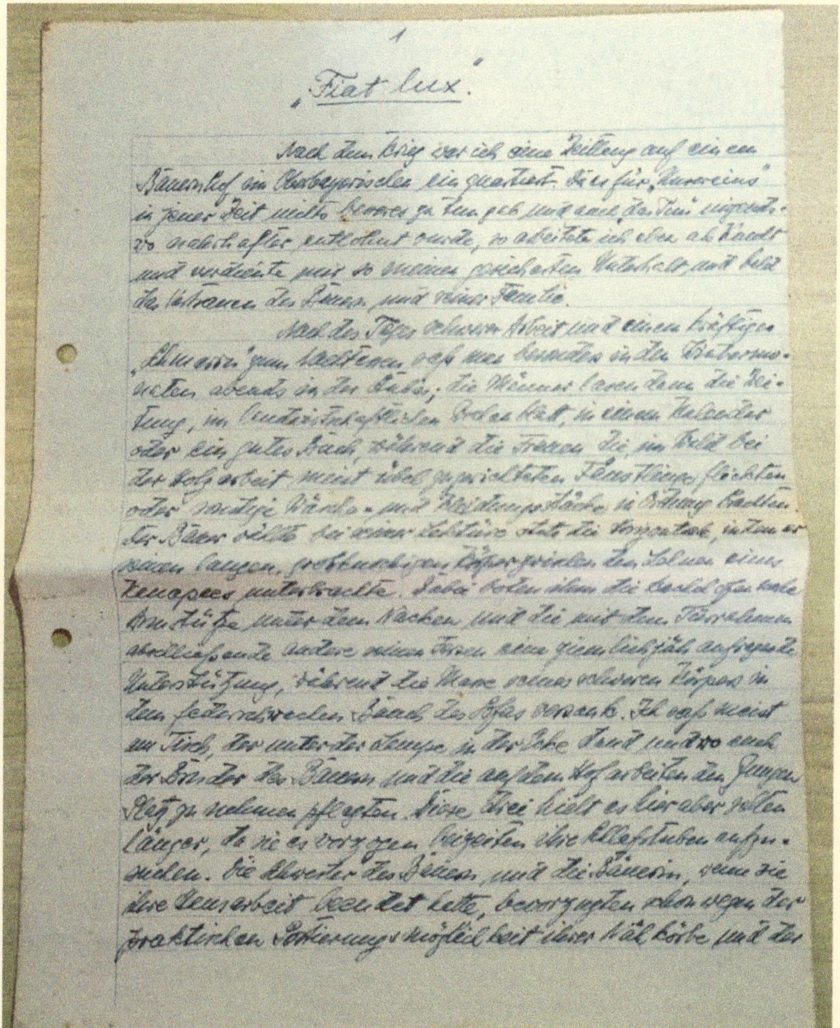

1

„Fiat lux."

Carta "Fiat Lux" (uma das muitas cartas escritas por Mengele que estão no Museu Criminal da Academia Nacional de Polícia, em Brasília/DF)

10. Referências bibliográficas

AGAMBEN, Giorgio. **Estado de exceção**, Edições 70, 2021, original publicado em 2003.

AGAMBEM, Giorgio. **Para lá dos direitos do homem**, Antígona Editores Refractários, 2021, original publicado em 1996.

ARENDT, Hannah. **As Origens do Totalitarismo**, 9ª. edição, editora Dom Quixote 2020, original publicado em 1948.

ARENDT, Hannah. **Eichmann em Jerusalém – Uma reportagem sobre a banalidade do mal**, editora ITACA, 2017, original publicado em 1963/64.

ARENDT, Hannah. **Verdade e política**, Relógio D'Água Editores, 1995, original publicado em 1968.

BENSOUSSAN, Georges. **Atlas do Holocausto – A execução dos judeus da Europa, 1939 -1945**, editora Guerra e Paz, 2022.

CAMUS, Albert. **Cartas a um amigo alemão**, Livros do Brasil/Porto Editora, 2021, original publicado em 1948.

RAJCHMAN, Chil. **Eu sou o último judeu: Treblinka (1942-1943)**, Zahar, 2010, original publicado em 2009.

COELHO, António Borges. **Inquisição de Évora – 1522 – 1668**, editora Caminho, 2018.

CONDE, Francisco Muñoz. **Direito Penal do Inimigo**, editora Juruá, 2012.

DE FIGUEIREDO DIAS, Jorge. **Direito Penal: parte geral – Tomo I – Questões Fundamentai– - A Doutrina Geral do Crime**, 3ª. edição, 2019, Gestlegal.

DIKÖTTER, Frank. **Como ser um ditador: o culto à personalidade no século XX**, editora Intrínseca, 2022, original publicado em 2018.

FERRAJOLI, Luigi. **Direito e Razão – Teoria do Garantismo Penal**. São Paulo, Revista dos Tribunais, 2010.

FRATTINI, Eric. **Ahnenerbe: os cientistas de Hitler**, Bertrand Editora, 2021.

HITLER, Adolf. **Mein Kampf – A Minha Luta**, Guerra e Paz, 3ª edição, 2018, original publicado em julho de 1925.

JAKOBS, Günther, MELIÁ, Manuel Cancio. **Direito Penal do inimigo, noções e críticas**, 6ª. Edição, Livraria do Advogado, 2020.

LEVI, Primo e BENEDETTI, Leonardo De. **Assim foi Auschwitz**, Objectiva, organizado por Fábio Levi e Domenico Scarpa, 2022.

LEVI, Primo. **A trégua**, Dom Quixote, 2020, original publicado em 1963.

LEVI, Primo. **Os que sucumbem e os que se salvam**, Dom Quixote, 2019, original em 1986.

LEVI, Primo. **Se isto é um homem**, Dom Quixote, 2021, original publicado em 1958.

MCDONOUGH, Frank. **Gestapo**, LeYa, 2016, original publicado em 2015.

ORWELL, George. **1984**, Porto Editora, 2021, original publicado em 1949.

ORWELL, George. **Porque Escrevo e outros ensaios.** Artigo: Literatura e Totalitarismo, editora Antígona, 2ª. edição, 2021, artigo original de 1941.

ORWELL, George. **Porque Escrevo e outros ensaios.** Artigo: O Leão e o Unicórnio: o Socialismo e o gênio Inglês, editora Antígona, 2ª. edição, 2021, artigo original de 1941.

POSNER, Gerald L. e WARE, John. **Mengele: a história completa do anjo da morte de Auschwitz**, Cultrix, 2019, original publicado em 1986.

SCHMITT, Carl. **O Conceito do Político**, Edições 70, 2019, original publicado em 1932.

SILVA, Márcio Alberto Gomes. **Eficiência e respeito a direitos fundamentais na atividade investigativa – um discurso possível: pela criação de axiomas que limitem a atuação estatal na busca de uma investigação criminal garantista**, editora JusPodivm, 2022.

SILVA, Márcio Alberto Gomes. **Prova e Polícia Judiciária** (organizado por IBRAHIN, Francini Imene Dias, JÚNIOR, Joaquim Leitão e DE CARVALHO, Tristão Antonio Borborema). Artigo: A Inquisição como sistema violado– - o processo e os meios de obtenção de provas, editora Mizuno, 2022, p. 379-392.

SZKLARZ, Eduardo. **Nazismo: como isso pôde acontecer**, Jandaíra, 2022, original publicado em 2014.

TAIEB, Karen. **Eu te escrevo de Auschwitz: As cartas inéditas dos prisioneiros do campo de concentração**, editora Planeta, 2022, original publicado em 2011.

VALENTE, Manuel Monteiro Guedes. **Direito Penal do Inimigo e o Terrorismo – O progresso ao retrocesso**. Almedina, 2020.

VENEZIA, Shlomo. **Sonderkommando: no inferno das câmaras de gás**, Objetiva, 2010.

WIESEL, Elie. **A noite**, editora Sextante, 2021, original publicado em 1956.

WIND, Eddy de. **Última parada: Auschwitz: meu diário de sobrevivência**, Planeta do Brasil, 2019, original publicado em 1946.

ZAFFARONI, Eugenio Raul. **Doutrina Penal Nazista: a dogmática penal alemã entre 1933 a 1945**, tradução Rodrigo Murad do Prado, editora Tirant lo Blanch, 2019.

ZAFFARONI, Eugenio Raul. **O inimigo no direito penal**, Revan, 2007.

CAPÍTULO 3

O SISTEMA PERSECUTÓRIO SOVIÉTICO como sistema violador total de direitos fundamentais

1. Noções introdutórias

O presente capítulo tem em mira apresentar o sistema persecutório soviético, sob a égide de Stalin[1], como 'sistema violador total de direitos fundamentais'[2].

No tópico seguinte discutirei, uma vez mais, a expressão 'sistema violador' (resgatando ideia já exposta nos dois capítulos anteriores), mas já é possível adiantar que o sistema soviético chefiado por Stalin será categorizado como 'sistema violador total de direitos fundamentais' porque foi um sistema totalitário (ponto de partida) e se traduziu em aparelho estatal explicitamente atropelador dos direitos de determinados grupos de pessoas, que eram identificados como "contrarrevolucionários" – já adianto, contudo, que o conceito de "inimigo"[3] da União Soviética stalinista é muito mais fluido que, por exemplo, o "inimigo" da Alemanha nazista, 'sistema violador' analisado no capítulo anterior[4]. A sua estrutura e o seu ordenamento jurídico foram construídos para permitir diuturna inobservância dos mais caros direitos de homens e mulheres – patrimônio (confisco do patrimônio dos *kulaks*[5], por exemplo), liberdade (prisões arbitrárias, decorrentes de processos sumários e sem

---

1 Josef Stalin liderou com mão de ferro a União Soviética da década de 20 à de 50 do Século XX.

2 A terminologia adequada quando se fala nos direitos do homem é tema complexo. Direitos humanos, individuais, públicos subjetivos, fundamentais, dentre outras possibilidades são expressões usadas quando se estuda/explica o rol de direitos do homem dotados de historicidade, inalienabilidade, imprescritibilidade e irrenunciabilidade. A expressão utilizada no presente trabalho será direitos fundamentais (a nomenclatura foi utilizada, por exemplo, pela Constituição Federal brasileira de 1988 – título II).

3 Essa noção será melhor trabalhada adiante.

4 APPLEBAUM, Anne. **Gulag – Uma história**, Bertrand Editora, 2022, original publicado em 2003, p. 39 e 168.

5 Proprietários de terras que foram alvo de expropriações em prol dos ideais da revolução russa. O *kulak* era um dos tantos 'inimigos do povo' do sistema violador total soviético. Além das expropriações (levadas a cabo para a coletivização das terras), eles foram exilados (deportados para regiões inóspitas da União Soviética). O exílio, em muitas situações, significou morte massiva desse grupo de pessoas: "milhões de pessoas que muitas vezes foram enviados, não para campos, mas a viver em remotas aldeias de exílio, onde muitos milhares morreram de fome, de frio e de excesso de trabalho. Algumas dessas pessoas foram exiladas por razões políticas, incluindo os *kulaks*, ou camponeses ricos, nos anos trinta" (APPLEBAUM, Anne. **Op. cit.**, p. 27). Sobre os *kulaks,* Leon Trotsky (Lev Davidovich Bronstein) afirma que "os camponeses pobres eram, em geral, os aliados naturais e indiscutíveis do proletariado urbano, ao passo que os exploradores (*kulaks*) eram o seu inimigo incontestável e irreconciliável" (TROTSKY, Leon. **Terrorismo e Comunismo: resposta a Karl Kautsky**, Book Builders, 2018, original publicado em 1920, p. 21-22). "Stalin via a coletivização do campo como a única oportunidade de liquidar a classe inteira de *kulaks*, fazendo com que 320 mil casas fossem arrombadas, seus ocupantes fossem enviados a campos de concentração, forçados a trabalhar em minas ou transportados para regiões distantes do império" (DIKÖTTER, Frank. **Como ser um ditador: o culto à personalidade no século XX**, editora Intrínseca, 2022, original publicado em 2018, p. 111).

observância de direitos/garantias[6]), dignidade (o sistema prisional e, a seguir, de campos de concentração soviéticos atentavam contra os mais mínimos direitos dos detidos[7]) e mesmo a vida (há diversos episódios de execuções sumárias e quase tudo no sistema de campos soviético conduzia ao perecimento do bem jurídico mais valioso, a vida, como se verá alhures[8]) – que foram eleitos, pelo seu líder, e pelo grupo detentor poder político, como 'inimigos e inimigas do povo e do Estado'.

Depois de enfrentar a tarefa de definir um 'sistema violador total', repetindo o modelo de análise que balizará essa expressão já construído nos capítulos anteriores, o sistema soviético stalinista será apresentado como aparelho estatal responsável por diversos atropelos a direitos fundamentais e pela liquidação física de milhões de pessoas – seja de forma direta por meio de fuzilamentos, por exemplo, seja de forma indireta, pela fome[9], pelo frio e pelo trabalho excessivo[10].

2. O 'sistema violador total de direitos fundamentais'

Insisto na ideia já exposta nos capítulos anteriores: para que um Estado seja categorizado como um sistema violador

6 "Outros eram condenados com menos provas ainda, depois de investigações ainda mais sumárias. Dado que cair sob suspeita era em si considerado um sinal de culpa, os prisioneiros raramente eram libertados sem cumprir pelo menos uma pena parcial" (APPLEBAUM, Anne. **Op. cit.**, p. 183).

7 Anne Applebaum deixa claro que "em certos campos soviéticos, em certas épocas, a morte estava praticamente garantida para os que eram escolhidos para cortar árvores na floresta de inverno ou trabalhar nas piores minas de ouro de Kolyma. Os prisioneiros também eram encerrados em celas disciplinares até morrerem de frio ou de fome, deixados sem tratamento em hospitais não aquecidos, ou simplesmente abatidos a tiro por capricho, por "tentativa de fuga" (**Op. cit.**, p. 41).

8 Anne Applebaum cita ordem oriunda do NKVD (polícia secreta soviética, antes nominada Tcheka e, anos mais tarde, KGB) "para reprimir os antigos *kulaks*, ladrões e outros elementos antissoviéticos – uma ordem que continha quotas de execuções tanto para prisioneiros do Gulag como para outros" (**Op. cit.**, p. 151). O sistema violador total de direitos fundamentais soviético diferia do sistema violador total nazista, posto que nesse a decisão de extermínio de inimigos era muito clara e inflexível (e voltada a inimigos muito bem definidos – o principal deles era o judeu). Durante o período stalinista houve "ondas" de liquidações físicas (apesar disso, como se verá alhures, os campos soviéticos eram mortais pela fome, pelo frio, pela falta de condições de habitação, pelas doenças e pelo trabalho excessivo).

9 A fome era lugar comum nos campos soviéticos e, em determinados períodos, mesmo para homens livres – vide, como exemplo, a grande fome (ou holomodor), na década de 30 do Século XX, na Ucrânia, decorrente da política de coletivização soviética (MILHAZES, José. **A mais breve história da Rússia – dos eslavos a Putin**, D. Quixote, 6ª edição, 2022, p. 194-195). Um exemplo chocante da liquidação pela fome nos é citado por Anne Applebaum, que afirma que "os que estavam demasiado doentes para trabalhar eram simplesmente postos com rações de castigo e deixados a morrer de fome" (**Op. cit.**, p. 120). A relação trabalho x rações alimentares será esclarecida alhures.

10 APPLEBAUM, Anne. **Op. cit.**, p. 109.

total, é preciso reconhecer que no país estudado impera o totalitarismo ou uma ditadura. Esse é traço diferenciador para que a definição 'sistema violador' alcance o patamar de 'total'. Isso porque no totalitarismo, ou na ditadura, não é possível dialogar com o Estado[11]. Não é possível contrapor ideias. Não é possível contrariar o regime sem que existam duras consequências a serem enfrentadas pelo opositor.

Uma vez mais repito as ferramentas do Estado totalitário/ditatorial para perpetuação do *status quo*: "a propaganda direta, ou camuflada de educação, instrução, de cultura popular; a obstrução oposta ao pluralismo das informações; e o terror"[12].

Saliento que a manipulação da realidade, característica dos regimes fechados, era lugar comum no sistema soviético[13], seja pela propaganda caracterizada por narrativas falsas[14], seja pelo simples afastamento de potenciais opositores. Indivíduos que expressavam posições antissoviéticas eram categorizados como criminosos ou enviados a lugares remotos, por ordem administrativa (exílio). Quanto ao terror, cito Gareth Jones, que sintetizou o estado mental da população russa em vários momentos do período stalinista:

> O medo tornou-se o motivo dominante da ação. O membro do partido teme ser expulso. O camponês teme morrer de fome. O trabalhador tem medo de perder o cartão de racionamento de pão. O professor teme ser acusado de propaganda contrarrevolucionária em suas aulas. O morador da cidade tem medo

---

11 ORWELL, George. **Porque Escrevo e outros ensaios.** Artigo: Literatura e Totalitarismo, editora Antígona, 2ª. edição, 2021, artigo original de 1941, p. 60.

12 LEVI, Primo. **Os que sucumbem e os que se salvam**, Dom Quixote, 2019, original publicado em 1986, p. 32.

13 "O poder da propaganda na União Soviética era tanto que frequentemente alterava a percepção da realidade" (APPLEBAUM, Anne. **Op. cit.**, p. 25).

14 Quando o sistema totalitário se encontra com um líder ou algum assecla seu versado na retórica (a arte de bem falar), a realidade pode ser alterada a juízo do autocrata por meio de narrativas construídas em substituição à realidade. Sobre a retórica, vide '**Fedro**' (Platão, Edições 70, 2022). Na obra, Platão narra o diálogo travado entre Sócrates e Fedro sobre a retórica, tendo como ponto de partida um discurso de Lísias sobre o amor. Em apartada síntese, depois de ouvir a leitura do discurso deste (proclamado por Fedro), Sócrates defende, em inspirado discurso, a ideia de Lísias sem, contudo, com ela concordar (e isso mostra como a retórica pode servir a quem domina essa arte). Após, em respeito e temor aos deuses, Sócrates finda defendendo o amor com todas as suas forças.

de que seu passaporte seja negado. O engenheiro teme ser acusado de sabotagem[15].

Como dito nos capítulos precedentes, a leitura das distopias criadas por grandes escritores é uma ferramenta importante no estudo dos 'sistemas violadores de direitos fundamentais'. O 'Estado Único' desenhado por Ievguêni Ivánovitch Zamiátin no excelente livro *Nós*, por exemplo, reúne todas as características essenciais dos regimes totalitários. Em síntese apertada, o 'Benfeitor' (líder supremo e incontrastável, que era sempre reconduzido ao seu cargo no 'Dia da Unanimidade'[16]) asfixiou a liberdade dos cidadãos (subvertendo o próprio conceito da palavra 'liberdade'[17]), que tinham suas vidas integralmente controladas pelo Estado[18], com a ajuda de um onipresente/onisciente sistema repressivo (os 'Guardiões') alimentado pelo denuncismo[19].

No livro de Zamiátin, os cidadãos já não eram indivíduos dotados de inspiração (considerada pelo narrador da obra, D-503, uma forma de 'epilepsia'), sonhos, intuição, imaginação e sentimentos, mas um conjunto de letras e números que tinham que cumprir todas as atividades diuturnas prescritas pelo Estado, sob estreita vigilância deste e sob pena de liquidação física. Ter alma significa, no 'Estado Único', estar doente[20].

Continuemos. Como dito nos capítulos precedentes, não é possível dialogar nem contestar o sistema violador total

15 JONES, Gareth (1905-1935). **Fome na Ucrânia: os relatos do front do Holodomor** (organização e introdução de Duda Teixeira, Avis Rara, 2022, p. 141-142.

16 ZAMIÁTIN, Ievguêni Ivánovitch. **Nós**, editora Aleph, 2017, original publicado em 1924, p. 168/169, 188/189, 202/203.

17 A liberdade é apresentada pelo narrador da obra, D-503, como decorrente do "estado selvagem" no qual viviam as pessoas que a experimentavam. "Se a liberdade de uma pessoa = 0, então ela não comete crimes. Isso é claro. O único meio de livrar uma pessoa do crime é livrá-la da liberdade" (ZAMIÁTIN, Ievguêni Ivánovitch. **Op. cit.**, p. 16/17, 20 e 60).

18 Por meio da 'Tábua das Horas' (na qual eram indicados, precisamente, os horários de acordar, trabalhar e se recolher, por exemplo), da 'Hora Pessoal' (quando as cortinas das casas, que eram de vidro para facilitar a vigilância externa, eram fechadas e os cidadãos tinham relativa liberdade para fazer o que desejassem), da completa regulação das práticas sexuais pela 'Lex Sexualis' (o sexo só podia ser praticado nos 'dias sexuais', depois da emissão de um 'bilhete rosa' que indicava o/a parceiro/a), dentre outras formas de vigilância/regulação/controle da vida ZAMIÁTIN, Ievguêni Ivánovitch. **Op. cit.**, p. 28, 30/33, 38/39, 42 e 141).

19 ZAMIÁTIN, Ievguêni Ivánovitch. **Op. cit.**, p. 53/54.

20 ZAMIÁTIN, Ievguêni Ivánovitch. **Op. cit.**, p. 314.

impunemente. Para que o sistema não seja discutido e, assim, seja perpetuado a fórceps, ele precisa de uma vigilância constante, algo que muitas vezes beira a paranoia – esse foi um traço característico da União Soviética gerida por Stalin. Assim, o denuncismo acaba sendo lugar-comum[21]. O próprio sistema apela para o 'dever moral' de denunciar os 'inimigos do Estado'. No sistema soviético, no recorte aqui proposto, essa obrigação decorre da revolução proletária que culminou com a queda do regime czarista e a criação da URSS – a chamada "ditadura do proletariado"[22] – e isso permite que toda contestação visível ao sistema desapareça, porque toda fumaça de inconformismo é duramente reprimida[23]. Tudo é permitido para manutenção do *status quo* – detenções desarrazoadas, tortura, penas degradantes/cruéis e mesmo a morte.

Sobre o denuncismo: o recrutamento do informador secreto (*seksot*) pelo sistema violador soviético (na "caça" aos "inimigos do povo") é sintetizado por Soljenítsin como um "conjunto de chaves falsas": i) "você é cidadão soviético?"; ii) "prometer aquilo que a pessoa que se quer recrutar procura, em vão, obter legalmente"; iii) "apertar num ponto fraco, ameaçar com aquilo que ele mais receia"[24].

Eis a síntese do cidadão desejado pelo 'sistema violador total': um ser disciplinado, cabisbaixo, desconfiado, pronto a

---

21 É a luta do cidadão, alvo do terror estatal, para não ser visto como "inimigo do povo e do Estado". Uma das consequências desse receio é denunciar pessoas e, assim, demonstrar sua utilidade para o regime (ser informador significa ser alinhado com as ideias do líder totalitário, o que, na cabeça do bufo, traduz-se em não ser perseguido pelo sistema). Por óbvio, o clima de paranoia por vezes é "aproveitado" para fins mais pérfidos: "a posse de uma vaca a mais, ou de um quarto a mais na casa, era o suficiente para qualificar alguns camponeses marcadamente pobres, como o era uma denúncia de um vizinho invejoso" (APPLEBAUM, Anne. **Op. cit.**, p. 91).

22 Sobre ela, Leon Trotsky vaticina que "a ditadura é indispensável, porque não se trata de mudanças parciais e singulares, mas da própria existência da burguesia. Neste campo não é possível acordo algum. Aqui só a força pode decidir" (TROTSKY, Leon. **Op. cit.**, p. 21-22). Na mesma obra (escrita em 1920, que ataca ferozmente as ideias de Karl Kautsky, a democracia, a religião e defende abertamente o 'Terror Vermelho' para consolidação da revolução), Trotsky assevera que "quem, por princípio, rejeita o terrorismo, isto é, medidas de sujeição e intimidação em face da contra-revolução exacerbada e armada, tem de renunciar também à dominação política da classe operária, à sua ditadura revolucionária. Quem renuncia à ditadura do proletariado abdica da revolução social e cava a sepultura do socialismo" (TROTSKY, Leon. **Op. cit.**, p. 25).

23 Mesmo no campo havia informadores ("constava que havia pelo menos um informador em cada cela"). A paranoia era companheira dos detidos: "nem todos os informadores eram tão facilmente identificáveis e a paranoia era tão grande que qualquer comportamento menos habitual poderia desencadear hostilidade" (APPLEBAUM, Anne. **Op. cit.**, p. 199).

24 SOLJENÍTSIN, Aleksandr. **O arquipélago Gulag**, Sextante Editora, 2020, original publicado em 1973, p. 298.

denunciar quem desafia o regime para ser simpático aos seus olhos[25] e que não se atreva a discutir ou desafiar a ordem posta. O artigo 19º da Declaração Universal dos Direitos Humanos[26], de dezembro de 1948[27], é letra morta nesse sistema[28]. Na definição de Orwell (já citado no capítulo anterior pelo seu retrato brilhante e atemporal de um Estado totalitário na obra *1984*), o cidadão 'bem-pensante'[29] – Soljenítsin faz expressa referência a essa nomenclatura no seu Arquipélago Gulag[30] (mesmo esses cidadãos, os que acreditavam piamente nas ideias impostas pelo poder central, foram alvos de detenção pelo sistema persecutório soviético[31] – diz-nos Soljenítsin: "mas isso é o que o homem paga por confiar a alma, que lhe foi confiada por Deus, a um dogma criado pelo homem"[32]). Anne Applebaum, ao tratar dos prisioneiros dos campos de concentração soviéticos, também aponta a existência de 'bem-pensantes' no sistema de encarceramento massivo. Tratando dos presos russos que, apesar de injustamente detidos, ainda acreditavam nas razões da 'Mãe Pátria'[33] para mantê-los privados de sua

---

25 O informador (colaborador secreto – *sekretnie sotrudniki* ou simplesmente *seksot*, como citado no corpo do texto) contribuía para o sistema violador (para a Tcheka – a polícia secreta) em troca de benefícios e com o fito de parecer um 'cidadão soviético exemplar'. Diz Soljenítsin que "o recrutamento (do informador) está no próprio ar do nosso país" (SOLJENÍTSIN, Aleksandr. **Op. cit.**, p. 297-298).

26 Artigo 19º - Todo o indivíduo tem direito à liberdade de opinião e de expressão, o que implica o direito de não ser inquietado pelas suas opiniões e o de procurar, receber e difundir, sem consideração de fronteiras, informações e ideias por qualquer meio de expressão.

27 Embora a DUDH da ONU seja anacrônica em relação ao 'sistema violador total' nazista, é possível apontar seu atropelo em relação ao 'sistema violador total' soviético no recorte aqui proposto (stalinismo), já que o jugo de Stalin se prolongou até o início da década de 50 do Século XX.

28 A letargia do cidadão (que fica inteiramente submetido ao jugo do Estado totalitário), é traço característico da distopia criada por Zamiátin. D-503, narrador, pontua que "o desconhecido é organicamente hostil ao homem, e o Homo Sapiens só é um homem, no sentido amplo dessa palavra, quando sua gramática não contém absolutamente nenhum ponto de interrogação, mas apenas pontos de exclamação, vírgulas e pontos-finais (ZAMIÁTIN, Ievguêni Ivánovitch. **Op. cit.**, p. 164).

29 Diz Orwell: "espera-se até que o membro mais humilde do Partido seja competente, diligente e até inteligente dentro de limites estreitos, mas é também necessário que seja um fanático crédulo e ignorante tendo como principais estados de ânimo o medo, o ódio, a adulação e o triunfo orgiástico" (ORWELL, George. **1984**, Porto Editora, 2021, original publicado em 1949, p. 222).

30 SOLJENÍTSIN, Aleksandr. **Op. cit.**, p. 291-300.

31 Maioria das vítimas do feroz sistema persecutório stalinista citadas na obra '**Cartas do pai – cartas de pais reclusos no GULAG aos filhos**' (são dezesseis relatos comoventes, baseados nas cartas enviadas pelos condenados, alguns deles à morte por fuzilamento, a suas famílias) permaneceu, mesmo depois da prisão arbitrária, da fome e do trabalho exaustivo nos campos soviéticos, fiel à revolução, ao Partido, à União Soviética e à Stalin (KOZLOVA, Alena, MIKHAILOV, Nikolai, OSTROVSKAYA, Irina e FADEEVA, Svetlana. **Cartas do pai – cartas de pais reclusos no GULAG aos filhos**, Relógio D'Água Editores, 2022, original publicado em 2014).

32 SOLJENÍTSIN, Aleksandr. **Op. cit.**, p. 294.

33 "Somos gente soviética honesta, viva Stalin, não fizemos nada e o nosso Estado libertar-nos-á da companhia de todos estes inimigos" (Susanna Pechora, citada por Anne Applebaum, **Op. cit.**, p. 353)

liberdade e submetidos a tratamento sub-humano (fome, frio, trabalho escravo, dentre outras expiações), a autora sentencia que estes "continuavam a manifestar sua lealdade à União Soviética e continuavam a acreditar, contra toda a evidência, que todos os outros eram inimigos a evitar"[34].

Como mencionado nos capítulos anteriores, para que o 'sistema violador total' se perpetue, e a população permaneça míope em relação aos problemas sociais, econômicos e políticos reais, é preciso a eleição de um inimigo[35], que será incansavelmente perseguido e cuja derrota acachapante significará o triunfo do Estado e a esperança de uma vida melhor para a população[36] – que se verá livre daquela erva-daninha[37] que impede o florescimento do jardim prometido pelo tirano[38]. É como "se o sistema precisasse de encontrar pessoas a quem culpar"[39]. Isso mantém a população em estado de letargia, porque o cidadão 'comum' passa a ter um justo receio de ser identificado como inimigo pelo aparelho repressivo estatal[40].

---

34 APPLEBAUM, Anne. **Op. cit**, p. 353.

35 Na obra 'Nós', os que ousam desafiar o 'Estado Único' e as regras impostas pelo 'Benfeitor', automaticamente, transformam-se em 'inimigos da felicidade' e, portanto, alvos do sistema repressivo (ZAMIÁTIN, Ievguêni Ivánovitch. **Op. cit.**, p. 263, 314/315).

36 Trotsky (que foi uma das figuras centrais da revolução de 1917 e, com o passar do tempo, transmudou-se de criador do Exército Vermelho e Comissário para as Relações Externas da União Soviética, em verdadeira personificação do 'inimigo do povo') afirma, ao defender o 'Terror Vermelho' para sustentação da ditadura do proletariado, que "há que tornar o inimigo inofensivo e em tempo de guerra isto significa aniquilá-lo" - referência à guerra civil que se seguiu à revolução (TROTSKY, Leon. **Op. cit.**, p. 65). Em arremate, Trotsky vaticina: "o grau de ferocidade da luta depende de uma série de condições internas e internacionais. Quanto mais obstinada e perigosa for a resistência do inimigo de classe vencido, tanto mais inevitável será a transformação do sistema de represálias em sistema de terror" (TROTSKY, Leon. **Op. cit.**, p. 66).

37 "A partir de finais dos anos trinta, Stalin também começou publicamente a referir-se aos inimigos do povo como vermes, poluição e lixo, ou, por vezes simplesmente como ervas daninhas que era preciso arrancar" (APPLEBAUM, Anne. **Op. cit**, p. 148).

38 "Uma parte do público soviético aprovava as novas detenções: a súbita revelação da existência de enormes quantidades de inimigos, muitos deles nas altas instâncias do Partido, explicava seguramente porque – apesar do Grande Ponto de Viragem de Stalin, apesar da coletivização, apesar do Plano Quinquenal – a União Soviética continuava pobre e atrasada" (APPLEBAUM, Anne. **Op. cit.**, p. 140-141).

39 APPLEBAUM, Anne. **Op. cit**, p. 142.

40 Nesse sentido, Trotsky explica que "a guerra vitoriosa só aniquila parte ínfima do exército vencido, mas atemoriza a restante e quebranta a sua vontade. A revolução procede do mesmo modo: mata indivíduos e amedronta milhares". Em jeito de síntese conclusiva, ele afirma que "os nossos comitês extraordinários fuzilam os grandes proprietários, os capitalistas, os generais que tentam restabelecer o regime capitalista. Captais este... matiz? Sim. Para nós, comunistas, ele basta perfeitamente" (TROTSKY, Leon. **Op. cit.**, p. 70-71). É interessante notar que a ideia de 'Terror Vermelho' defendida por Trotsky para sustentar a revolução do proletariado contra os contrarrevolucionários foi utilizada contra ele anos depois nas sucessivas purgas promovidas por Stalin. "Após a morte de Lênin, em 1924, o grupo liderado por Stalin deteve a hegemonia do Partido. Trotsky foi deposto do Comissariado da Guerra e transferido para a direção do Desenvolvimento dos Recursos Elétricos. Renunciou em 1925 e, dois anos mais tarde, foi exilado no Turquestão. Banido da Rússia em 1929, Stalin cassou-lhe a cidadania soviética em 1932" (BETTO, Frei.

Esse estado de constante terror[41] desemboca numa massa de pessoas ávidas apenas por desempenhar o papel que o sistema lhes impõe[42].

Dentre as várias explicações possíveis no que toca à construção dos 'inimigos do povo', e tratando especificamente da União Soviética stalinista, rememoro *O Conceito do Político* de Carl Schmitt, que pode sempre seguir de norte quando se pensa em regimes totalitários/ditatoriais que buscam a redução da complexa e plural discussão política ao 'nós' contra 'eles'. Segundo o autor alemão, cujas teorias serviram de pano de fundo para o 'sistema violador' nazista, em síntese bastante apertada, o conceito do político se traduz na definição, pelo Estado, de quem são seus amigos e inimigos[43].

De acordo com Zaffaroni, trata-se de reconstrução da distinção romana entre o *inimicus* (inimigo pessoal) e o *hostis* (verdadeiro inimigo político, "em relação ao qual é sempre colocada a possibilidade de guerra como negação absoluta do outro ser ou realização extrema da hostilidade"). O

Batismo de sangue: guerrilha e morte de Carlos Marighella, editora Rocco, 2021, p. 22). O camarada (amigo) Trotsky se transformou alhures em inimigo e foi alvo da sua própria doutrina.

41 Hannah Arendt afirma que "a diferença fundamental entre ditaduras modernas e as tiranias do passado está no uso do terror não como meio de extermínio e amedrontamento dos opositores, mas como instrumento corriqueiro para governar massas perfeitamente obedientes. O terror, como o conhecemos hoje, ataca sem provocação preliminar e as suas vítimas são inocentes, até mesmo do ponto de vista do perseguidor. Este foi o caso da Alemanha nazi quando a campanha de terror foi dirigida contra os judeus, isto é, contra pessoas cujas características comuns eram aleatórias e independentes da conduta individual específica" (*in* **As Origens do Totalitarismo**, 9ª. Edição, 2020, editora Dom Quixote, original publicado em 1948, p. 7).

42 No ensaio Literatura e Totalitarismo, George Orwell afirma, com precisão que: "O totalitarismo aboliu a liberdade de pensamento com uma intensidade que jamais se ouviu falar em qualquer época anterior. E é importante ter consciência de que o seu controlo do pensamento não é apenas negativo, mas também positivo. Não se limita a proibi-lo de exprimir – ou até de pensar – certos pensamentos; dita o que irá pensar, cria uma ideologia para si, tenta reger sua vida emocional, assim como tenta estabelecer um código de conduta. E isola-o tanto quanto possível do mundo exterior, fecha-o num universo artificial no qual o leitor não tem padrões de comparação. O Estado totalitário procura, em qualquer caso, controlar os pensamentos e emoções dos seus súbditos pelo menos tão completamente quanto controla suas acções" (ORWELL, George. **Op. cit.**, p. 61).

43 Para o autor, a diferenciação entre amigo e inimigo "tem o sentido de designar o mais extremo grau de intensidade de uma ligação ou separação, de uma associação ou dissociação; ela pode existir em teoria e na prática sem que, ao mesmo tempo, tenham de ser aplicadas todas aquelas diferenciações morais, estéticas, econômicas ou outras. O inimigo político não precisa ser moralmente mau, não precisa ser esteticamente feio; não tem de surgir como concorrente econômico e até talvez possa parecer vantajoso fazer negócio com ele. Ele é, precisamente, o outro, o estrangeiro, e é suficiente, para a sua essência, que ele seja existencialmente, num sentido particularmente intensivo, algo outro e estrangeiro, de tal modo que, em caso extremo, sejam possíveis conflitos com ele que não possam ser decididos nem por uma normatização geral, que possa ser encontrada previamente, nem pela sentença de um terceiro 'não participante' e, portanto, 'apartidário'" (SCHMITT, Carl. **O Conceito do Político**, Edições 70, 2019, original publicado em 1932, p. 51/52).

jurista argentino arremata, afirmando que "o estrangeiro, o estranho, o inimigo, o *hostis*, era quem carecia de direitos em termos absolutos, quem estava fora da comunidade"[44].

A dualidade amigo-inimigo proposta no regime soviético é a oposição proletariado (amigos – cidadão soviético) x contrarrevolucionários (inimigos). Um traço extremamente interessante no sistema estudado é a já mencionada fluidez do conceito de inimigo – e essa é uma diferença clara entre os sistemas alemão/nazista e soviético/stalinista; naquele os "inimigos" são mais claramente identificados. Dos anos 20 aos anos 50 do Século XX o sistema persecutório da URSS atacou diversos grupos de 'inimigos' diferentes[45]. Outra característica singular é que, com o passar do tempo, o aprisionamento sistemático de pessoas, que eram detidas ao bel-prazer das lideranças soviéticas, passou a se destinar à exploração da mão de obra, por meio de extenuantes trabalhos forçados, da massa de prisioneiros – no sistema de campos de concentração que ficou conhecido como Gulag, abreviação do nome russo *Glávnoe **U**pravlénie ispravitelno-trudovikh **Lág**ueriei* ou Direção Central dos Campos de Trabalho Correicionais[46].

O 'inimigo' do sistema soviético, assim como o 'inimigo' do sistema nazista[47] não é considerado um cidadão (sequer uma pessoa), cujos direitos devem ser, *a priori*, respeitados pela sua própria natureza humana. Mas é preciso pontuar: enquanto o inimigo do sistema nazista, na lógica sádica determinada pelo *Führer* Hitler, deve ser fisicamente

---

44 ZAFFARONI, Eugenio Raul. **O inimigo no direito penal**, Revan, 2007, p. 22-23.

45 "Das centenas de milhares de pessoas referidas nos campos como presos políticos, a maioria não eram dissidentes, ou sacerdotes que rezavam missas em segredo, ou mesmo funcionários do Partido. Eram pessoas normais, apanhadas em detenções massivas, que não tinham necessariamente fortes opiniões políticas de qualquer tipo" (APPLEBAUM, Anne. **Op. cit.**, p. 342).

46 SOLJENÍTSIN, Aleksandr. **Um dia na vida de Ivan Deníssovitch**, Livros do Brasil/Porto Editora, 2022, original publicado em 1962, p. 38.

47 Sobre o tratamento dispensado pelo sistema violador nazista aos deportados para Auschwitz-Monowitz (Auschwitz III), Primo Levi afirma: "mais baixo do que isto, não se pode ir: não há nem se pode imaginar condição humana mais miserável" (LEVI, Primo. **Se isto é um homem**, Dom Quixote, 2021, original publicado em 1958, p. 26). É infelizmente comum que sistemas violadores desumanizem seus inimigos por meio das mais variadas humilhações. Primo Levi afirma que deixou de ser homem. Detido, passou a ser um *Häftling* (prisioneiro).

liquidado (é possível, eventualmente, seu "aproveitamento" como força de trabalho escravo[48], mas seu fim é a liquidação) o inimigo do sistema soviético (isso foi se modificando com o passar do tempo, dada à já mencionada fluidez do próprio "alvo" do sistema) é uma peça na engrenagem do desenvolvimento industrial da União Soviética (pouco importando se o frio, a fome, as péssimas condições de trabalho ou o trabalho excessivo o conduzam à morte)[49]. A viragem soviética em relação a seu inimigo – de erva-daninha a ser destruída a peça descartável da engrenagem econômica do país[50] – fez com que o sistema persecutório soviético se movimentasse mais ou menos sempre que a "caldeira humana" do Gulag precisava de mais ou menos "combustível" (presos)[51].

Continuemos. Um dos impactos perniciosos dessa linha de pensamento (simples dualidade amigo-inimigo – reducionismo da discussão política ao "nós" x "eles"), sem nenhuma sombra de dúvida, é a perseguição dos 'inimigos' no plano interno – o Estado atacando ferozmente quem vive em seu território e é governado segundo suas leis. Uma das formas

48 "Os campos eram excepcionalmente vantajosos pela submissão do trabalho escravo e pelo seu baixo custo – não, nem sequer por ser barato, mas por ser gratuito, porque para comprar um escravo na antiguidade era preciso em todo o caso gastar dinheiro, mas ninguém pagava nada para adquirir um presidiário do campo" (SOLJENÍTSIN, Aleksandr. **Op. cit.**, p. 371).

49 "A partir de 1939, parece que Beria – com, provavelmente, Stalin por trás – já não queria explicitamente que os campos do Gulag fossem campos de extermínio, como alguns foram, efetivamente, em 1937 e 1938. O que não significa, no entanto, que os seus administradores estivessem mais preocupados com a preservação de vidas, para já nem falar no respeito pela dignidade humana. A partir de 1939, as preocupações centrais de Moscou eram de cariz econômico: os prisioneiros deveriam ser inseridos no plano de produção do campo, como dentes de uma engrenagem" (APPLEBAUM, Anne. **Op. cit.**, p. 230).

50 Liudmila Ultískaia, no prefácio da já citada obra '**Cartas do pai – cartas dos pais reclusos no GULAG aos filhos**', apresenta uma triste síntese da situação aqui retratada: "milhões de cidadãos deste grande país, que construía o radioso futuro do comunismo, foram sacrificados a essa utopia. Durante décadas, o país viveu numa atmosfera de entusiasmo e de terror, de medo e de arrebatamento, de denúncia generalizada e de histeria patriótico-militar. O reverso das grandes construções do comunismo era os inúmeros campos de prisioneiros em que eram mantidos em condições indignas, esgotados pela fome e pelo trabalho extenuante, os construtores da grande utopia. Eram milhões de pessoas, privadas de uma vida humana normal – casa, família, filhos, trabalho profissional" (KOZLOVA, Alena, MIKHAILOV, Nikolai, OSTROVSKAYA, Irina e FADEEVA, Svetlana. **Op. cit.**, p. 11).

51 Diz-nos Soljenítisin: "mas nós já compreendemos que os campos estavam longe de concentrar apenas os dissidentes, aqueles que escapavam à via gregária traçada por Stalin. A mobilização para os campos ultrapassava claramente as necessidades políticas, e as necessidades do terror. Não era o número dos reais criminosos (ou mesmo das pessoas duvidosas) que determinava a atividade dos tribunais, mas as exigências das administrações econômicas" (SOLJENÍTSIN, Aleksandr. **Op. cit.**, p. 370).

mais eficazes de perseguição 'legal'[52] de grupos indesejáveis é a criminalização das suas crenças, do seu pensamento, do seu modo de agir. Para esse fim, regimes totalitários fazem uso, em larga escala, do Direito Penal do autor[53]. Abandona-se a punição de fatos considerados pela lei como criminosos e passa-se a punir o "ser" e o "pensar"[54] – o inimigo passa, dessa forma, a personificar tudo que é pernicioso e, por isso, deve ser duramente combatido, por se traduzir em um criminoso perigoso, cuja própria existência desafia o sistema posto[55].

A clara representação do ordenamento jurídico a serviço do sistema violador, no caso soviético, foi o artigo 58 do Código Criminal da Federação Russa[56]. O dispositivo tipificava os "crimes contrarrevolucionários" e permitiu, ao longo dos anos, várias ondas de detenções dirigidas a grupos de indivíduos eleitos como 'inimigos do povo'[57]. Soljenítsin afirma que "na verdade não existe debaixo da cúpula celeste

52 Insisto: o regime totalitário pode, com absoluta tranquilidade, ser um Estado cumpridor dos seus mandamentos legais (não há democracia, não há liberdade, não há respeito a direitos fundamentais, mas pode haver, paradoxalmente, o "império da lei").

53 Sobre o direito penal do autor, Luigi Ferrajoli, com absoluta precisão, afirma que "não se pode esquecer, todavia – seja pela época e o regime político nos quais foram sistematizados e codificados, seja, sobretudo, pela identidade do esquema teórico que o fundamenta – que estas medidas reafirmam em larga parte um modelo nazista do "tipo normativo de autor" (*Tätertip*) e aquele staliniano do "inimigo do povo". O pressuposto geral da sua aplicação não é, de fato, a comissão de um crime, mas uma simples qualidade pessoal determinada vez a vez com critérios puramente potestativos: aquele de "suspeito" ou de "perigoso", associada muitas vezes a elementos sintomáticos como a condição do condenado, ou do reincidente, ou do ocioso, ou do vagabundo ou similar. A sua natureza, por outro lado, se inscreve naquele mais amplo, indeterminado e variado universo, nascido principalmente das praxes e colocado à margens do direito penal e daquele administrativo que é denominado de direito de polícia (FERRAJOLI, Luigi. **Direito e Razão – Teoria do Garantismo Penal**, Revista dos Tribunais, 2010, p. 706).

54 DE FIGUEIREDO DIAS, Jorge. **Direito Penal: parte geral – Tomo I – Questões Fundamentais; A Doutrina Geral do Crime**, 3ª. edição, Gestlegal, 2019, p. 275.

55 Criminalizar o 'ser' e o 'pensar' é extremamente perigoso porque autoriza construções teóricas que dialogam com de privação de liberdade por tempo indeterminado e mesmo com a liquidação do 'infrator' (segundo essa linha radical de raciocínio, as únicas soluções efetivas para 'proteger' a sociedade de alguém que 'é e sempre vai ser' perigoso é o isolamento perpétuo ou a morte).

56 APPLEBAUM, Anne. **Op. cit.**, p. 90-91.

57 "Portanto, um inimigo podia ser qualquer pessoa que, por qualquer razão, se opusesse ao jugo de Stalin, mesmo que não o confessasse publicamente" (APPLEBAUM, Anne. **Op. cit.**, p. 147). A já citada obra '**Cartas do pai: cartas dos pais reclusos no GULAG aos filhos**' detalha dezesseis casos que envolvem imputações feitas com base no famigerado artigo 58 do Código Criminal da Federação Russa. São narrativas tocantes que gravitam em torno de homens que foram perseguidos, presos e condenados (alguns deles à pena capital - fuzilamento) por um sistema persecutório paranoico e que não observava os mais mínimos direitos dos investigados/réus/condenados. Cito dois exemplos: i) Mikahil Stróikov, condenado por participar de um "grupo partidário clandestino" que cometeu o grave crime de imprimir e distribuir panfletos com críticas ao Partido. Ele foi fuzilado em Kolimá, em 1938 (**Op. cit.**, p. 25-34); ii) Aleksei Vanguenheim (serviu na Primeira Guerra Mundial chegando à patente de coronel e presidente do Comitê Hidrometereológico da URSS), acusado de espionagem e condenado a dez anos de campos de trabalho correcional e, em nova condenação, por deliberação da Troika Especial do NKVD da região de Leningrado (tribunal extrajudicial da polícia secreta soviética, composta por três membros – várias pessoas foram condenadas pelas Troikas, que não eram órgãos judiciais, como se detalhará alhures), foi fuzilado em 1937 (**Op. cit.**, p. 35-61).

conduta, desígnio, ação ou inação que não possa ser punida pela mão pesada do artigo 58"[58].

A etapa seguinte (em um 'sistema violador total') é a adoção do 'Direito Penal do inimigo'[59] – a construção teórica que cunhou essa nomenclatura é mais recente que o recorte temporal do sistema soviético analisado neste capítulo, mas é possível utilizá-la para explicar esse passo a passo que culminou com a construção, na União Soviética, pelo premier Josef Stalin e seus seguidores, de um 'sistema violador total de direitos fundamentais'.

Como já demonstrei nos capítulos anteriores, a última característica que distingue o sistema violador total de direitos fundamentais de um sistema violador 'comum' é a propensão à liquidação física de grupos de pessoas, opositores do regime ou mesmo inocentes eleitos pelo Estado como 'inimigos'. Para ser categorizado no ápice da classificação de 'sistemas violadores', o Estado precisa atropelar diuturnamente o bem jurídico mais caro do cidadão – a vida. No sistema persecutório soviético, considerando especificamente o período stalinista, qualquer manifestação de pensamento que pudesse desafiar o sistema posto era passível de enquadramento típico, nos parágrafos do famigerado artigo 58 do Código Penal, com duras consequências, como penas altíssimas e confinamento do condenado em campos de trabalhos forçados ou mesmo na liquidação física, em alguns momentos específicos, como, por exemplo, nos anos de 1937 e 1938[60].

---

58 SOLJENÍTSIN, Aleksandr. **Op. cit.**, p. 57.

59 Construção teórica mais recentemente apresentada/defendida pelo penalista alemão Günter Jakobs e que, numa síntese apertada, permite limitação mais severa de direitos fundamentais de indivíduos identificados como 'inimigos do Estado' (a ideia, contudo, sempre acompanhou os 'sistemas violadores de direitos fundamentais, como demonstrado nessa obra). "Portanto, o Estado pode proceder de dois modos com os delinquentes: pode vê-los como pessoas que delinquem, pessoas que tenham cometido um erro, ou indivíduos que devem ser impedidos de destruir o ordenamento jurídico, mediante coação" (JAKOBS, Günther, MELIÁ, Manuel Cancio. **Direito Penal do inimigo, noções e críticas**, 6ª. Edição, Livraria do Advogado, 2020, p. 40). O penalista alemão prossegue: "quem não presta uma segurança cognitiva suficiente de um comportamento pessoal não só não pode esperar ser tratado ainda como pessoa, mas o Estado não deve tratá-lo, como pessoa, já que do contrário vulneraria o direito à segurança das demais pessoas" (JAKOBS, Günther, MELIÁ, Manuel Cancio. **Op. cit.**, p. 40).

60 APPLEBAUM, Anne. **Op. cit.**, p. 89.

Podemos, destarte, resumir a construção de um 'sistema violador total de direitos fundamentais', tendo como pano de fundo o sistema persecutório soviético no período de governação de Stalin, por meio dos seguintes passos: i) tomada do poder por um regime totalitário (que não admite discussão democrática de ideias, nem alternância do poder e que se centra na figura de um líder cujas ordens são incontrastáveis); ii) eleição dos 'inimigos do Estado' pelo poder dominante (no caso soviético, qualquer pessoa que ousasse se opor ao regime posto – o 'contrarrevolucionário'); iii) utilização do aparato legal para transmudar o inimigo em 'criminoso' (adoção do 'Direito Penal do autor'[61]); iv) tratamento mais severo dispensado ao inimigo que ao 'cidadão comum' (com possibilidade de detenções arbitrárias, confisco do patrimônio, tratamento degradante, sucessivas condenações desarrazoadas, penas cruéis) – 'Direito Penal do inimigo'; v) eliminação física dos 'inimigos'.

Assim é que o sistema persecutório soviético (sob os auspícios de Stalin): i) traduzia-se em um regime totalitário (centralizado na figura do premier e sua claque) ii) elegeu os 'contrarrevolucionários' (qualquer pessoa que pensasse, escrevesse, agisse ou se manifestasse contra a ideias defendidas pelo regime) como inimigos do povo e do Estado; iii) utilizou-se de dispositivo do Código Penal soviético claramente relacionado ao 'Direito Penal do autor' para construir condenações a penas desproporcionais; iv) deteve, confiscou os bens e atropelou os direitos mais mínimos dos seus 'inimigos'; e v) foi responsável pela liquidação física de muitas dessas pessoas identificadas como 'inimigas'.

---

61 Jorge de Figueiredo Dias, no mesmo sentido aqui defendido, afirma que o 'Direito Penal do autor' foi largamente utilizado pela legislação penal nacional-socialista alemã e fascista italiana imediatamente antes e durante a II Grande Guerra (**Op. Cit.**, p. 276).

3. O artigo 58 do Código Penal soviético, o império das leis, o 'Direito Penal do autor' e o 'Direito Penal do inimigo'

A ascensão de Josef Stalin ao poder[62] foi fruto da revolução soviética, que significou a derrocada do Império Russo, a Rússia dos Czares. A viragem política foi especialmente gravosa para os *kulaks,* como eram conhecidos os camponeses mais abastados, que tiveram suas propriedades confiscadas pelo Estado e foram deportados para lugares inóspitos da União Soviética – exílio que significava, em grande medida, a morte pela fome, pelo frio, pela ausência de habitações, dentre outros fatores[63]. Os exilados, muitas das vezes, "faziam o mesmo trabalho dos prisioneiros, por vezes nos mesmos locais"[64].

O pensamento político que tomou o poder (totalitarismo) foi apoiado por um sistema persecutório feroz, pronto a punir com severidade quem desafiava o Estado. O papel de cérbero[65] cabia, no sistema violador soviético, à Tcheka, a polícia secreta[66]. Os opositores do regime, a depender da época, eram liquidados fisicamente, exilados ou privados de sua liberdade no sistema de campos de concentração soviéticos (Gulag). Disse a depender da época porque os historiadores e memorialistas citam 'ondas', ora de liquidação física, ora de exílio/detenções. Por exemplo, após a segunda guerra mundial, Stalin ordenou a seus asseclas um forte golpe em "qualquer conversa sobre democracia mesmo antes dessa conversa se espalhar", que acarretou uma "nova série de detenções, atacando outra vez o exército, bem como minorias étnicas escolhidas,

62 Stalin substituiu Vladmir Ilych Ulianov (Lenin) no poder depois da sua morte.

63 APPLEBAUM, Anne. **Op. cit.**, p. 119.

64 APPLEBAUM, Anne. **Op. cit.**, p. 127.

65 Fera da mitologia grega (cão de três cabeças) que guardava a entrada do mundo inferior (o reino subterrâneo dos mortos), deixando as almas entrarem, mas jamais saírem e despedaçando os mortais que por lá se aventurassem.

66 Era a Comissão Extraordinária de Toda a Rússia para o Combate à Contrarrevolução e à Sabotagem, depois nominada GPU, OGPU e NKVD (no pós-segunda guerra mundial, o NKVD foi divido por Stalin em dois serviços: o MVD e o MGB, tendo este dado origem, depois, à KGB).

incluindo judeus soviéticos"[67]. O exército foi atacado "outra vez"[68] porque para o sistema paranoico soviético, o militar que fosse capturado no curso da guerra e conseguisse escapar ao jugo nazista e retornar para a União Soviética era considerado "traidor da pátria" e logo detido no sistema de campos de concentração ou liquidado fisicamente[69].

Em sistemas totalitários/ditatoriais, o sistema persecutório se transmuda num garantidor do regime e do próprio ditador/autocrata. Em países democráticos, pressupõe-se que os órgãos de controle social formal desempenhem suas atividades em prol da sociedade, com o intuito de amplificar a sensação de segurança, o que desemboca em mais liberdade – a ideia de quanto mais segurança, mais liberdade é ínsita a democracias consolidadas[70].

Em países totalitários/ditatoriais, os crimes contra o Estado e os crimes categorizados como políticos ganham especial relevo e estão sujeitos a duras penas. Qualquer ação interpretada como subversiva[71] e desafiadora do *status quo* é pronta-

---

67 APPLEBAUM, Anne. **Op. cit.**, p. 515.

68 Aleksander Soljenítsin, então capitão do Exército Vermelho, foi detido e enviado para o Gulag por trocar correspondências que foram consideradas antissoviéticas. Diz Soljenítsin acerca de sua detenção: "eu não só já não era capitão, como era um inimigo do povo desmascarado" (SOLJENÍTSIN, Aleksander. **Op. cit.**, p. 41-42). "Milhões de russos que haviam sido presos pelos alemães foram considerados maculados e potencialmente traiçoeiros. Tratados como traidores, muitos foram enviados para os campos; outros, assassinados" (DIKÖTTER, Frank. **Op. cit.**, p. 133).

69 Primo Levi deixa claro que "para o prisioneiro de guerra soviético repatriado não havia cura nem redenção, ele era considerado irremediavelmente culpado, mesmo que tivesse conseguido evadir-se e juntar-se ao exército combatente. Deveria morrer em vez de se render, e além disso, tendo estado (nem que fosse por poucas horas) nas mãos do inimigo, era automaticamente suspeito de conluio com ele. Ao seu incauto regresso à pátria, foram deportados para a Sibéria, ou mortos" (LEVI, Primo. **Op. cit.**, p. 176).

70 Explico melhor. Em um país cujo aparelho persecutório estatal atua como garante da sociedade (um efetivo Estado Democrático de Direito), com o fito de prover sua segurança (e sem atentar contra os direitos fundamentais dos cidadãos, ainda que estes figurem como suspeitos, investigados, réus ou condenados), é possível concluir que "quanto mais segurança mais liberdade". Pedro José Lopes Clemente afirma que "a segurança sustenta a liberdade, porquanto, em termos objetivos, a segurança consiste na ausência de ameaça aos valores fundamentais da cidadania. E, certamente, a liberdade representa o valor maior da vida humana. Por isso, a segurança é a irmã gêmea da liberdade" (CLEMENTE, Pedro José Lopes. **Cidadania, polícia e segurança**. ISCPSI, 2015, p. 9). Contudo, se o sistema persecutório sustenta um regime totalitário ou ditatorial (e, por isso, não passa de um instrumento a seu serviço), a ideia de "quanto mais segurança mais liberdade" é falsa (ainda que a propaganda oficial do sistema totalitário/ditatorial use de retórica para passar essa mensagem). Aqui (no regime totalitário/ditatorial), a conclusão de Pedro José Lopes Clemente de que "a segurança consiste na antítese dos medos" (CLEMENTE, Pedro José Lopes. **Op. cit.**, p. 45) não se sustenta. Porque a atuação do aparelho persecutório terá por objetivo precisamente propagar o medo e o terror, intimidando a população a não desafiar o regime (e, assim, perpetuar o *status quo*).

71 Francisco Proença Garcia descreve a atividade subversiva como "fenômeno progressivo que visa um poder, político, ou no interior de uma instituição qualquer que interesse controlar ou dominar. Pode ter como objetivos políticos a criação de uma nova sociedade, a simples modificação do regime existente, a substituição das autoridades que exercem o poder ou a modificação de políticas do antecedente" (**A guerra e a estratégia revisitadas**, Novas Edições Acadêmicas, 2019, p. 79).

mente punida, não no campo das ideias e da discussão plural, como o seria em um país democrático, mas com a utilização da arma institucional mais poderosa: o Direito Penal – esse instrumental é utilizado pelos órgãos persecutórios com toda força contra os opositores do grupo político dominante.

Para tanto (utilização dos órgãos de controle social formal como fiadores dos detentores do poder totalitário), é preciso, como já desenhado supra, construir um arcabouço legislativo calcado no 'Direito Penal do autor' (punição do "ser", do "crer" e/ou do "pensar") e em tipos imprecisos e abertos, que possam ser livremente interpretados pelos agentes estatais comprometidos com a estrutura política dominante (policiais, acusadores, juízes e responsáveis pela execução das penas) e voltado para isolar ideias diferentes no escuro do cárcere (ou, no extremo, em uma vala comum).

Nessa toada, o artigo 58 do Código Penal soviético[72], que congregava os crimes de 'agitação antissoviética', 'propaganda antissoviética', 'espionagem', 'sabotagem', 'terrorismo', 'traição à pátria', dentre outros – algumas seções eram mais brandas, outras mais graves –, foi largamente utilizado para punição dos, à época, identificados como 'inimigos do Estado e do povo' (os contrarrevolucionários).

Esse tipo de legislação, perseguidora do pensamento divergente, que retira direitos e abre caminho para imposição de sanções apenas pelo fato da pessoa existir/pensar/crer é extremamente desleal e contrária à dogmática penal[73]. Punir um ser humano pelo seu pensamento – desde que a manifestação do pensamento não seja abusiva/atentatória aos direitos

72 Só abolido na década de 60 do Século XX (ainda assim, o então Caderno Repressivo soviético continuou contando com tipos muito abertos nos artigos 70, 72, 142 e 190-1).

73 O Direito Penal é fragmentário e tem o papel de proteger bens jurídicos relevantes contra fatos graves contra estes praticados (Direito Penal do fato). Esses fatos, em atenção aos princípios da legalidade, anterioridade e reserva legal devem estar minuciosamente descritos em lei formalmente e materialmente constitucional, aprovada pelo Poder Legislativo (quanto mais "aberta" a descrição fática proibida pela lei penal, maior a discricionariedade estatal na imposição da sanção prevista).

de outrem, por óbvio –, sua crença, sua religião, sua opção sexual, pela cor de sua pele, pela sua etnia/raça é bárbaro, pedante, desumano e agressivo. O Estado que edita leis penais que permitem inaugurar persecução penal calcada nesse viés discriminatório acredita que há uma crença, uma religião, uma opção sexual, uma cor de pele, uma etnia/raça melhor, superior, correta e que tudo que não se adequa ao modelo tido como 'ideal' é ilegal e, por isso, merecedor de punição.

A admissão do 'Direito Penal do autor', como já mencionado nos capítulos anteriores, é um dos indicadores importantes no estudo dos sistemas violadores[74]. O Direito Penal deve se ocupar de punir fatos, condutas eleitas como perniciosas à vida em sociedade e que findam atropelando bens jurídicos tidos como relevantes em determinado momento histórico. A criminalização de pessoas/grupos, pensamentos ou crenças ao longo da história deu azo a graves violações de direitos individuais antes mesmo do momento histórico aqui recortado – União Soviética stalinista[75] (a já estudada caça às bruxas e hereges pela Inquisição[76], por exemplo).

Essa disfunção ('Direito Penal do autor') é sobremaneira mais nefasta quando precedida, como foi no sistema violador total stalinista, da eleição deliberada de inimigos, que findam sendo perseguidos pelo Estado e não tendo seus direitos fundamentais respeitados, e pela imposição de sanções mais gravosas a estes que aos 'cidadãos comuns'. Na persecução soviética pós-revolução os 'criminosos comuns' tinham, na maioria absoluta dos casos, tratamento mais brando que os

74 Nesse sentido, axioma construído por Luigi Ferrajoli: "*Nulla injuria sine actione*" (FERRAJOLI, Luigi. **Op. cit.**, p. 91).

75 "Não busquem provas materiais de que o acusado agiu contra os Sovietes por atos ou palavras. A primeira pergunta que lhe devem fazer é a que classe ele pertence, qual é a sua origem social, a educação, a instrução ou a profissão. Estas questões é que devem determinar o destino do acusado. É nisso que está o sentido e a essência do terror vermelho" (SOLJENÍTSIN, Aleksander. **Op. cit.**, p. 49).

76 António Borges Coelho afirma que "relendo o gráfico e o capítulo sobre a repressão ideológica e sexual, verificamos que o modelo apontado pela Inquisição à sociedade portuguesa se definia pela negação do judeu, do mouro, dos luteros, dos blasfemos, dos bruxos, dos bígamos, dos solicitantes, dos nefandos sodomitas (fachonos, somíticos e somítegos)" (**Inquisição de Évora – 1522 – 1668**, editora Caminho, 2018, p. 563).

'criminosos político', identificados como 'inimigos do povo'[77] – assim como no 'sistema violador total' nazista[78], no sistema soviético os criminosos comuns ocupavam uma posição hierárquica mais proeminente que os 'inimigos'[79]. Tem-se, então, o já mencionado 'Direito Penal do inimigo'[80] – relembro que a construção doutrinária relacionada a essa nomenclatura é mais recente que o sistema violador total soviético stalinista.

Além desse dispositivo paradigmático (o artigo 58 do Código Penal da época), é importante salientar que todo sistema persecutório soviético não observava, no âmbito processual penal, diversos direitos/garantias fundamentais. Havia denuncismo (já citado supra), tortura (há diversos relatos do uso sistemático de violência e grave ameaça contra presos[81], sempre com o objetivo de alcançar a confissão[82]

---

77 Evguéni Iáblokov, condenado "político" relatou em carta dirigida a sua mulher, acerca dos criminosos "comuns" que "é esse o principal jugo da nossa existência – os roubos, os palavrões, a impertinência, e ao mesmo tempo, que a atitude dos chefes para com eles seja melhor do que para com os políticos" (KOZLOVA, Alena, MIKHAILOV, Nikolai, OSTROVSKAYA, Irina e FADEEVA, Svetlana. **Op. cit.**, p. 90).

78 "Cedo aprendemos que os hóspedes do *Lager* estão divididos em três classes: os criminosos, os políticos e os judeus. Todos andam com farda às riscas, todos são *Häftlinge*, mas os criminosos trazem ao lado do número, cosido no casaco, um triângulo verde; os políticos, um triângulo vermelho; os judeus, que são a maioria, trazem a estrela judaica, vermelha e amarela. Há também os SS, mas poucos e fora do campo e veem-se relativamente poucas vezes: os nossos verdadeiros patrões são os triângulos verdes, que têm liberdade de ação sobre nós, e também os das outras duas classes dispostos a ajuda-los: que não são poucos (LEVI, Primo, LEVI, Primo. **Op. cit.**, p. 32). Lembro que no sistema violador total nazista, o inimigo principal é o judeu (por isso a hierarquia "informal" dos campos de concentração trazia o preso político acima do judeu e abaixo do criminoso comum).

79 O criminoso comum, na visão soviética, era recuperável, porque o crime, em síntese apertada, era resultante da exploração das massas. Já o criminoso político era identificado como alguém que "se opunha à revolução e trabalhava abertamente, ou em segredo, para a destruir". Assim, "ao contrário do criminoso comum, um inimigo de classe não seria nunca de confiança para cooperar com o regime soviético e requeria uma pena mais pesada que um vulgar assassino ou ladrão" (APPLEBAUM, Anne. **Op. cit.**, p. 47-48 e 84).

80 De acordo com Manuel Cancio Meliá, "como é sabido, o Direito Penal do inimigo jurídico-positivo vulnera, assim se afirma habitualmente na discussão, em diversos pontos, o princípio do direito penal do fato. Na doutrina tradicional, o princípio do direito penal do fato se entende como aquele princípio genuinamente liberal, de acordo com o qual deve ser excluídos da responsabilidade jurídico-penal os meros pensamentos, isto é, rechaçando-se um Direito Penal orientado na 'atitude interna' do autor" (JAKOBS, Günther, MELIÁ, Manuel Cancio. **Op. cit.**, p. 108).

81 Stalin explicou, em memorando dirigido aos chefes regionais do NKVD em 1939, que a "pressão física" sobre prisioneiros era prática permitida desde 1937 apenas "relativamente aos inimigos declarados do povo" com o fito de desmascarar os "conspiradores que ainda estão à solta". No documento, o líder totalitário admitiu que o método proscrito pode ter sido "ocasionalmente aplicado a pessoas honestas acidentalmente detidas" (APPLEBAUM, Anne. **Op. cit.**, p. 187).

82 Os sistemas violadores repetem suas práticas. O sistema violador do Santo Ofício português admitia, no seu regimento, a utilização da tortura para obtenção de confissões (tortura 'institucional'). Nas palavras de Antônio José Saraiva: "se o preso declarava que não tinha culpas, era atado pelo carrasco, enquanto o notário, em nome dos senhores inquisidores, protestava <que se o réu no tormento morrer, quebrar algum membro ou perder algum sentido, a culpa será sua, pois voluntariamente se expõe àquele perigo, que pode evitar confessando suas culpas, e não ser dos ministros do Santo Ofício que, fazendo, justiça segundo os merecimentos da sua causa, o julgavam a tormentos>" (SARAIVA, Antônio José. **Inquisição e Cristãos-Novos,** Gradiva, 1ª edição, 2019, Lisboa, p. 62-63).

e a delação de outros "contrarrevolucionários"[83]), ausência de defesa e, por vezes, ausência efetiva de processo[84] (apesar do processo, mais das vezes, figurar apenas como um "jogo de cartas marcadas"[85], por vezes ele sequer existia formalmente – havia condenações que resultavam da atuação extrajudicial da Tcheka: "único órgão de repressão na história da humanidade a acumular nas suas mãos: a vigilância, a detenção, a instrução do processo, a acusação, o julgamento e a execução da sentença"[86]).

Outro ponto digno de destaque (negativo, por óbvio) foi a prorrogação automática das penas depois do seu cumprimento, depois de iniciada a "guerra total" contra a Alemanha[87] (deflagração, pelo III Reich da operação Barbarossa, em junho de 1941[88]).

83 APPLEBAUM, Anne. **Op. cit.**, p. 168-191.

84 É a concretização do cenário teratológico (e fictício) descrito por Franz Kafka na sua obra 'Na colônia penal'. O diálogo travado entre o 'oficial' que trabalha na colônia penal e o 'explorador' estrangeiro é absolutamente surreal, mas, infelizmente, fez parte da história real da persecução penal soviética. Descrevo parte da conversa: o 'explorador' pergunta ao oficial acerca do condenado (que logo será executado em uma máquina que escreve na pele do réu a causa do seu suplício – o crime por ele perpetrado – e, a seguir, tira-lhe a vida dolorosamente ao cabo de 12 horas de sofrimento): "ele conhece a sentença"? O 'oficial' responde: "não". Diante da surpresa do 'explorador', o 'oficial' esclarece: "seria inútil comunicar-lhe. Ficará a sabê-la sobre o seu próprio corpo". O 'explorador' insiste: "mas ele certamente sabe que foi condenado". E o oficial: "também não". O 'explorador', cada vez mais perplexo, indaga: "então o homem também não sabe como foi conduzida sua defesa?". O 'oficial' prontamente responde: "não lhe foi dado tempo ou a possibilidade de se defender". Ao fim e ao cabo, o 'oficial' esclarece o "processo penal" naquela ilha: "o processo desenrola-se da seguinte maneira. Eu fui nomeado juiz nesta colônia penal. Apesar da minha juventude. Porque era adjunto do nosso antigo comandante para as questões penais e porque conheço o aparelho melhor do que ninguém. O meu princípio diretor é o seguinte: a culpa não pode ser objeto de dúvida". Ele prossegue explicando que, recebida a notícia do crime (tratada como "prova" do delito) e ouvido o noticiante, a sentença é imediatamente prolatada e o acusado preso. Tudo "muito simples". O 'oficial' deixa claro que não perdeu tempo interrogando o acusado porque se teria "instaurado a confusão", já que "ele teria mentido, e se eu tivesse exposto as suas mentiras, tê-las-ia reforçado com novas mentiras e assim por diante. Em vez disso, tenho-o em meu poder e não o vou deixar fugir" (KAFKA, Franz. **Na colônia penal**, Relógio D'Água Editores, 2021, original publicado em 1919, p. 14-17).

85 Evguéni Iáblov foi acusado falsamente de participar de organização contrarrevolucionária (seções 10 e 11 do artigo 58 do Código Criminal da Federação Russa). Ele morreu de subnutrição e doença no cárcere, em 1944 (KOZLOVA, Alena, MIKHAILOV, Nikolai, OSTROVSKAYA, Irina e FADEEVA, Svetlana. **Op. cit.**, p. 72-93).

86 SOLJENÍTSIN, Aleksander. **Op. cit.**, p. 49. A Tcheka (precursora do NKVD, como já declinado neste capítulo), desempenhou, para além da tarefa de polícia secreta soviética e comandante do sistema de campos, o papel de tribunal extrajudicial (as Troikas, grupos compostos por três integrantes, julgaram e condenaram muitas pessoas a duras penas – inclusive à morte). Por exemplo, Mikhail Bódrov, "trotskista convicto" foi sucessivamente condenado por defender ideias contrarrevolucionárias (com base nas seções do artigo 58 do Código Criminal da Federação Russa) e, finalmente, fuzilado por deliberação da "Troika do NKVD sobre a direção central do Extremo Norte", em 1937 (KOZLOVA, Alena, MIKHAILOV, Nikolai, OSTROVSKAYA, Irina e FADEEVA, Svetlana. **Op. cit.**, p. 62-71).

87 Gavriil Gordon, por exemplo, teve sua pena, que terminaria em agosto de 1941, automaticamente prorrogada em virtude do início da guerra e "morreu de fome no campo de trabalhos, em janeiro de 1942" (KOZLOVA, Alena, MIKHAILOV, Nikolai, OSTROVSKAYA, Irina e FADEEVA, Svetlana. **Op. cit.**, p. 159).

88 SOLJENÍTSIN, Aleksander. **Op. cit.**, p. 55.

4. Os campos de concentração soviéticos

A União Soviética desenvolveu um intrincado e gigantesco sistema de campos de concentração no período stalinista. Esse sistema repressivo não é tão conhecido e estudado como o foi e o é o sistema alemão nazista por uma razão simples: os alemães foram derrotados e os soviéticos se sagraram vencedores, junto com os aliados ocidentais, na Segunda Guerra mundial.

A história é contada, normalmente, pelos vencedores[89] e, por estar ao lado dos vencedores, a União Soviética permaneceu fechada – as fontes, destarte, são mais escassas. Friso, aliás, que o secretismo é uma característica fundamental no 'sistema violador de direitos fundamentais'. O totalitarismo e a ditadura não suportam a luz da publicidade. Ao revés, para que não seja contestado, o sistema violador não permite que seu cidadão (nem os outros países) saiba o que efetivamente fazem seus órgãos persecutórios (foco desta obra) – as ações das polícias, os processos, o que ocorre em suas prisões, tudo é cercado de segredo. E o que é publicado dificilmente corresponde à verdade – os 'fatos' levados ao conhecimento geral são fabricados ou distorcidos[90], para emprestar uma

89 Depois de pontuar, com absoluta precisão, que a história é escrita pelos vencedores, Orwell vaticina que "o que é realmente assustador quanto ao totalitarismo não é que cometa "atrocidades", mas que agrida o conceito de verdade objetiva: ele proclama que controla o passado tão bem quanto o futuro" (ORWELL, George. **O que é o fascismo? e outros ensaios.** Artigo: Histórias e mentiras, editora Companhia das Letras, 2017, artigo original de 1944, p. 77).

90 Nessa linha, Trotsky afirma "que nenhum governo empenhado numa guerra séria pode permitir no seu território a publicação de escritos que, abertamente ou não, apoiam o inimigo". Quanto à linha unilateral de publicação de notícias no pós-revolução, ele afirma que "a nossa função não consiste em castigar os intrujões e encorajar jornalistas honestos da imprensa de todas as correntes, mas apenas em sufocar a mentira de classe da burguesia e em garantir o triunfo da verdade de classe do proletariado – independentemente do fato de haver nos dois campos fanáticos e mentirosos" (TROTSKY, Leon. **Op. cit.**, p. 71 e 73). Apesar do livro citado ter sido escrito em 1920 (e, portanto, traduzir ideias que buscavam 'estabilizar' a tomada do poder pela classe operária ocorrida em 1917), nota-se que esse controle com mão de ferro da liberdade de expressão perdurou na União Soviética anos a fio, como reflexo do totalitarismo que lá imperava. Como já citado supra, Trotsky foi, ele próprio, alvo do 'sistema violador total' soviético. Ele foi simplesmente apagado dos livros de história acerca da revolução soviética (depois de passar a ser encarado como contrarrevolucionário). Trata-se da manipulação da "verdade de fato", conceito discutido por Hannah Arendt em ensaio elucidativo acerca da manipulação da verdade pelo poder político (ARENDT, Hannah. **Verdade e política**, Relógio D'Água Editores, 1995, original publicado em 1968, p. 14). Na mesma obra, Arendt trata, com precisão, dos efeitos funestos da manipulação da verdade por sistemas totalitários que "todas estas mentiras, quer os seus autores o saibam ou não, encerram um elemento de violência; a mentira organizada tende sempre a destruir tudo que decidiu negar, ainda que só os governos totalitários tenham conscientemente adotado a mentira como primeiro passo para a morte. Quando Trotsky tomou conhecimento de que nunca tinha desempenhado qualquer papel na revolução russa, deve ter sabido que sua condenação à morte fora assinada" (ARENDT, Hannah. **Op. cit.**, p. 44).

imagem mais 'suave', 'justa' e 'correta' ao sistema comandado pelo tirano e seu grupo político[91]. É o uso da retórica, já aqui citada, em prol do regime.

A análise de obras elaboradas por historiadores e memorialistas demonstra várias coincidências entre o tratamento outorgado ao inimigo na Alemanha nazista e na União Soviética stalinista (e se traduzem no que Primo Levi chamou de "violência inútil"[92] – "a violência pela violência, orientada unicamente para a criação de dor"[93]): o transporte em vagões lotados sem a mais mínima condição de transportar com dignidade seres humanos nas deportações; a mais completa falta de informação acerca do destino final e do que ocorreria na sequência (secretismo); as agressões gratuitas oriundas de agentes estatais e de criminosos comuns (estas toleradas pelos agentes estatais quando dirigidas a "inimigos"); a fome; o frio; o trabalho extenuante[94] (quando não eram liquidados fisicamente, os deportados pelo sistema violador nazista eram submetidos a trabalho escravo tal qual acontecia no sistema violador soviético[95]); e as doenças.

Outro ponto de intersecção (entre os sistemas violadores nazista e soviético) é a desumanização do inimigo. Assim como no sistema do III Reich, o sistema stalinista parece ter desejado "quebrar a alma" do condenado considerado inimigo, para que este perceba que não há outra saída a não ser cumprir

91 Na União Soviética, apesar da retórica desenvolvida pelos idealizadores da revolução e da "ditadura do proletariado", implantou-se um regime totalitário centralizado na figura do líder e dos seus seguidores mais próximos (o Partido) que, sob o argumento de que agem em prol dos trabalhadores e que sabem exatamente o que estes querem e precisam, tomam as decisões que lhes apetecem. Eis as palavras de Trotsky que 'suavizam' essa realidade: "o papel extraordinário que o partido comunista desempenha no triunfo da revolução proletária é de todo compreensível. Trata-se da ditadura de uma classe. Na composição desta classe há camadas diferentes, atitudes e disposições heterogêneas, níveis de desenvolvimentos distintos. Mas a ditadura pressupõe a unidade de vontade, do rumo e da ação. Que outro caminho poderia seguir para isto se obter? A dominação revolucionária do proletariado pressupõe, no próprio proletariado, a preponderância de um partido com um claro programa de ação e uma disciplina interna inviolável" (TROTSKY, Leon. **Op. cit.**, p. 133).

92 LEVI, Primo. **Op. cit.**, p. 121-145 (recomendo a leitura de todo capítulo V da obra 'Os que sucumbem e os que se salvam').

93 LEVI, Primo. **Op. cit.**, p. 122.

94 Alguns presos preferiam se automutilar para "fugir às normas de trabalho" (APPLEBAUM, Anne. **Op. cit.**, p. 79).

95 Sobre o tema, vide a já citada obra de Primo Levi '**Se isto é um homem**' (que narra o período em que ele foi prisioneiro em Auschwitz-Monowitz).

cegamente as ordens que lhe são impostas, pouco importando se as condições oferecidas não são minimamente dignas para a vida humana. Assim, é que o dia-a-dia se tornou uma inglória luta pela sobrevivência. Não se tem tempo para lembrar de que há direitos que não podem ser sonegados mesmo a quem comete os mais hediondos delitos, nem é sequer possível reivindicar a observância desses direitos sem duras consequências – e o estudo dos dois sistemas violadores citados é ainda mais impactante porque sua pesadíssima máquina de destruir pessoas na maioria das vezes se movimentou contra inocentes.

Como já salientei supra, houve liquidação física de inimigos (inclusive extrajudicial) levadas a cabo pelo sistema violador total soviético. Contudo, na maior parte do período estudado, o perecimento de prisioneiros do Gulag se deveu, em grande medida, à fome[96]. Como a União Soviética decidiu politicamente que sua massa concentrada nos campos serviria de motor para o desenvolvimento industrial do país – e as metas de trabalho eram sempre superestimadas e inalcançáveis na prática –, racionalmente restou decidido que a ração alimentar dependeria do rendimento do preso no trabalho. Os presos receberiam, a depender do seu desempenho, quatro níveis de ração – básica, de trabalho, reforçada ou punitiva. Essa lógica perversa muitas vezes significou a morte de presos, porque, por óbvio, se a pessoa sofre de fome 'crônica', seu rendimento naturalmente será menor e, consequentemente, ela receberá menos ração alimentar[97].

---

96 O capítulo XVI da obra de Anne Applebaum dedicado aos "moribundos" (*dokhodyagi*) é chocante (Op. cit., p. 384-393). Esses verdadeiros zumbis morriam de fome e sofriam doenças decorrentes da desnutrição e da falta de vitaminas (como escorbuto e pelagra). Interessante, nesse ponto, notar que a fome (e as doenças a ela associadas) nos estabelecimentos prisionais russos já era mencionada por Fiódor Dostoievski. O brilhante escritor foi condenado à morte (por atividades contrárias ao governo) e teve sua execução comutada em pena de trabalhos forçados na Sibéria, em 1849 – muito antes do recorte histórico enfrentado nesse capítulo. De igual sorte, é possível notar, já àquela altura, a existência de seção especial destinada a presos políticos, condenados por desafiar as ideias impostas pelo governo (DOSTOIEVSKI, Fiódor. **Recordações da casa dos mortos**, editora Relógio D'água, 2021, original publicado em 1862, p. 24, 51/52, 77, 176, 184, 242 e 272).

97 Essa luta incessante pela sobrevivência no sistema de campos soviético é bem explicada por Aleksandr Soljenítsin no aqui já citado '**Um dia na vida de Ivan Deníssovitch**'.

Ainda sobre o trabalho, mais um ponto de nefasta coincidência entre os sistemas nazista e soviético: na entrada do campo de Auschwitz, em clara demonstração do cinismo e dissimulação empregados pelo regime totalitário, lê-se a inscrição *"Arbeit Macht Frei"* (o trabalho liberta). Em um *lagpunkt* do campo de concentração de Vorkuta, um dos mais duros do sistema soviético, havia a inscrição "O trabalho na URSS é uma questão de Honra e Glória". As frases são falsas sob todas as perspectivas possíveis de análise. Os campos foram evidentemente construídos não para exaltar o trabalho, mas para a eliminação física dos seus prisioneiros, que não eram vistos como pessoas, mas como peças de uma engrenagem. E o trabalho desenvolvido no interior de ambos era forçado e não possibilitava a libertação[98].

5. Conclusão

Nesse capítulo foram traçadas as linhas do 'sistema violador total de direitos fundamentais' tendo como foco a União Soviética stalinista.

No modelo de análise aqui utilizado ao longo desse livro, que pode ser transportado para outros países em outros momentos históricos, o Estado soviético sob o jugo de Stalin se traduziu em um sistema violador total de direitos fundamentais porque adimpliu as seguintes características: i) era um regime totalitário (centrado na figura do seu líder); ii) elegeu "inimigos do povo" (denominados 'contrarrevolucionários' – um conceito mais fluido de inimigo, como se viu aqui); iii) utilizou o aparato legal para transmudar o inimigo em pessoa que, pela sua própria existência/crença/pensamentos contrariava a lei (o pano de fundo era o artigo 58 do Código Penal soviético da época); iv)

98 O trabalho exaustivo e forçado (e sem esperança de libertação) e a luta diária pela sobrevivência (contra a fome, o frio e as péssimas condições nos campos) se assemelham ao mito de Sísifo: "os deuses tinham condenado Sísifo a empurrar sem descanso um rochedo até ao cume de uma montanha, de onde a pedra caía de novo, em consequência do seu peso. Tinham pensado, com alguma razão, que não há castigo mais terrível do que o trabalho inútil e sem esperança" (CAMUS, Albert. **O Mito de Sísifo**, Livros do Brasil/Porto Editora, 2020, original publicado em 1942, p. 111).

tratava mais severamente o inimigo que ao "cidadão comum" (detenções arbitrárias, confisco do patrimônio, tratamento degradante e trabalho extenuante, por exemplo); v) aniquilava fisicamente os inimigos[99]. Além desses itens, outros pontos foram sublinhados como o desrespeito direitos/garantias fundamentais no âmbito da persecução penal e o secretismo.

Doutra banda, mesmo um país democrático precisa estar alerta. O Estado democrático de direitos pode, eventualmente, ou mesmo frequentemente, violar direitos fundamentais dos seus cidadãos por meio de procedimentos apuratórios[100] e processos que não observem os direitos/garantias do investigado, prisões provisórias/cautelares desnecessárias, cárceres insalubres ou superlotados, dentre outras possibilidades.

Concluo salientando que é preciso constante vigilância para evitar a ascensão ao poder de uma pessoa ou grupo de pessoas que elimine a possibilidade de debate democrático – e o reducionismo do discurso político ao 'nós' x 'eles' é um sintoma a ser observado com preocupação – ou de alternância de poder. Qualquer traço semelhante ao exemplo histórico representado pelo sistema soviético nas décadas de 20 a 50 do século XX deve servir de alerta e ser prontamente rechaçado pelos mecanismos democráticos adequados. Como visto supra, o totalitarismo (ou a ditadura) é a porta de entrada para que um Estado se transmude num 'sistema violador total de direitos fundamentais'. Sem liberdade de crença, pensamento e expressão, todos os outros direitos do ser humano tendem a ser paulatinamente inobservados – e, no extremo, o direito de ir e vir, a integridade física e mesmo a vida de grupos inteiros de pessoas podem correr risco.

---

99 A liquidação física de inimigos no sistema violador soviético pode ser observada em certas épocas (como nos anos de 1937 e 1938, por exemplo), mas as condições de transporte, alimentação, frio, dentre outros aspectos, demonstram que quase tudo nos campos de concentração soviéticos conduzia à morte.

100 Sobre as premissas para uma investigação estatal que respeite direitos/garantias fundamentais do investigado (com foco na Constituição Federal brasileira de 1988), vide '**Eficiência e respeito a direitos fundamentais na atividade investigativa – um discurso possível: pela criação de axiomas que limitem a atuação estatal na busca de uma investigação criminal garantista**' (SILVA, Márcio Alberto Gomes, editora Juspodivm, 2022).

6. Referências bibliográficas

APPLEBAUM, Anne. **Gulag – Uma história**, Bertrand Editora, 2022, original publicado em 2003.

ARENDT, Hannah. **As Origens do Totalitarismo**, 9ª. edição, 2020, editora Dom Quixote, original publicado em 1948.

ARENDT, Hannah. **Verdade e política**, Relógio D'Água Editores, 1995, original publicado em 1968.

BETTO, Frei. **Batismo de sangue: guerrilha e morte de Carlos Marighella**, editora Rocco, 2021.

CAMUS, Albert. **O Mito de Sísifo**, Livros do Brasil/Porto Editora, 2020, original publicado em 1942.

CLEMENTE, Pedro José Lopes. **Cidadania, polícia e segurança**. ISCPSI, 2015.

COELHO, António Borges. **Inquisição de Évora – 1522 – 1668**, editora Caminho, 2018.

CONDE, Francisco Muñoz. **Direito Penal do Inimigo**, editora Juruá, 2012.

DE FIGUEIREDO DIAS, Jorge. **Direito Penal: parte geral – Tomo I – Questões Fundamentai– - A Doutrina Geral do Crime**, 3ª. edição, Gestlegal, 2019.

DIKÖTTER, Frank. **Como ser um ditador: o culto à personalidade no século XX**, editora Intrínseca, 2022, original publicado em 2018.

DOSTOIEVSKI, Fiódor. **Recordações da casa dos mortos**, editora Relógio D'água, 2021, original publicado em 1862.

FERRAJOLI, Luigi. **Direito e Razão – Teoria do Garantismo Penal**, Revista dos Tribunais, 2010.

GARCIA, Francisco Proença. **A guerra e a estratégia revisitadas**, Novas Edições Acadêmicas, 2019.

JAKOBS, Günther, MELIÁ, Manuel Cancio. **Direito Penal do inimigo, noções e críticas**, 6ª. Edição, Livraria do Advogado, 2020.

JONES, Gareth (1905-1935). **Fome na Ucrânia: os relatos do front do Holodomor** (organização e introdução de Duda Teixeira, Avis Rara, 2022.

KAFKA, Franz. **Na colônia penal**, Relógio D'Água Editores, 2021, original publicado em 1919.

KOZLOVA, Alena, MIKHAILOV, Nikolai, OSTROVSKAYA, Irina e FADEEVA, Svetlana. **Cartas do pai – cartas de pais reclusos no GULAG aos filhos**, Relógio D'Água Editores, 2022, original publicado em 2014.

LEVI, Primo. **Os que sucumbem e os que se salvam**, Dom Quixote, 2019, original em 1986.

LEVI, Primo. **Se isto é um homem**, Dom Quixote, 2021, original publicado em 1958.

MILHAZES, José. **A mais breve história da Rússia – dos eslavos a Putin**, D. Quixote, 6ª edição, 2022.

ORWELL, George. **1984**, Porto Editora, 2021, original publicado em 1949.

ORWELL, George. **O que é o fascismo? e outros ensaios.** Artigo: Histórias e mentiras, editora Companhia das Letras, 2017, artigo original de 1944.

ORWELL, George. **Porque Escrevo e outros ensaios.** Artigo: Literatura e Totalitarismo, editora Antígona, 2ª. Edição, 2021, artigo original publicado em 1941.

ORWELL, George. **Porque Escrevo e outros ensaios.** Artigo: O Leão e o Unicórnio: o Socialismo e o gênio Inglês, editora Antígona, 2ª. Edição, 2021, artigo original publicado em 1941.

PLATÃO. **Fedro**, Edições 70, 2022.

SARAIVA, Antônio José. **Inquisição e Cristãos-Novos,** Gradiva, 1ª edição, Lisboa, 2019.

SCHMITT, Carl. **O Conceito do Político**, Edições 70, 2019, original publicado em 1932.

SOLJENÍTSIN, Aleksandr. **O arquipélago Gulag**, Sextante Editora, 2020, original publicado em 1973.

SOLJENÍTSIN, Aleksandr. **Um dia na vida de Ivan Deníssovitch**, Livros do Brasil/Porto Editora, 2022, original publicado em 1962.

SILVA, Márcio Alberto Gomes. **Eficiência e respeito a direitos fundamentais na atividade investigativa – um discurso possível: pela criação de axiomas que limitem a atuação estatal na busca de uma investigação criminal garantista**, editora JusPodivm, 2022.

SILVA, Márcio Alberto Gomes. **Prova e Polícia Judiciária** (organizado por IBRAHIN, Francini Imene Dias, JÚNIOR, Joaquim Leitão e DE CARVALHO, Tristão Antonio Borborema). Artigo: A Inquisição como sistema violado– - o processo e os meios de obtenção de provas, Editora Mizuno, 2022, p. 379-392.

TROTSKY, Leon. **Terrorismo e Comunismo: resposta a Karl Kautsky**, Book Builders, 2018, original publicado em 1920.

ZAMIÁTIN, Ievguêni Ivánovitch. **Nós**, editora Aleph, 2017, original publicado em 1924.

CAPÍTULO 4

O SISTEMA PERSECUTÓRIO PORTUGUÊS DO 'ESTADO NOVO' como sistema violador total de direitos fundamentais

1. Noções introdutórias

O presente capítulo tem em mira apresentar o sistema persecutório português do 'Estado Novo', sob a égide de Salazar e, após, Marcelo Caetano, como 'sistema violador total de direitos fundamentais'[1].

No próximo tópico resgatarei a expressão 'sistema violador' – resgatando ideias já expostas nos capítulos anteriores acerca dos sistemas do Santo Ofício[2], nazista e soviético[3] –, mas já é possível adiantar que o sistema persecutório português chefiado por Antônio de Oliveira Salazar[4] será categorizado como 'sistema violador total de direitos fundamentais' porque se traduzia numa ditadura[5] (ponto de partida) e foi um aparelho estatal explicitamente atropelador dos direitos daqueles que desafiavam a ordem posta. A sua estrutura e o seu ordenamento jurídico (o sistema seguia, em grande medida, seus mandamentos legais[6] e muitas das violações eram permitidas 'na forma da lei'[7]) foram construídos para permitir diuturna inobservância dos mais caros direitos de homens e mulheres – liberdade (prisões arbitrárias e com possibilidade de sucessivas prorrogações[8]), integridade física

1 A terminologia adequada quando se fala nos direitos do homem é tema complexo. Direitos humanos, individuais, públicos subjetivos, fundamentais, dentre outras possibilidades são expressões usadas quando se estuda/explica o rol de direitos do homem dotados de historicidade, inalienabilidade, imprescritibilidade e irrenunciabilidade. A expressão utilizada no presente trabalho será direitos fundamentais (a nomenclatura foi utilizada, por exemplo, pela Constituição Federal brasileira de 1988 – título II).

2 Séculos XVI a XVIII.

3 Sob a égide de Stalin.

4 E pelo seu sucessor na presidência do Conselho de Ministros de Portugal, Marcelo Caetano.

5 Para Irene Flunser Pimentel o Estado Novo, dirigido Salazar e, posteriormente, por Marcelo Caetano, não se traduzia em um regime totalitário. Era uma ditadura que limitou a liberdade de expressão, de opinião e que não permitia discussão política plural, como se verá alhures (PIMENTEL, Irene Flunser. **A história da PIDE**, editora Círculo de Leitores, Temas e Debates, 2016, original publicado em 2007, p. 20).

6 "A polícia política do Estado Novo agiu a coberto da legalidade" (PIMENTEL, Irene Flunser. **Op. cit.**, p. 24).

7 Isso demonstra que nem sempre um Estado que segue seu ordenamento jurídico respeitará os direitos fundamentais dos seus cidadãos. Por isso é preciso muito cuidado ao justificar as ações do sistema persecutório como 'ações legais' ou que observam 'estritamente o que manda a lei'. As leis podem se traduzir em instrumento para sufocar 'inimigos' do regime.

8 O ordenamento jurídico português (Decreto-Lei 40.550, de 12 de março de 1956) chegou a permitir a manutenção do encarceramento (medidas de segurança) dos opositores do regime mesmo em caso de absolvição, caso os réus "continuassem a revelar-se perigosos segundo o critério da polícia política" (PIMENTEL, Irene Flunser. **Op. cit.**, p. 465). Privar a liberdade de alguém que foi inocentado pelo Estado é absolutamente teratológico.

(uso desenfreado de diversas formas/técnicas de tortura pelo aparelho repressivo estatal[9] – tortura 'institucional') e mesmo a vida (execuções extrajudiciais de opositores[10]) – que foram eleitos, pelo seu líder (e pelo grupo detentor poder político), como 'inimigos' do Estado Novo português[11].

Depois de definir as balizas que permitem a identificação do 'sistema violador total', modelo de análise já levado a cabo nos capítulos anteriores, o sistema persecutório português salazarista será apresentado como aparelho estatal responsável por diversos atropelos a direitos fundamentais, tanto observando a dimensão penal, quanto a dimensão processual penal.

O foco do presente capítulo será a atuação da PIDE – Polícia Internacional e de Defesa do Estado[12], principal estrutura repressiva da ditatura salazarista, verdadeiro instrumento para manutenção do *status quo*, como se verá alhures.

Reafirmo que estudar com profundidade sistemas persecutórios violadores é importante, na medida em que, detectadas as violações, e como foi possível a escalada de desrespeito sistemático de direitos, será possível não as repetir. A história não pode e não deve ser esquecida.

---

9 Apenas para exemplificar um tema que será aprofundado alhures (a tortura para extrair confissões), transcrevo sevícia sofrida por Francisco Inácio da Costa, alvo do sistema persecutório português do Estado Novo: "Empurrado por Gouveia em direção ao tal 'Rafael', Inácio da Costa levou deste um violento soco na cara, que lhe partiu dois dentes e lhe retalhou a língua, deixando-o sem ouvir do lado esquerdo. O chefe Pinheiro ameaçou-o de não o deixar um segundo de pé, caso desmentisse o que lhe dissera no Aljube" (PIMENTEL, Irene Flunser. **Op. cit.**, p. 137). A cadeia do Aljube fazia parte da estrutura carcerária à disposição da polícia política portuguesa.

10 A polícia política portuguesa do Estado Novo liquidou fisicamente opositores do regime. As mortes atribuídas ao aparelho persecutório (execuções extrajudiciais, mortes decorrentes da tortura empregada para extração de confissões e mortes no sistema prisional português) não são, por óbvio, comparáveis à liquidação física promovida por outros 'sistemas violadores de direitos fundamentais', como o nazista (o número de vidas confiscada pelo sistema português é muito menor).

11 Sobre os 'inimigos' do regime ditatorial português, é importante a leitura do item 10 do 'Decálogo do Estado Novo' (documento datado de 1934, de responsabilidade de Antônio Ferro, então chefe do SNI – Secretariado Nacional de Informação): "10. Os inimigos do Estado Novo são inimigos da Nação. Ao serviço da Nação – isto é, da ordem, do interêsse (*sic*) comum e da justiça para todos – pode e deve ser usada a fôrça (*sic*), que realiza, neste caso, a legítima defesa da Pátria".

12 Na linha do tempo, o órgão policial e de inteligência se chamou, sucessivamente, PVDE (Polícia de Vigilância e Defesa do Estado), de 1933 a 1945, PIDE (Polícia Internacional de Defesa do Estado), de 1945 a 1969, e DGS (Direção-Geral de Segurança), de 1969 a 1974 - data da sua extinção, depois do golpe militar que derrubou o 'Estado Novo' (PIMENTEL, Irene Flunser. **Op. cit.**, p. 11).

2. O 'sistema violador total de direitos fundamentais'

Várias são as possibilidades na identificação de um Estado como um 'sistema violador de direitos fundamentais'[13]. A criatividade do ser humano para infligir suplícios a seu semelhante quando detém o poder político é infinita[14]. A primeira tarefa desse capítulo é definir o 'sistema violador total de direitos' (reafirmação do modelo de análise já exposto nesse livro).

Entendo que, para que um Estado seja categorizado como um 'sistema violador total', é preciso, em primeiro lugar, reconhecer que no país estudado impera o totalitarismo ou qualquer outra apresentação excessivamente centralizada do poder, como o autoritarismo, a ditadura ou o despotismo[15] – esse me parece um traço diferenciador importante para que a definição 'sistema violador' alcance o patamar de 'total'. Isso porque no totalitarismo, e nas outras apresentações citadas que se traduzam em excessiva concentração do poder, não é possível dialogar com o Estado[16]. Não é possível contrapor ideias. Não é possível contrariar o regime sem que existam duras consequências a serem enfrentadas pelo opositor. As três principais "armas" do Estado totalitário – 'ferramentas'

---

13 Na obra Prova e Polícia Judiciária, consignei que um sistema violador pode se traduzir: "i) em aparelho persecutório explicitamente atropelador de direitos dos seus alvos (tanto no que toca ao sistema legal quanto nas práticas diuturnas); ii) em Estado que tem normas (penais ou processuais penais) violadoras (pontuais); ou iii) em país que, apesar de ter normas que determinem respeito a direitos individuais, viole pontualmente suas próprias leis (esse é o sistema, já adianto, tolerável – já que nenhum sistema processual penal é perfeito e a persecução penal é dirigida por seres humanos, passíveis de erros)" (SILVA, Márcio Alberto Gomes. **Prova e Polícia Judiciária** (organizado por IBRAHIN, Francini Imene Dias, JÚNIOR, Joaquim Leitão e DE CARVALHO, Tristão Antonio Borborema). Artigo: A Inquisição como sistema violador - o processo e os meios de obtenção de provas, Editora Mizuno, 2022, p. 379-392).

14 Trago à tona exemplo clássico e chocante relatado por Michel Foucault dessa 'criatividade': "Damiens fora condenado, em 2 de março de 1757 a fazer confissão pública (*amende honorable*) diante da porta principal da Igreja de Paris, aonde devia ser levado a conduzido numa carroça, nu, em camisa, segurando uma tocha de cera acesa com o um peso de duas libras; em seguida, na dita carroça, na praça de Grève, e num cadafalso erguido, atenazado nos mamilos, braços coxas e barrigas das pernas, a sua mão direita segurando a faca com que cometeu dito parricídio, queimada com enxofre a arder, e nas partes em que será atenazado serão deitados chumbo derretido, e depois seu corpo será puxado e desmembrado por quatro cavalos e os seus membros e corpo consumidos no fogo, reduzidos a cinzas, que serão lançadas ao vento (FOUCAULT, Michel. **Vigiar e Punir: Nascimento da Prisão**, Edições 70, 2020, original publicado em 1975, p. 09).

15 Sistemas que, dentre outras características deletérias, concentrem poder, impeçam livre manifestação de pensamento, não permitam oposição às ideias impostas pelo regime e não contem com alternância democrática de lideranças.

16 ORWELL, George. **Porque Escrevo e outros ensaios.** Artigo: Literatura e Totalitarismo, editora Antígona, 2ª. Edição, 2021, artigo original de 1941, p. 60.

também utilizadas, em alguma medida, por ditaduras e regimes autoritários para manutenção do poder –, segundo Primo Levi, são: "a propaganda direta, ou camuflada de educação, instrução, de cultura popular; a obstrução oposta ao pluralismo das informações; e o terror"[17].

As duas primeiras características citadas por Levi são, de fato, lugar comum no sistema totalitário, e em ditaduras e regimes autoritários. As ideias defendidas pelo líder e por seu grupo político são incutidas na mente da população das mais diversas formas e têm o objetivo de 'normalizar' a discriminação e a 'necessidade' de repressão vigorosa dos pensamentos que se opõem ao querer do grupo dominante para 'garantia da ordem'. O desejo de manutenção do poder é travestido em ações materializadas para a 'defesa da sociedade'[18]. Todas as armas são válidas: narrativas falsas, manipulação da realidade e restrições impostas à livre manifestação de opositores, só para citar algumas artimanhas usadas para conquistar o apoio popular, necessário à manutenção do *status quo*. Quanto à terceira característica (terror), estudaremos aqui o instrumento usado pelo Estado Novo português para garantir a letargia da população. É por meio do sistema persecutório que o totalitarismo/ditadura/autoritarismo demonstra sua força incontrastável e deixa claro à sociedade que ideias plurais e contrárias ao regime não serão toleradas.

Não é possível dialogar nem contestar o 'sistema violador total' impunemente. Para que o sistema não seja discutido e, assim, seja perpetuado a fórceps, ele precisa de uma vigilância constante, algo que muitas vezes beira a paranoia – esse foi um traço característico do Estado Novo salazarista. Assim, o denuncismo[19] acaba sendo lugar-comum (pelas mais diversas

17 LEVI, Primo. **Os que sucumbem e os que se salvam**, Dom Quixote, 2019, original em 1986, p. 32.

18 Nesse sentido, o item 10 do 'Decálogo do Estado Novo', citado na nota de rodapé 310.

19 Irene Flunser Pimentel anota, com precisão, que "o fenômeno da denúncia e da delação é um fator típico dos regimes totalitários, autoritários e de partido único" (PIMENTEL, Irene Flunser. **Op. cit.**, p. 312).

motivações – política, rixas pessoais, inveja, dentre outras). O próprio sistema apela para o 'dever moral' de denunciar os 'inimigos do Estado'[20] – no sistema português, no recorte aqui proposto, essa obrigação decorre da eleição do 'comunista' como 'inimigo' do regime – e isso permite que toda contestação visível ao sistema desapareça, porque toda fumaça de inconformismo é duramente reprimida. Tudo é permitido para manutenção do *status quo* (detenções desarrazoadas, tortura, penas degradantes/cruéis e mesmo a morte).

Sobre o denuncismo é interessante observar a interação que parte da sociedade portuguesa mantinha com a PIDE, com o intuito de noticiar atitudes contrárias ao regime. A motivação, como já pontuado, era variada: demonstração de simpatia com o sistema – em regimes totalitários/ditatoriais/autoritários, parte da população tende a se revelar afinada com o pensamento 'oficial', apressando-se em demonstrar que é 'amiga' do sistema, no afã de não ser por ele perseguida ou porque realmente concorda com as ideias discriminatórias e limitativas do pensamento impostas pelo regime –, aproveitar-se do sistema para solucionar questões pessoais (apontando como 'inimigos' do Estado os desafetos) ou mesmo com o intuito de ser recrutado e integrar o próprio sistema, na condição de informante, por exemplo.

O denuncismo é reforçado pela onipresença e pela onisciência do aparelho repressivo[21]. A propaganda oficial do 'sis-

20 Citando Iva Delgado, Irene Flunser Pimentel pontua que "muitos cidadãos que em circunstâncias normais seriam apenas isso, em regime de ditadura transformam-se em delatores" (PIMENTEL, Irene Flunser. **Op. cit.**, p. 314). Duncan Simpson apresenta uma conclusão diferente dos autores que estudaram o denuncismo no Estado Novo. Ele rechaça a ideia de que os portugueses foram um "povo vítima" da ditadura portuguesa e da PIDE, analisando as interações dos 'informadores' com a polícia política como sendo relações 'de baixo para cima'. Na visão do autor, "a sociedade portuguesa adaptou-se ativamente à presença da polícia política" (SIMPSON, Duncan. **Tenho o Prazer de Informar ao Sr. Diretor... Cartas de Portugueses à PIDE (1958-1968)**, BookBuilders, 2022, p. 17). Discordo da posição defendida pelo autor. As relações entre sociedade e polícias secretas em regimes fechados não podem ser encaradas nunca como uma relação 'natural'. Parece-me que as interações são resultantes do terror ocasionado pela sensação de onipresença e onisciência gerada pela propaganda (do Estado) e pela truculência (do aparelho policial). Ora, se a propaganda faz crer que o monitoramento policial é frequente e se a ação do sistema persecutório é violenta contra os 'inimigos', a relação não é 'tranquila', 'natural' ou completamente de 'baixo para cima'.

21 Mimetizando o sentimento geral em relação à Gestapo (polícia secreta da Alemanha nazista), "a PIDE era também apresentada como onipresente e onisciente. Os seus atributos panópticos decorriam, em primeiro lugar, da sua

tema violador' faz a população crer que a 'polícia secreta' está à espreita em todos os locais e tudo sabe[22]. Essa onipresença e onisciência cria uma verdadeira paranoia no seio da sociedade. Outro reflexo interessante do superdimensionamento do aparelho persecutório estatal (passando a sensação de que ele é mais forte, maior e está em todos os cantos) é a sua utilização para 'solução' de quizilas individuais. Brigas conjugais, rixas no ambiente laboral ou problemas entre vizinhos passam a ser 'resolvidos' por denúncias anônimas[23] dirigidas à polícia política, identificando o desafeto como 'inimigo' do sistema – 'comunista', no caso do Estado Novo português.

Retomando ideia já exposta nos capítulos anteriores, lembro que o cidadão desejado pelo 'sistema violador total' é um ser disciplinado, cabisbaixo, desconfiado, pronto a denunciar quem desafia o regime, para ser simpático aos seus olhos, que não se atreva a discutir ou desafiar a ordem posta[24]. O artigo 19° da Declaração Universal dos Direitos Humanos[25], de dezembro de 1948[26], é letra morta em sistemas violadores.

Para que o 'sistema violador total' se sustente, e a população permaneça míope em relação aos problemas sociais, econômicos e políticos reais, é preciso a eleição de um 'inimigo', que será incansavelmente perseguido e cuja derrota acachapante

---

rede de informadores, aqueles homens e mulheres que agiam enquanto olhos e ouvidos do fascismo português" (SIMPSON, Duncan. **Op. cit.**, p. 34). A expressão 'panóptico' se refere ao sistema pensado por Jeremy Bentham, que permite a vigilância dos reclusos (ou loucos, doentes, operários ou alunos) por um único guarda (os presos são vigiados sem que seja possível visualizar o vigia e essa sensação redundaria em bom comportamento). Eis explicação precisa do sistema: "na periferia, um edifício anelar; ao centro, uma torre; esta tem grandes janelas que se abrem sobreo o lado interior do anel; o edifício periférico está dividido em celas, cada uma atravessando toda a espessura do edifício; têm duas janelas, uma para o interior, que corresponde às janelas da torre; a outra para o exterior, que permite que a luz atravesse totalmente a cela. Basta então colocar um vigia na torre central e, em cada cela, encerrar um louco, um doente, um condenado ou um aluno. Pelo efeito da contraluz, podem ver-se a partir da torre, recortando-se exatamente contra a luz, pequenas silhuetas cativas nas celas da periferia. Cada cela é um pequeno teatro, onde cada autor está sozinho, perfeitamente individualizado e constantemente visível" (FOUCAULT, Michel. **Op. cit.**, p. 230).

22 PIMENTEL, Irene Flunser. **Op. cit.**, p. 314.

23 A maioria das cartas dirigidas pela população à PIDE/DGS era anônima (PIMENTEL, Irene Flunser. **Op. cit.**, p. 313).

24 ORWELL, George. **Op. cit.**, p. 63.

25 Artigo 19° - Todo o indivíduo tem direito à liberdade de opinião e de expressão, o que implica o direito de não ser inquietado pelas suas opiniões e o de procurar, receber e difundir, sem consideração de fronteiras, informações e ideias por qualquer meio de expressão.

26 É possível afirmar que a DUDH da ONU foi atropelada pelo sistema violador total português do Estado Novo, já que o jugo de Salazar e de Marcelo Caetano se prolongou até o início da década de 70 do Século XX.

significará o triunfo do Estado e a esperança de uma vida melhor para a população[27] – que se verá livre daquela erva-daninha que impede o florescimento do jardim prometido pelo tirano. Isso mantém a população em estado de letargia, porque o cidadão 'comum' passa a ter um justo receio de ser identificado como 'inimigo' pelo aparelho repressivo estatal. Esse estado de constante terror[28] desemboca numa massa de pessoas ávidas apenas por desempenhar o papel que o sistema lhes impõe[29].

Dentre as várias explicações possíveis no que toca à construção dos 'inimigos' do povo, e tratando especificamente do Estado Novo português, trago à tona, como já fiz nos outros capítulos, as lições de Carl Schmitt na obra *O Conceito do Político,* que pode sempre seguir de norte quando se pensa em regimes totalitários/ditatoriais/autoritários, que buscam a redução da discussão política ao "nós" contra "eles". Segundo o autor alemão, cujas ideias foram utilizadas pelo 'sistema violador total' nazista para justificar incontáveis abusos, em síntese bastante apertada, o conceito do político se traduz na definição, pelo Estado, de quem são seus amigos e inimigos[30].

---

27 A narrativa criada pelo Estado Novo pregava que o 'comunista' (e qualquer pessoa que ousasse desafiar o sistema) ameaçava a segurança, a ordem, a moral e os valores do país. A ideia transmitida à sociedade é que o Estado é o grande garante da sociedade (precisando, para tanto, recorrer à violência para 'cumprir sua missão') e que o ditador é o grande 'maestro', 'pai', 'guia' desta. O sistema precisa alardear (e fazer o cidadão comum acreditar nessa ideia) que a ruptura (e o consequente afastamento do grupo dominante) é muito pior que a manutenção do *status quo*.

28 Hannah Arendt afirma que "a diferença fundamental entre ditaduras modernas e as tiranias do passado está no uso do terror não como meio de extermínio e amedrontamento dos opositores, mas como instrumento corriqueiro para governar massas perfeitamente obedientes. O terror, como o conhecemos hoje, ataca sem provocação preliminar e as suas vítimas são inocentes, até mesmo do ponto de vista do perseguidor. Este foi o caso da Alemanha nazi quando a campanha de terror foi dirigida contra os judeus, isto é, contra pessoas cujas características comuns eram aleatórias e independentes da conduta individual específica" (*in* **As Origens do Totalitarismo**, 9ª. Edição, 2020, editora Dom Quixote, original publicado em 1948, p. 7).

29 No ensaio Literatura e Totalitarismo, George Orwell afirma, com precisão que: "O totalitarismo aboliu a liberdade de pensamento com uma intensidade que jamais se ouviu falar em qualquer época anterior. E é importante ter consciência de que o seu controlo do pensamento não é apenas negativo, mas também positivo. Não se limita a proibi-lo de exprimir – ou até de pensar – certos pensamentos; dita o que irá pensar, cria uma ideologia para si, tenta reger sua vida emocional, assim como tenta estabelecer um código de conduta. E isola-o tanto quanto possível do mundo exterior, fecha-o num universo artificial no qual o leitor não tem padrões de comparação. O Estado totalitário procura, em qualquer caso, controlar os pensamentos e emoções dos seus súbditos pelo menos tão completamente quanto controla suas acções" (ORWELL, George. **Op. cit.**, p. 61). A transcrição se refere ao totalitarismo, mas pode ser tranquilamente usada em qualquer regime fechado, que não observe direitos fundamentais dos seus cidadãos.

30 Para o autor, a diferenciação entre amigo e inimigo "tem o sentido de designar o mais extremo grau de intensidade de uma ligação ou separação, de uma associação ou dissociação; ela pode existir em teoria e na prática sem que, ao mesmo tempo, tenham de ser aplicadas todas aquelas diferenciações morais, estéticas, econômicas ou outras. O inimigo político não precisa ser moralmente mau, não precisa ser esteticamente feio; não tem de surgir como concorrente econômico e até talvez possa parecer vantajoso fazer negócio com ele. Ele é, precisamente, o

Uma redução da complexa discussão política à dualidade – ou se está com o sistema ou se é inimigo do sistema.

A dualidade amigo-inimigo proposta no regime português é a oposição 'cidadão de bem' e 'conservador' (amigos) x 'comunistas subversivos' (inimigos).

Continuemos. Um dos impactos perniciosos dessa linha de pensamento (simples dualidade amigo-inimigo – reducionismo da discussão política ao "nós" x "eles"), sem nenhuma sombra de dúvida, é a perseguição dos 'inimigos' no plano interno: o Estado atacando ferozmente quem vive em seu território e é governado segundo suas leis. Uma das formas mais eficazes de perseguição 'legal'[31] de grupos indesejáveis é a criminalização das suas crenças, do seu pensamento, do seu modo de agir. Para esse fim, regimes totalitários/ditatoriais/autoritários fazem uso, em larga escala, do 'Direito Penal do autor'[32]. Abandona-se a punição de fatos considerados pela lei como criminosos e passa-se a punir o 'ser', o 'crer' e o 'pensar'[33] – o 'inimigo' passa, dessa forma, a personificar tudo que é pernicioso e, por isso, deve ser duramente combatido, por se traduzir em um criminoso perigoso, cuja própria existência desafia o sistema posto[34].

---

outro, o estrangeiro, e é suficiente, para a sua essência, que ele seja existencialmente, num sentido particularmente intensivo, algo outro e estrangeiro, de tal modo que, em caso extremo, sejam possíveis conflitos com ele que não possam ser decididos nem por uma normatização geral, que possa ser encontrada previamente, nem pela sentença de um terceiro 'não participante' e, portanto, 'apartidário'" (SCHMITT, Carl. **O Conceito do Político**, Edições 70, 2019 – original publicado em 1932, p. 51/52).

31 O regime totalitário/ditatorial/autoritário pode, com absoluta tranquilidade, ser um Estado obediente a suas leis (não há democracia, não há liberdade, não há respeito a direitos fundamentais, mas pode haver, paradoxalmente, o "império da lei", como já pontuado supra).

32 Sobre o direito penal do autor, Luigi Ferrajoli, com absoluta precisão, afirma que "não se pode esquecer, todavia – seja pela época e o regime político nos quais foram sistematizados e codificados, seja, sobretudo, pela identidade do esquema teórico que o fundamenta – que estas medidas reafirmam em larga parte um modelo nazista do "tipo normativo de autor" (*Tätertip*) e aquele staliniano do "inimigo do povo". O pressuposto geral da sua aplicação não é, de fato, a comissão de um crime, mas uma simples qualidade pessoal determinada vez a vez com critérios puramente potestativos: aquele de "suspeito" ou de "perigoso", associada muitas vezes a elementos sintomáticos como a condição do condenado, ou do reincidente, ou do ocioso, ou do vagabundo ou similar. A sua natureza, por outro lado, se inscreve naquele mais amplo, indeterminado e variado universo, nascido principalmente das praxes e colocado à margens do direito penal e daquele administrativo que é denominado de direito de polícia (FERRAJOLI, Luigi. **Direito e Razão – Teoria do Garantismo Penal**. São Paulo: Revista dos Tribunais, 2010, p. 706).

33 DE FIGUEIREDO DIAS, Jorge. **Direito Penal: parte geral – Tomo I – Questões Fundamentais; A Doutrina Geral do Crime**, 3ª. Edição, Gestlegal, 2019, p. 275.

34 Criminalizar o 'ser' e o 'pensar' é extremamente perigoso porque autoriza construções teóricas que dialogam com de privação de liberdade por tempo indeterminado e mesmo com a liquidação do 'infrator' (segundo essa linha

A etapa seguinte em um 'sistema violador total' é a adoção do 'Direito Penal do inimigo'[35]. A construção teórica que cunhou essa nomenclatura é mais recente que o recorte temporal do sistema português analisado neste capítulo, mas é possível utilizá-la para explicar esse passo a passo que culminou com a edificação, em Portugal, sob a liderança de Salazar e seus seguidores, de um 'sistema violador total de direitos fundamentais'.

A última característica que distingue o 'sistema violador total de direitos fundamentais' de um sistema violador 'comum' é a propensão à liquidação física de grupos de pessoas, opositores do regime ou mesmo inocentes eleitos pelo Estado como 'inimigos'. Para ser categorizado no ápice da classificação de 'sistemas violadores', o Estado precisa atropelar diuturnamente o bem jurídico mais caro do cidadão – a vida (com o objetivo de manutenção do *status quo*, evitando qualquer contestação que possa redundar em alternância de poder). No sistema persecutório português do Estado Novo, com Salazar e Marcelo Caetano à frente do Conselho de Ministros, qualquer manifestação de pensamento que pudesse desafiar o sistema posto era passível de enquadramento típico com duras consequências: sucessivas detenções, tortura para obtenção de confissão[36] e, no extremo, a liquidação física.

Podemos, destarte, resumir a construção de um 'sistema violador total de direitos fundamentais', tendo como pano de fundo o sistema persecutório português no período de

---

radical de raciocínio, as únicas soluções efetivas para 'proteger' a sociedade de alguém que 'é e sempre vai ser' perigoso é o isolamento perpétuo ou a morte). O prolongamento da privação da liberdade foi largamente utilizado pelo Estado Novo português. Seu ordenamento jurídico permitia imposição de medida de segurança depois do cumprimento da pena (sistema do duplo binário) e até imposição de medida de segurança em caso de absolvição do réu, como já sublinhado supra.

35 Segundo Günter Jakobs, "o Direito Penal do cidadão é o Direito de todos, o Direito Penal do inimigo é daqueles que o constituem contra o inimigo: frente ao inimigo, é só coação física, até chegar à guerra" (JAKOBS, Günther, MELIÁ, Manuel Cancio. **Direito Penal do inimigo, noções e críticas**, 6ª. Edição, Livraria do Advogado, 2020, p. 28).

36 Mais adiante listarei as 'técnicas' usadas pela PIDE/DGS para extrair confissões, dentre as quais estátua, privação de sono, espancamentos e ameaças.

governação de Salazar e Marcelo Caetano, por meio dos seguintes passos: i) tomada do poder por uma ditadura (que não admite discussão democrática de ideias, nem alternância do poder e que se centra na figura de um líder cujas ordens são incontrastáveis); ii) eleição dos 'inimigos do Estado' pelo poder dominante (no caso do Estado Novo, qualquer pessoa que ousasse se opor ao regime posto – em especial o 'comunista'); iii) utilização do aparato legal para transmudar o inimigo em 'criminoso' (adoção do Direito Penal do autor[37]); iv) tratamento mais severo dispensado ao inimigo que ao 'cidadão comum'– Direito Penal do inimigo (com possibilidade de detenções arbitrárias e tortura); v) liquidação física de 'inimigos'.

Assim é que o sistema persecutório português, sob os auspícios de Salazar Marcelo Caetano: i) traduzia-se em um regime ditatorial[38] (centralizado na figura do seu líder máximo – o presidente do Conselho de Ministros) ii) elegeu os 'comunistas' (qualquer pessoa que pensasse, escrevesse, agisse ou se manifestasse contra a ideias defendidas pelo regime) como 'inimigos' do povo e do Estado; iii) utilizou-se de dispositivos legais claramente relacionados ao 'Direito Penal do autor' para perseguir seus 'inimigos'; iv) levou a cabo detenções arbitrárias, atropelou os direitos mais mínimos dos seus opositores (por meio da tortura, sistematicamente empregada para obtenção de confissões) – 'Direito Penal do inimigo'; v) foi responsável pela liquidação física dos seus 'inimigos'.

37 Jorge de Figueiredo Dias, no mesmo sentido aqui defendido, afirma que o Direito Penal do autor foi largamente utilizado (para citar outros exemplos emblemáticos) pela legislação penal nacional-socialista alemã e fascista italiana imediatamente antes e durante a II Grande Guerra (**Op. Cit.**, p. 276).

38 "O Estado Novo integra a onda de ditaduras nascidas da crise do liberalismo parlamentar no entre-guerras, consubstanciada em Portugal pela instabilidade financeira e política da Primeira República (1910-1926). Instituído pela Constituição de 1933 enquanto agrupamento das direitas antiliberais sob a liderança do antigo militante católico Antônio de Oliveira Salazar, o regime é melhor definido, em termos ideológicos, enquanto forma de autoritarismo conservador, em que o nacionalismo e os valores sociais e morais tradicionais – veiculados essencialmente pela Igreja Católica – foram tomados como referências para o processo de regeneração nacional" (SIMPSON, Duncan. **Op. cit.**, p. 22). Como já salientado supra, apesar de todas as restrições à liberdade de pensamento, o Estado Novo é enquadrado como ditatura (e não como um regime totalitário).

3. A Polícia de Vigilância e Defesa do Estado (PVDE), a Polícia Internacional e de Defesa do Estado (PIDE) e a Direção-Geral de Segurança (DGS)

Sistemas totalitários/ditatoriais/autoritários normalmente são sustentados por aparelhos persecutórios (ou militares) que se dedicam a perseguir 'inimigos' e, assim, perpetuar o regime fechado. Os órgãos policiais/militares assumem o papel de cérbero[39], traduzindo-se em fiadores da 'estabilidade' necessária à manutenção do *status quo*.

A 'estabilidade' é conseguida, normalmente, por meio da propaganda e pelo terror. A propaganda bombardeia a sociedade de forma contínua deixando claro qual é o 'modelo' de 'cidadão de bem' (amigo) e quem se traduz em 'pária' (inimigo), reduzindo a complexa discussão política à simples dualidade: ou se está do lado do regime ou contra ele. O sistema totalitário/ditatorial/autoritário procura, ainda, difundir a sensação de onipresença e onisciência do aparelho persecutório.

O 'adestramento' da sociedade é completado pela atuação feroz do aparelho persecutório. Tortura, prisões desarrazoadas e por longos períodos, incomunicabilidade, impossibilidade (ou dificuldade) da atuação defensiva, provas forjadas e liquidações físicas judiciais e extrajudiciais são os ingredientes presentes e observados ao longo da história quando se estuda os aparelhos persecutórios que deram sustentação a regimes fechados.

A sociedade é cientificada que o 'cidadão de bem' não será perseguido, porque apoia o regime, e é o cidadão desejado por este sob o aspecto comportamental, moral, religioso, dentre outros. Este cidadão dócil e afinado com o regime

39 Fera da mitologia grega (cão de três cabeças) que guardava a entrada do mundo inferior (o reino subterrâneo dos mortos), deixando as almas entrarem, mas jamais saírem e despedaçando os mortais que por lá se aventurassem.

não precisa temer a polícia, porque essa 'saberá' o identificar como amigo. O 'inimigo', por outro lado, será expiado, seviciado, preso, terá seus bens confiscados e correrá sempre o risco de perder seu bem mais precioso, a vida.

Essa parece ser a fórmula replicada ao longo da história por 'sistemas violadores' para manutenção do líder totalitário (ou ditador ou líder autoritário) e seus asseclas no poder. A meu ver, essa foi a fórmula usada pelo Estado Novo português para se manter no poder até 25 de abril de 1974, quando foi derrubado por um golpe militar que findou restabelecendo a democracia em Portugal.

Como desenhado supra, a Polícia Internacional e de Defesa do Estado (PIDE) foi o principal instrumento da ditadura salazarista para manutenção do *status quo*. Era a principal arma à disposição do Estado contra os 'subversivos'. As estruturas persecutórias estavam a cargo do governo/ditadura e não do Estado.

Em rápida linha do tempo (já mencionada supra), em 1928 foi criada em Portugal a Polícia Internacional Portuguesa (PIP)[40]; a seguir, nasce a PVDE (Polícia de Vigilância e Defesa do Estado), de 1933 a 1945; a PIDE (Polícia Internacional de Defesa do Estado), de 1945 a 1969; e, por fim, a DGS (Direção-Geral de Segurança), de 1969 a 1974.

A PIDE foi criada em 22 de outubro de 1945, pelo Decreto-Lei 35.046, com atribuições de polícia judiciária (investigativa) e de serviço de informações (órgão de inteligência). Como em todo sistema ditatorial, a polícia política tinha um poder descomunal. Podia tudo fazer e não era alvo de nenhum controle efetivo[41].

---

40 DA SILVA, Paulo Marques. **A PIDE – Casos e Processos**, Palimage, 2021, p. 15.

41 "O seu poder era incontrolável. Ela dispunha da vida dos cidadãos. Era uma polícia política que, contrariamente às atividades normais da polícia, não se ocupava com a prevenção e descobrimento do crime, mas tão-só com a supressão de todo o pensamento político independente, das convicções políticas individuais e ainda com a eliminação de toda e qualquer oposição ao regime" (MANUEL, Alexandre, CARAPINHA, Rogério e NEVES, Dias. **PIDE – A história da repressão**, editora Fundão, 1974, p. 18).

O nascimento da PIDE é coincidente com o fim da segunda guerra mundial. A Alemanha nazista de Hitler havia sido derrotada pelos aliados e o mundo passou a conhecer com mais detalhes os horrores levados a cabo pelo *Führer* do III Reich e seus asseclas, e pelas estruturas persecutórias e militares que serviram de instrumento para sustentação do 'sistema violador total de direitos fundamentais' nazista. O regime salazarista precisava, destarte, modificar a polícia política que até então serviu de alicerce de manutenção do seu poder (PVDE) para acenar à sociedade que novos ares também soprariam em Portugal depois da derrota do totalitarismo nazista.

Ocorre que a mudança foi puramente estética. Não houve nenhuma mudança efetiva. A PVDE desapareceu e a PIDE surgiu em seu lugar para realizar o mesmíssimo papel[42]: órgão persecutório instrumental de perseguição de opositores e mantenedor do *status quo*, por meio de detenções, tortura e, por vezes, liquidações extrajudiciais[43].

O mesmo se diga em relação ao desaparecimento da PIDE e a criação da DGS, em 1969, durante o governo do sucessor de Salazar, Marcelo Caetano, por meio do Decreto-Lei 49.401, de 24 de novembro daquele ano. O novo órgão herdou as competências do extinto e, na prática, uma vez mais, nada mudou[44]. Continuaram as execuções extrajudiciais, as torturas[45] para

42 A PIDE foi criada "no contexto de reforma institucional que visava adaptar o Estado Novo à nova era democrática na Europa do pós-Guerra, pois a sua antecessora, a Polícia de Vigilância e de Defesa do Estado (PVDE), estava demasiado associada à memória da 'era fascista'. Na prática, a mudança fora meramente cosmética. A PIDE manteve os extensos poderes arbitrários da PVDE na sua tripla missão de garantir a 'segurança do Estado (pela eliminação da dissidência política), controlar fronteiras, e atuar enquanto serviço de informações" (SIMPSON, Duncan. **Op. cit.**, p. 14).

43 Antônio Oliveira Salazar, presidente do Conselho de Ministros de Portugal e líder do regime ditatorial do Estado Novo afirmou, sobre as brutalidades de sua polícia política, que chegara à conclusão "de que os presos maltratados eram sempre, ou quase sempre, temíveis bombistas que se recusavam a confessar, apesar de todas as habilidades da polícia, onde tinham as suas armas criminosas e mortais. Só depois de empregar esses meios violentos é que eles se decidiam a dizer a verdade" (MANUEL, Alexandre, CARAPINHA, Rogério e NEVES, Dias. **Op. cit.**, p. 19).

44 O Decreto citado outorgou à DGS, dentre outras, a atribuição de "Proceder à recolha e pesquisa, centralização, coordenação e estudo das informações úteis à segurança".

45 Além de empregar violência e grave ameaça, os agentes estatais empregavam outras técnicas de tortura, como a estátua: "o acusado tem de estar de pé até responder a perguntas colocadas diante dos olhos. O exercício prolonga-se sem qualquer tempo de sono por vários dias e várias noites, apenas com pequenas interrupções para tomar alimento. O menor desfalecimento é naturalmente reprimido com energia" (MANUEL, Alexandre, CARAPINHA, Rogério e NEVES, Dias. **Op. cit.**, p. 43).

obtenção de confissões usadas como provas contra os investigados torturados e como informação para futuras ações de repressão[46], a incomunicabilidade de investigados[47] e a mais completa ausência de controle na sua atuação[48].

4. Indicadores relacionados a sistemas violadores aplicáveis ao Estado Novo português

Passemos, agora, à análise de alguns dos atropelos aos direitos fundamentais dos alvos da persecução penal do Estado Novo, de forma a categorizá-lo como um 'sistema violador total de direitos fundamentais'.

4.1. A privação de liberdade como regra na seara investigativa

A privação de liberdade foi ferramenta largamente utilizada pela PIDE/DGS para afastar os 'inimigos' do regime do convívio social, isolando-os e passando importante 'recado' para os cidadãos em geral: opositores são criminosos e, como tal, serão presos.

O encarceramento cautelar utilizado pela polícia política era a prisão preventiva pelo prazo de seis meses. Nesse período o detido não era acompanhado por advogado no curso dos interrogatórios e isso redundava no uso frequente da tortura com o fito de extrair confissões e delações[49].

A medida extrema excepcional – privação de liberdade antes do trânsito em julgado de sentença condenatória – se transmudou em regra no 'sistema violador' português do Estado Novo.

---

46 Sobre a atuação da PIDE/DGS, consigna-se que "ali não se investigava para prender – prendia-se para investigar" (MANUEL, Alexandre, CARAPINHA, Rogério e NEVES, Dias. **Op. cit.**, p. 84). Trata-se de evidente inversão da lógica na atuação investigativa. A investigação é reativa. Parte-se de um fato supostamente criminoso noticiado ao aparelho policial, são materializadas técnicas investigativas e a elucidação do fato revela seus autores. Na lógica prospectiva (e violadora de direitos fundamentais), há eleição prévia de suspeitos, uso de tortura (ou outras formas de atropelo de direitos fundamentais) e as 'provas' são obtidas.

47 MANUEL, Alexandre, CARAPINHA, Rogério e NEVES, Dias. **Op. cit.**, p. 58.

48 A ausência de controle é porta aberta para práticas abusivas. O Estado que pretende observar/respeitar direitos fundamentais de investigados precisa de um sistema de freios/contrapesos que permita controle da atividade persecutória em todas as suas fases/etapas.

49 PIMENTEL, Irene Flunser. **Op. cit.**, p. 346.

A prisão, quando levada a cabo por 'sistemas violadores de direitos fundamentais', é um dos instrumentos utilizados para 'quebrar a alma' do 'inimigo'. Nela, o alvo do sistema está só, vez que normalmente não pode ser assistido por advogados – a legislação portuguesa da época referendava a inobservância desse direito – e nem regularmente visitado por amigos e parentes. Era possível a incomunicabilidade do preso. Essa sensação de solidão e isolamento contribui sobremaneira para que o preso se sinta fragilizado e despido dos seus direitos fundamentais, que são ainda mais vilipendiados se ele não 'colabora' com o sistema, confessando e delatando seus 'comparsas' nas 'atividades subversivas'.

O passo seguinte na desumanização do 'inimigo' é a tortura. Assim como na Inquisição, a tortura foi sistematicamente utilizada pela PIDE/DGS com o objetivo de extrair confissões e delações[50] – tratava-se, destarte, de tortura 'institucional'. Várias eram as 'técnicas' utilizadas (no tópico seguinte detalharei algumas delas).

O 'sistema violador' faz uso da tortura porque inverte a lógica da investigação criminal. A investigação é atividade estatal reativa, deflagrada pela notícia de uma suposta infração penal. A partir da notícia (que deve ser dotada de verossimilhança), o Estado deve instaurar procedimento apuratório formal e usar técnicas investigativas e meios de obtenção de prova (lícitos) para elucidar o fato. A elucidação do fato deve culminar com a coleta da prova da sua existência e indícios suficientes de autoria – é a elucidação do fato que revela o seu autor e não o inverso. No 'sistema violador', contudo, a ordem é implementada às avessas. Parte-se de um suspeito, usa-se tortura e outros atropelos a direitos fundamentais para

50 "A confissão era tudo para os inquisidores. Em termos ideológicos representava que o pecador reconhecia o pecado e a possibilidade de o limpar, em termos psicológicos provava o triunfo da vontade deles sobre a do preso e a confissão de impotência por parte deste" (GREEN, Toby. **A Inquisição: o reino do medo**, Editorial Presença, 2010, original publicado em 2007, p. 86).

que este revele as provas da prática da infração penal, com evidente afronta aos direitos à integridade física, ao silêncio e a não autoincriminação.

Ciente de que está 'nas mãos' do Estado e que é apenas e tão somente um objeto da persecução penal, e não um sujeito de direitos, o 'inimigo' do regime tem duas saídas: confessar/delatar ou ser cada vez mais seviciado pelo 'sistema violador' – opção que, por vezes, pode custar sua vida.

4.2. A tortura (obtenção de confissões e inversão da lógica investigativa)

Como dito, a tortura[51] era sistematicamente utilizada para obtenção de confissões/delações dos 'inimigos' do 'sistema violador' português do Estado Novo. Várias eram as técnicas aplicadas, além do corriqueiro emprego de violência e grave ameaça, e aqui descreverei algumas delas. Em muitas situações elas eram usadas contra o mesmo interrogado, com o fito de 'quebrar sua alma' e fazê-lo confessar/delatar[52].

O uso desenfreado de técnicas de tortura trouxe consequências deletérias para muitos dos alvos do 'sistema violador total' português. Vários foram os casos de "estados de neuroses e psicoses entre os presos, muitos dos quais foram internados em hospitais psiquiátricos com desarranjos mentais incuráveis"[53].

51 A Convenção Interamericana para Prevenir e Punir a Tortura define-a, no seu artigo 2º como: "todo ato pelo qual são infligidos intencionalmente a uma pessoa penas ou sofrimentos físicos ou mentais, com fins de investigação criminal, como meio de intimidação, como castigo pessoal, como medida preventiva, como pena ou com qualquer outro fim. Entender-se-á também como tortura a aplicação, sobre uma pessoa, de métodos tendentes a anular a personalidade da vítima, ou a diminuir sua capacidade física ou mental, embora não causem dor física ou angústia psíquica". A Convenção ressalva que "não estarão compreendidos no conceito de tortura as penas ou sofrimentos físicos ou mentais que sejam unicamente consequência de medidas legais ou inerentes a elas, contato que não incluam a realização dos atos ou aplicação dos métodos a que se refere este Artigo". Nos termos da Convenção Contra a Tortura e Outros Tratamentos ou Penas Cruéis, Desumanos ou Degradantes, (item 1 do seu artigo 1º): "o termo "tortura" designa qualquer ato pelo qual dores ou sofrimentos agudos, físicos ou mentais, são infligidos intencionalmente a uma pessoa a fim de obter, dela ou de uma terceira pessoa, informações ou confissões; de castigá-la por ato que ela ou uma terceira pessoa tenha cometido ou seja suspeita de ter cometido; de intimidar ou coagir esta pessoa ou outras pessoas; ou por qualquer motivo baseado em discriminação de qualquer natureza; quando tais dores ou sofrimentos são infligidos por um funcionário público ou outra pessoa no exercício de funções públicas, ou por sua instigação, ou com o seu consentimento ou aquiescência. Não se considerará como tortura as dores ou sofrimentos que sejam consequência unicamente de sanções legítimas, ou que sejam inerentes a tais sanções ou delas decorram".

52 PIMENTEL, Irene Flunser. **Op. cit.**, p. 366.

53 PIMENTEL, Irene Flunser. **Op. cit.**, p. 445.

Além da tortura propriamente dita, as condições gerais dos cárceres, a fome e a demora/deficiência na assistência médica[54] foram outros traços característicos importantes do sistema persecutório do Estado Novo e contribuíam sobremaneira para o processo de 'destruição da alma' do 'inimigo' do regime. Essas características se repetem em todos os 'sistemas violadores de direitos fundamentais'. Como o opositor do regime é considerado 'inimigo', ele não merece ser tratado como verdadeiro sujeito de direitos e sim como mero objeto do processo criminal, que busca incessantemente a sua 'neutralização', tanto do homem, quanto de suas ideias, com o fito de perpetuar o *status quo*.

4.2.1 Estátua

Uma das técnicas de tortura mais empregadas pela PIDE/DGS para obtenção de confissões e delações, segundo historiadores e memorialistas, foi a estátua[55].

A 'técnica' consiste em deixar o interrogado de pé durante todo o interrogatório, que pode se prolongar por tempo indeterminado – "vários dias e várias noites, apenas com pequenas interrupções para tomar alimento"[56].

Qualquer sinal de desfalecimento do interrogado era "naturalmente reprimido com energia"[57].

4.2.2. Tortura do sono

Uma técnica largamente utilizada pelo 'sistema violador' português do Estado Novo foi a privação do sono. Os relatos

---

54 Além de as torturas, do sono, estátua, e os espancamentos deixarem traços na saúde dos presos, as condições prisionais, nomeadamente as alimentares, levaram também a muitas doenças do foro intestinal, do fígado e do estômago, bem como às então chamadas doenças neurovegetativas. Por outro lado, um dos aspectos terríveis nas cadeias políticas foi a deficiente e demorada assistência médica, utilizada, segundo uma opinião, como arma de deterioração, até destruição, e mesmo de chantagem sobre os presos políticos" (PIMENTEL, Irene Flunser. **Op. cit.**, p. 445).

55 Na estátua, o preso é forçado "a permanecer em pé, muitas vezes de braços abertos, durante várias horas ou dias" (SIMPSON, Duncan. **Op. cit.**, p. 38).

56 MANUEL, Alexandre, CARAPINHA, Rogério e NEVES, Dias. **Op. cit.**, p. 43.

57 MANUEL, Alexandre, CARAPINHA, Rogério e NEVES, Dias. **Op. cit.**, p. 43. "Mateus Gregório, preso por pertencer ao MUD de Silves, nos anos 40, contou ter recusado a fazer a 'estátua', sentando-se no chão, pelo que foi brutalmente agredido por dois agentes e castigado com 29 dias de 'segredo' do Forte de Caxias" (PIMENTEL, Irene Flunser. **Op. cit.**, p. 362).

de memorialistas acerca dessa técnica são impactantes. "A tortura do sono transforma o preso num semilouco e num semicadáver, estados que se vão agravando, gradualmente, com o passar dos dias"[58]. Como a mente e o corpo não repousam, "passados alguns dias o preso começa a ter a sensação de uma cabeça muito grande, vazia e fria"[59]. Na sequência, com o decrescer das forças físicas, surgem "dolorosas alucinações, visuais e audiovisuais"[60].

Para impedir que o preso durma, os agentes da PIDE/DGS levavam a cabo "uma orquestra de ruídos, com pancadas nas portas, nas paredes, no solo, com objetos em cima da mesa, gritos, etc., um barulho infernal que se reproduz na cabeça da vítima como fortes marteladas"[61].

Por vezes, o preso era acordado no meio da noite, conduzido à sala de interrogatório e 'abandonado' durante algum tempo, com o objetivo de induzir desorientação mental e ansiedade, já que o detido não era informado de nada e não sabia que tipo de sevícia sofreria naquele momento. Na sequência, policiais passavam a entrar e sair da sala, sem interagir com o preso, novamente com o intuito deixá-lo ansioso em relação ao momento exato do início do interrogatório. Por fim, o interrogatório é iniciado com a possibilidade de utilização das demais técnicas de tortura, madrugada adentro: espancamentos, ameaças, estátua, dentre outras. O sono, obviamente, era sempre afastado no curso do interrogatório por meio de várias artimanhas – "o agente brincava com uma moeda no tampo da mesa, sacudia gavetas, ordenava que o preso se levantasse, que passeasse pela sala, etc"[62].

58 MANUEL, Alexandre, CARAPINHA, Rogério e NEVES, Dias. **Op. cit.**, p. 70.
59 MANUEL, Alexandre, CARAPINHA, Rogério e NEVES, Dias. **Op. cit.**, p. 70.
60 MANUEL, Alexandre, CARAPINHA, Rogério e NEVES, Dias. **Op. cit.**, p. 71.
61 MANUEL, Alexandre, CARAPINHA, Rogério e NEVES, Dias. **Op. cit.**, p. 71-72.
62 MANUEL, Alexandre, CARAPINHA, Rogério e NEVES, Dias. **Op. cit.**, p. 110.

4.2.3. PIDE bom PIDE mau

Além das torturas anteriores, que serviam para desorientar o preso e 'quebrar sua alma', era utilizada com frequência a técnica de interrogatório do 'anjo bom x anjo mau'. Os investigadores da PIDE/DGS se alternavam, um sempre muito cortês e educado, propondo acordos e benesses e outro extremamente agressivo e impaciente.

Essa técnica faz com que o interrogado crie um laço de empatia com o 'policial bom', que lhe oferece água e comida e que se ressente por seus colegas 'pouco educados', criando uma ponte que gera a colaboração do preso (confissão/delações).

4.3. A incomunicabilidade

A incomunicabilidade (proibição de qualquer contato com o preso) faz com que o 'inimigo' do 'sistema violador' se sinta completamente à mercê do aparelho persecutório estatal. Desaparece, aqui, a expectativa de compartilhamento das sevícias sofridas (para denunciá-las) e a possibilidade de qualquer pedido de socorro. Não é possível receber qualquer orientação jurídica e a estratégia defensiva fica apenas a cargo do próprio preso e de quanto tempo de sofrimento seu corpo e sua mente podem suportar, vez que ele não sabe exatamente o que seus comparsas falaram em seus respectivos interrogatórios e, frequentemente, os investigadores mentiam ao preso, dizendo que seus cúmplices o tinham delatado.

A angústia decorrente da solidão é retratada como um dos piores sofrimentos imposto pelo 'sistema violador' português do Estado Novo aos seus 'inimigos'. Memorialistas descreveram celas escuras onde os presos eram mantidos 'a pão e água' durante "todo o período mais intenso dos interrogatórios", sem qualquer ocupação, "além de pensar nas ameaças que os torcionários faziam de novas torturas, da eternização da prisão, de perseguições futuras, de represálias sobre a família"[63].

---

63 PIMENTEL, Irene Flunser. **Op. cit.**, p. 432.

4.4 Dificuldades para atuação defensiva

A atuação defensiva era muito dificultada nas investigações levadas a cabo pela PIDE/DGS. Como dito supra, a incomunicabilidade dos presos, autorizada pelo próprio mandamento legal, permitia que estes fossem torturados nos interrogatórios, que eram realizados sem a presença de advogado. Legalmente, a presença de defensor no interrogatório era facultativa[64].

Como a persecução penal portuguesa no período do Estado Novo era calcada na lógica prospectiva[65] – partia-se do suspeito, que era preso, torturado, confessava e, a partir daí, o caso era considerado "elucidado" , os embaraços à atuação defensiva findavam sendo um importante alicerce do 'sistema persecutório violador' português.

Essa metodologia foi enfrentada pelos 'inimigos' do sistema violador português com a edição de documentos por 'comunistas', orientando os integrantes do Partido Comunista Português e simpatizantes do ideário comunista a como se portar nos interrogatórios policiais. Cito, como exemplo, o documento "Se fores preso, camarada...", de autoria de Álvaro Cunhal[66]. O panfleto orientava acerca das principais técnicas de tortura utilizadas pela PIDE/DGS e exultava o silêncio dos interrogados, como forma de não trair os 'camaradas' na luta contra o regime ditatorial.

4.5. Liquidação física

Como pontuei supra, considero que, para que o 'sistema violador de direitos fundamentais' alcance o ápice e possa

64 Quando Marcelo Caetano assumiu a presidência do Conselho de Ministros de Portugal, depois da morte de Salazar, houve pressão para que a presença de advogado no interrogatório policial se tornasse obrigatória, mas "Caetano aceitou a argumentação da DGS e a presença de advogado permaneceu facultativa, mas sempre obrigatória a de testemunhas, que, como se sabe, eram os próprios agentes dessa polícia" (PIMENTEL, Irene Flunser. **Op. cit.**, p. 48).

65 "Prendiam, torturavam, matavam até (quantas vezes?), só para conseguirem uma confissão" (MANUEL, Alexandre, CARAPINHA, Rogério e NEVES, Dias. **Op. cit.**, p. 84).

66 PIMENTEL, Irene Flunser. **Op. cit.**, p. 296.

ser categorizado como 'total', é necessário que exista liquidação física de 'inimigos'. A execução extrajudicial aqui se torna ferramenta para aterrorizar opositores. Um instrumental para manutenção do *status quo*.

A liquidação física é a resposta mais drástica de um sistema opressor para 'domesticar' sua população. Ao perceber que suas crenças e seus pensamentos podem redundar na sua morte e que esta não depende sequer de um processo formal, público e com oportunidade defesa técnica, o cidadão tende a se calar porque o 'preço' da livre manifestação de pensamento passa a ser muito alto. A tendência é a letargia e a submissão, desejadas avidamente pelo 'sistema violador total de direitos fundamentais'.

É preciso anotar que a liquidação levada a cabo pelo Estado Novo não foi tão significativa quanto a de outros 'sistemas violadores' ao longo da história[67], como os sistemas nazista e soviético stalinista, por exemplo. Contudo, isso não desnatura a classificação da ditatura salazarista/marcelista como um 'sistema violador total de direitos fundamentais', vez que pessoas foram executadas pelo aparelho persecutório estatal simplesmente porque ousaram pensar ou desafiar o regime. A defesa de ideias foi o móvel para a liquidação física.

Como é comum em regimes fechados (totalitários/ditatoriais/autoritários), a execução de opositores era camuflada em Portugal. Esse traço (manipulação da realidade) é materializado pelos 'sistemas violadores' para encobrir atropelos a direitos fundamentais com expressões eufêmicas[68], distorção dos fatos, investigações forjadas, dentre outras possibilidades[69].

67 SIMPSON, Duncan. **Op. cit.**, p. 47.

68 Amenizando a tortura, sistematicamente empregada por seu aparelho persecutório para obtenção de confissões, Salazar defendeu que "meia dúzia de safanões a tempo" podiam salvar as mulheres e crianças dos terroristas (PIMENTEL, Irene Flunser. **Op. cit.**, p. 348).

69 Por vezes, a opção do 'sistema violador total de direitos fundamentais' é a publicação, de maneira deliberada, de fatos falsos. Estes são propagados pelo sistema, como dito, para ocultar seus atropelos a direitos fundamentais.

Cito aqui como exemplo a morte de Raul Alves, publicada como "morte súbita", havida "em via pública". Ocorre que, quando morreu, Raul estava preso à disposição da PIDE. Seu enterro foi determinado pela polícia política alguns dias depois e o caixão findou sendo aberto por autoridades locais. Restou constatado que o morto "tinha esmagada a parte superior do crânio"[70]. Em verdade, Raul Alves, militante do Partido Comunista Português, foi lançado do terceiro andar da sede da PIDE, na rua Antônio Maria Cardoso, em Lisboa[71].

5. Conclusão

Nesse capítulo foram traçadas as linhas do 'sistema violador total de direitos fundamentais' tendo como foco o Estado Novo português – ditadura liderada por Salazar e, posteriormente, por Marcelo Caetano. Tracei os elementos essenciais para o reconhecimento de um 'sistema violador total' – não são estanques e imutáveis e podem ser aprofundados e acrescidos[72]).

No modelo de análise utilizado nesse livro, que pode ser transportado para outros países em outros momentos históricos, o Estado Novo se traduziu em um 'sistema violador total de direitos fundamentais' porque adimpliu as seguintes características: i) era um regime ditatorial (que não permitia liberdade de manifestação/pensamento); ii) elegeu seus 'inimigos' (os principais eram os 'comunistas');

Nessa toada, esclareço a distinção entre a 'verdade racional' e a 'verdade dos fatos'. Hannah Arendt esclarece que "o contrário de uma afirmação racionalmente verdadeira é, ou o erro e a ignorância, nas ciências, ou a ilusão e a opinião, em filosofia. A falsidade deliberada, a vulgar mentira, desempenha apenas o seu papel no domínio dos enunciados de fato" (ARENDT, Hannah. **Verdade e política**, Relógio D'Água Editores, 1995, original publicado em 1968, p. 16). Destarte, ao falsear a verdade dos fatos, o 'sistema violador total de direitos fundamentais' não age com erro/ignorância ou se ilude ou opina equivocadamente. Ao falsear a verdade dos fatos, o sistema violador mente aos seus cidadãos.

70 MANUEL, Alexandre, CARAPINHA, Rogério e NEVES, Dias. **Op. cit.**, p. 41.

71 "A polícia política não conseguiu ocultar o caso, pois a embaixatriz do Brasil, mulher do embaixador Álvaro Lins, cuja residência se situava nas traseiras da sede da PIDE, assistiu à queda e queixou-se ao cardeal-patriarca". O cardeal Cerejeira, então, escreveu ao Ministro do Interior, Joaquim Trigo de Negreiros, "fazendo-se eco de apelos no sentido de que não fossem usados pela PIDE processos que a humanidade e o Evangelho condenavam" (PIMENTEL, Irene Flunser. **Op. cit.**, p. 99-100).

72 Aliás, quanto maior a profundidade do estudo desenvolvido nesse tema, melhor. O estudo histórico permite prevenir que novos aparelhos estatais violadores de direitos nasçam e se desenvolvam.

iii) utilizou o aparato legal para transmudar o 'inimigo' em pessoa que, pela sua própria existência/crença/pensamentos contrariava a lei (e se utilizou da PIDE/DGS para o perseguir ferozmente) – 'Direito Penal do autor'; iv) tratava mais severamente o inimigo que ao 'cidadão comum' (detenções arbitrárias, incomunicabilidade, tortura e medidas de segurança depois do cumprimento da pena, apenas para citar alguns exemplos) – 'Direito Penal do inimigo'; v) aniquilou fisicamente seus inimigos (em menor extensão que outros 'sistemas violadores', como o nazista, como desenhado). Além desses itens, outros pontos foram sublinhados como o desrespeito sistemático de direitos/garantias fundamentais no âmbito da persecução penal.

A existência de um regime fechado é o ponto de partida para categorização de um Estado como um 'sistema violador total de direitos fundamentais'. Contudo, mesmo em um país democrático os cidadãos precisam permanecer alertas. O 'Estado democrático de direitos' pode, eventualmente ou mesmo frequentemente, violar direitos fundamentais dos seus cidadãos por meio de procedimentos apuratórios[73] e processos que não observem os direitos/garantias do investigado, prisões provisórias/cautelares desnecessárias, cárceres insalubres ou superlotados, execuções extrajudiciais travestidas de 'uso progressivo e proporcional da força', dentre outras possibilidades.

Concluo salientando que é preciso constante vigilância para evitar a ascensão ao poder de uma pessoa ou grupo de pessoas que elimine a possibilidade de debate democrático – e o reducionismo do discurso político ao "nós" x "eles" é um sintoma a ser observado com preocupação – ou de alternância

73 Sobre as premissas para uma investigação estatal que respeite direitos/garantias fundamentais do investigado nos termos da Constituição brasileira de 1988, vide '**Eficiência e respeito a direitos fundamentais na atividade investigativa – um discurso possível: pela criação de axiomas que limitem a atuação estatal na busca de uma investigação criminal garantista**' (SILVA, Márcio Alberto Gomes, editora Juspodivm, 2022).

de poder. Qualquer traço semelhante ao exemplo histórico representado pelo sistema português conhecido como Estado Novo deve servir de alerta e ser prontamente rechaçado pelos mecanismos democráticos adequados.

Reforço, em jeito de síntese conclusiva, que a instalação de uma ditadura – ou de um regime totalitário ou autoritário – é a porta de entrada para que um Estado se transmude num 'sistema violador total de direitos fundamentais'. Sem liberdade de crença, pensamento e expressão, todos os outros direitos do ser humano tendem a ser paulatinamente inobservados e, no extremo, os direitos de ir e vir, a integridade física e mesmo a vida de grupos inteiros de pessoas podem correr risco.

6. Referências bibliográficas

ARENDT, Hannah. **As Origens do Totalitarismo**, 9ª. Edição, 2020, editora Dom Quixote, original publicado em 1948.

ARENDT, Hannah. **Verdade e política**, Relógio D'Água Editores, 1995, original publicado em 1968.

DE FIGUEIREDO DIAS, Jorge. **Direito Penal: parte geral – Tomo I – Questões Fundamentais; A Doutrina Geral do Crime**, 3ª. Edição, Gestlegal, 2019.

DA SILVA, Paulo Marques. **A PIDE – Casos e Processos**, Palimage, 2021.

FERRAJOLI, Luigi. **Direito e Razão – Teoria do Garantismo Penal**. São Paulo: Revista dos Tribunais, 2010.

FOUCAULT, Michel. **Vigiar e Punir: Nascimento da Prisão**, Edições 70, 2020, original publicado em 1975.

GREEN, Toby. **A Inquisição: o reino do medo**, Editorial Presença, 2010, original publicado em 2007.

JAKOBS, Günther, MELIÁ, Manuel Cancio. **Direito Penal do inimigo, noções e críticas**, 6ª. Edição, Livraria do Advogado, 2020.

LEVI, Primo. **Os que sucumbem e os que se salvam**, Dom Quixote, 2019, original em 1986.

MANUEL, Alexandre, CARAPINHA, Rogério e NEVES, Dias. **PIDE – A história da repressão**, editora Fundão, 1974.

ORWELL, George. **Porque Escrevo e outros ensaios.** Artigo: Literatura e Totalitarismo, editora Antígona, 2ª. Edição, 2021, artigo original de 1941.

PIMENTEL, Irene Flunser. **A história da PIDE**, editora Círculo de Leitores, Temas e Debates, 2016, original publicado em 2007.

SCHMITT, Carl. **O Conceito do Político**, Edições 70, 2019 – original publicado em 1932.

SILVA, Márcio Alberto Gomes. **Prova e Polícia Judiciária** (organizado por IBRAHIN, Francini Imene Dias, JÚNIOR, Joaquim Leitão e DE CARVALHO, Tristão Antonio Borborema). Artigo: A Inquisição como sistema violado– - o processo e os meios de obtenção de provas, Editora Mizuno, 2022.

SILVA, Márcio Alberto Gomes. **Eficiência e respeito a direitos fundamentais na atividade investigativa – um discurso possível: pela criação de axiomas que limitem a atuação estatal na busca de uma investigação criminal garantista**, editora Juspodivm, 2022.

SIMPSON, Duncan. **Tenho o Prazer de Informar ao Sr. Diretor... Cartas de Portugueses à PIDE (1958-1968)**, BookBuilders, 2022.

CAPÍTULO 5

O SISTEMA PERSECUTÓRIO DA DITADURA MILITAR BRASILEIRA como sistema violador total de direitos fundamentais

1. Noções introdutórias

O presente capítulo tem em mira apresentar o sistema persecutório da ditadura militar brasileira (1964 a 1985[1]) como um 'sistema violador total de direitos fundamentais'[2].

No próximo tópico retomarei a expressão 'sistema violador' – resgatando ideias já expostas nos capítulos precedentes acerca dos sistemas do Santo Ofício[3], nazista, soviético[4] e do Estado Novo português[5] –, mas já é possível adiantar que o sistema persecutório da ditadura militar brasileira será categorizado como 'sistema violador total de direitos fundamentais' porque se traduzia em um regime fechado (ponto de partida) e foi um aparelho estatal explicitamente atropelador dos direitos daqueles que desafiavam a ordem posta. A sua estrutura e o seu ordenamento jurídico (suas leis eram o ponto de partida para as violações a direitos) foram construídos para permitir diuturna inobservância dos mais caros direitos de homens e mulheres – liberdade (prisões arbitrárias[6]), integridade física (uso desenfreado de diversas formas/técnicas de tortura pelo aparelho repressivo estatal[7]) e mesmo a vida (execuções extrajudiciais de opositores[8]) – que foram eleitos, pelo grupo detentor poder político, como 'inimigos' do Estado.

---

1 Sob a égide dos presidentes Humberto Castello Branco, Arthur da Costa e Silva, Emílio Garrastazu Médici, Ernesto Geisel e João Batista Figueiredo. O ponto de partida será o golpe cívico-militar de 1 de agosto de 1964, que depôs o presidente João Goulart (o momento histórico será detalhado alhures).

2 A terminologia adequada quando se fala nos direitos do homem é tema complexo. Direitos humanos, individuais, públicos subjetivos, fundamentais, dentre outras possibilidades são expressões usadas quando se estuda/explica o rol de direitos do homem dotados de historicidade, inalienabilidade, imprescritibilidade e irrenunciabilidade. A expressão utilizada no presente trabalho será direitos fundamentais (a nomenclatura foi utilizada, por exemplo, pela Constituição Federal brasileira de 1988 – título II).

3 Séculos XVI a XVIII.

4 Sob a égide de Stalin.

5 Com António de Oliveira Salazar e, após, Marcelo Caetano à frente da presidência do Conselho de Ministros.

6 "Num completo desrespeito a todas as garantias individuais dos cidadãos, previstas na Constituição que os generais alegavam respeitar, ocorreu uma prática sistemática de detenções na forma de sequestro, sem qualquer mandado judicial nem observância de qualquer lei" (**Brasil: nunca mais**, Arquidiocese de São Paulo, 41ª edição, Vozes, 2014, 8ª reimpressão, 2021, p. 75).

7 "A tortura foi indiscriminadamente aplicada no Brasil, indiferente a idade, sexo ou situação moral, física e psicológica em que se encontravam as pessoas suspeitas de atividades subversivas. Não se tratava apenas de produzir, no corpo da vítima, uma dor que a fizesse entrar em conflito com o próprio espirito e pronunciar o discurso que, ao favorecer o desempenho do sistema repressivo, significasse sua sentença condenatória" (**BNM**, p. 41).

8 "Sintomaticamente, quando a esquerda armada tinha sido já liquidada, os esforços da repressão se concentraram na eliminação da 'esquerda desarmada', sob a máxima de que qualquer comunista solto ou vivo é inimigo e perigoso" (NAPOLITANO, Marcos. **1964: História do Regime Militar Brasileiro**, editora Contexto, 2020, p. 250).

Depois de definir as balizas que permitem a identificação do 'sistema violador total' (modelo de análise já levado a cabo em capítulos anteriores, como dito), o sistema persecutório da ditadura militar brasileira será apresentado como aparelho estatal responsável por diversos atropelos a direitos fundamentais – tanto observando a dimensão penal, quanto a dimensão processual penal).

Lembro que o foco da presente obra é demonstrar como o aparelho persecutório estatal (órgãos do sistema de controle social formal) se transmudam, em regimes fechados (totalitários/ditatoriais/autoritários), em instrumento para manutenção do *status quo*: o verdadeiro objetivo do 'sistema violador total de direitos fundamentais' é a perpetuação do poder político.

Estudar com profundidade sistemas persecutórios violadores, repiso, é importante, na medida em que, detectadas as violações, e como foi possível a escalada de desrespeito sistemático de direitos, será possível não as repetir. A história não pode ser esquecida.

Conhecer a fundo erros históricos é fundamental para as futuras gerações. Inclusive, para identificar que ideias antigas e deletérias estão a ser reinseridas em determinado ordenamento jurídico – e que isso pode transmudar um sistema constitucional e democrático num 'sistema violador total de direitos fundamentais'. Muitas vezes essa metamorfose é lenta e os sinais precisam ser conhecidos, para que sejam prontamente rechaçados tão logo surjam.

2. O 'sistema violador total de direitos fundamentais'

Várias são as possibilidades na identificação de um Estado como um 'sistema violador de direitos fundamentais'. A criatividade do ser humano para infligir suplícios a seu semelhante quando detém o poder político é infinita. A primeira tarefa desse capítulo é definir o 'sistema violador total de direitos' (resgatando, como dito, modelo de análise proposto em outros momentos dessa obra).

Para que um Estado seja categorizado como um 'sistema violador total', é preciso, em primeiro lugar, reconhecer que no país estudado impera o totalitarismo ou qualquer outra apresentação excessivamente centralizada do poder, como o autoritarismo, a ditadura ou o despotismo. Sistemas que, dentre outras características deletérias, concentrem poder (superdimensionamento do Poder Executivo), impeçam livre manifestação de pensamento, não permitam oposição às ideias impostas pelo regime e não contem com alternância real e democrática de lideranças – esse me parece um traço diferenciador importante para que a definição 'sistema violador' alcance o patamar de 'total'. Isso porque no totalitarismo, e nas outras apresentações citadas que se traduzam numa hipertrofia do Poder Executivo, não é possível dialogar com o Estado[9]. Não é possível contrapor ideias. Não é possível contrariar o regime sem que existam duras consequências a serem enfrentadas pelo opositor. Primo Levi resume, com precisão, as três principais "armas" do Estado totalitário, 'ferramentas' também utilizadas, em alguma medida, por ditaduras e regimes autoritários para manutenção do poder: "a propaganda direta, ou camuflada de educação, instrução, de cultura popular; a obstrução oposta ao pluralismo das informações; e o terror"[10].

As duas primeiras características citadas por Levi são, de fato, lugar comum no sistema totalitário – e em ditaduras e regimes autoritários. As ideias defendidas pelo líder e por seu grupo político são incutidas na mente da população das mais diversas formas e têm o objetivo de 'normalizar' a discriminação e a 'necessidade' de repressão vigorosa dos pensamentos

9 ORWELL, George. **Porque Escrevo e outros ensaios.** Artigo: Literatura e Totalitarismo, editora Antígona, 2ª. Edição, 2021, artigo original de 1941, p. 60.
10 LEVI, Primo. **Os que sucumbem e os que se salvam**, Dom Quixote, 2019, original em 1986, p. 32.

que se opõem ao querer do grupo dominante para 'garantia da ordem'. O desejo de manutenção do poder é travestido em ações materializadas para a 'defesa da sociedade'. Tudo é permitido com essa finalidade: narrativas falsas (atropelo à verdade dos fatos ou simplesmente publicação de uma notícia mentirosa), manipulação da realidade e restrições impostas à livre manifestação de opositores, só para citar algumas artimanhas usadas para conquistar o apoio popular, necessário à manutenção do *status quo*[11]. Quanto à terceira característica (terror), estudaremos aqui como a ditadura militar brasileira fez uso do ordenamento jurídico e do sistema persecutório estatal – tanto o da superfície, quanto o do porão – para aniquilar pensamentos antagônicos e garantir a letargia da população. É por meio do sistema persecutório que o totalitarismo/ditadura/autoritarismo demonstra sua força incontrastável e deixa claro à sociedade que ideias plurais e contrárias ao regime não serão toleradas.

Repiso: a análise de distopias imaginadas por escritores que elaboraram obras atemporais que servem de alerta contra o surgimento de regimes fechados é imprescindível quando se estuda o totalitarismo. Neste capítulo, cito como exemplo (e sugiro vivamente a leitura) o livro *Admirável mundo novo*, de Aldous Huxley[12].

O autor imaginou a existência do "Estado Mundial", dirigido por dez "Administradores Mundiais", cujo lema é "comunidade, identidade, estabilidade"[13]. A estabilidade é alcançada por meio da criação de castas bem definidas e inalteráveis (Alfas, Betas, Deltas, Gamas e Ípsilons)[14], abolição da família (as crianças são

11 "A versão que a polícia emite sobre presos, aprimorada pela imprensa, faz com que, à imaginação alheia, eles apareçam como monstros, seres anormais dotados de taras e neuroses agudas, capazes de gestos tresloucados e impulsos homicidas. É como o jogo de espelhos no parque de diversões: a projeção deforma e difama o réu" (BETTO, Frei. **Batismo de sangue: guerrilha e morte de Carlos Marighella**, editora Rocco, 2021, p. 190).

12 HUXLEY, Aldous. **Admirável mundo novo**. 22ª edição, Globo, 2014, original publicado em 1932.

13 HUXLEY, Aldous. **Op. cit.**, 21, 55 e 75.

14 As castas eram cuidadosamente divididas desde a concepção dos bebês, que eram submetidos a estímulos e substâncias que os faziam belos, fortes, inteligentes e aptos ao trabalho mais elaborado (Alfas e Betas) ou feios, baixos, atávicos e predispostos ao trabalho braçal e repetitivo (Deltas, Gamas e Ípsilons). A mobilidade social era absolutamente impensável (HUXLEY, Aldous. **Op. cit.**, p. 89, 160, 266-268).

geradas no "Centro de Incubação e Condicionamento"), eliminação do impulso, da liberdade e da democracia[15].

Em nome da estabilidade (na verdade, para evitar a discussão plural de ideias), o Estado Mundial de Huxley sacrificou a arte, a ciência, a religião e o saber[16]. Como é expectável em sistemas totalitários, os livros foram proibidos e a história foi destruída[17]. A propaganda[18] e o condicionamento arremataram a construção (obviamente artificial) da sensação de unidade de pensamento.

Quem ousasse desafiar a "felicidade" padronizada pelo sistema, era simplesmente banido para ilhas isoladas[19], de forma a não "contaminar" a estabilidade imposta pelo poder dominante – que obviamente buscava, simplesmente, a manutenção do *status quo*.

Continuemos. Reafirmo que não é possível dialogar nem contestar o 'sistema violador total' impunemente. Para que o sistema não seja discutido e, assim, seja perpetuado a fórceps, ele precisa de uma vigilância constante, algo que muitas vezes beira a paranoia. O monitoramento constante dos opositores foi levado a cabo pelo sistema persecutório e de inteligência da ditadura militar brasileira.

Ao longo dos longos anos de regime fechado (no recorte aqui estudado), atuaram nas atividades persecutória e de inteligência, em um conjunto que ficou conhecido como "comunidade de informações"[20]: o SNI (Serviço Nacional de

15 HUXLEY, Aldous. **Op. cit.**, p. 63 e 69.

16 "É preciso escolher entre a felicidade e aquilo que antigamente se chamava de grande arte. Nós sacrificamos a arte". Segundo o Administrador Mundial Europeu, Mustafá Mond, "toda descoberta da ciência pura é potencialmente subversiva". Por isso, a ciência foi "acorrentada e amordaçada" (HUXLEY, Aldous. **Op. cit.**, p. 265, 269-270, 273 e 280).

17 A população do Estado Mundial foi condicionada a pensar que "a história é uma farsa" (HUXLEY, Aldous. **Op. cit.**, p. 55-56, 73-74 e 263).

18 HUXLEY, Aldous. **Op. cit.**, p. 90.

19 O Estado Mundial bania para ilhas "todas as pessoas que, por esta ou aquela razão, adquiriram demasiada consciência de sua individualidade para poderem adaptar-se à vida comunitária; todas as pessoas a quem a ortodoxia não satisfaz, que têm ideias próprias e independentes; todos aqueles, numa palavra, que são alguém" (HUXLEY, Aldous. **Op. cit.**, p. 271-272).

20 "O conjunto dos órgãos estatais responsáveis pela segurança interna do país e pelo combate à subversão ficou conhecido, no período da repressão militar, como comunidade de informações" (GUERRA, Cláudio, NETTO, Marcelo e MEDEIROS, Rogério. **Memórias de uma guerra suja**, Topbooks Editora, 2012, p. 92).

Informações[21]), o CIE (Centro de Informações do Exército), o CENIMAR (Centro de Informações da Marinha), o CISA (Centro de Informações e Segurança da Aeronáutica), o DOPS (Departamento de Ordem Política e Social[22]), a Polícia Federal e o DOI-Codi (Destacamento de Operações de Informações – Centro de Operações de Defesa Interna).

A atuação dos vários braços repressivos do Estado fechado permite que toda contestação visível ao sistema desapareça, porque toda fumaça de inconformismo é duramente reprimida. Tudo é permitido para manutenção do *status quo*. No fim das contas, apesar da retórica de defesa/proteção da sociedade e da lei e da ordem, o que o 'sistema violador de direitos fundamentais' deseja é a perpetuação do poder político.

Retomando ideia já exposta em outros capítulos, lembro que o cidadão desejado pelo 'sistema violador total' é um ser disciplinado, cabisbaixo, desconfiado, que não se atreva a discutir ou desafiar a ordem posta[23]. O artigo 19º da Declaração Universal dos Direitos Humanos[24], de dezembro de 1948[25], é letra morta em sistemas violadores.

Para que o 'sistema violador total' se sustente, e a população permaneça míope em relação aos problemas sociais, econômicos e políticos reais, é preciso a eleição de um 'inimigo', que será incansavelmente perseguido e cuja derrota acachapante significará o triunfo do Estado e a esperança de uma vida melhor para a população[26] – que se verá livre daquela erva-daninha

---

21 Concebido, organizado e dirigido pelo general Golbery do Couto e Silva e formalmente criado pela Lei 4.341/64. O artigo 2º do mandamento legal referido revela que o órgão tinha "por finalidade superintender e coordenar, em todo o território nacional, as atividades de informação e contra informação, em particular as que interessem à Segurança Nacional".

22 Unidades da Polícia Civil com atribuição para investigação de crimes políticos.

23 Esse 'modelo' desejado de cidadão gera a "estabilidade" almejada pelo 'Estado Mundial' da citada distopia de Aldous Huxley.

24 Artigo 19º - Todo o indivíduo tem direito à liberdade de opinião e de expressão, o que implica o direito de não ser inquietado pelas suas opiniões e o de procurar, receber e difundir, sem consideração de fronteiras, informações e ideias por qualquer meio de expressão.

25 É possível afirmar que a DUDH da ONU foi atropelada pelo sistema violador total da ditadura militar brasileira posto que o regime fechado se iniciou em 1964 e se prolongou até 1985.

26 A narrativa criada pela ditadura militar brasileira pregava que o 'subversivo' (indivíduo partidário de ideologia de esquerda que desejava, segundo o regime, implantação do comunismo no Brasil) ameaçava a segurança, a ordem, a moral e os valores do país. A ideia transmitida à sociedade é que o Estado é o grande garantidor da sociedade (precisando, para tanto, recorrer à violência para 'cumprir sua missão') e que o ditador e sua claque de militares é o

que impede o florescimento do jardim prometido pelo tirano. Isso mantém a população em estado de letargia, porque o cidadão 'comum' passa a ter um justo receio de ser identificado como 'inimigo' pelo aparelho repressivo estatal. Esse estado de constante terror[27] desemboca numa massa de pessoas ávidas apenas por desempenhar o papel que o sistema lhes impõe[28].

Dentre as várias explicações possíveis no que toca à construção dos 'inimigos' da sociedade, e tratando especificamente da ditadura militar brasileira, trago à tona, como já fiz nos outros capítulos, as lições de Carl Schmitt na obra *O Conceito do Político*, que pode sempre seguir de norte quando se pensa em regimes totalitários/ditatoriais/autoritários, que buscam a redução da complexa discussão política ao "nós" contra "eles". Segundo o autor alemão, que justificou e serviu de base teórica para o nacional-socialismo da Alemanha nazista, em síntese bastante apertada, o conceito do político se traduz na definição, pelo Estado, de quem são seus amigos e inimigos[29]. Uma redução da intrincada

---

grande 'maestro', 'pai', 'guia' desta. O sistema precisa alardear (e fazer o cidadão comum acreditar nessa ideia) que a ruptura (e o consequente afastamento do grupo dominante) é muito pior que a manutenção do *status quo*.

27 Hannah Arendt afirma que "a diferença fundamental entre ditaduras modernas e as tiranias do passado está no uso do terror não como meio de extermínio e amedrontamento dos opositores, mas como instrumento corriqueiro para governar massas perfeitamente obedientes. O terror, como o conhecemos hoje, ataca sem provocação preliminar e as suas vítimas são inocentes, até mesmo do ponto de vista do perseguidor. Este foi o caso da Alemanha nazi quando a campanha de terror foi dirigida contra os judeus, isto é, contra pessoas cujas características comuns eram aleatórias e independentes da conduta individual específica" (*in* **As Origens do Totalitarismo**, 9ª. Edição, 2020, editora Dom Quixote, original publicado em 1948, p. 7).

28 No ensaio Literatura e Totalitarismo, George Orwell afirma, com precisão que: "O totalitarismo aboliu a liberdade de pensamento com uma intensidade que jamais se ouviu falar em qualquer época anterior. E é importante ter consciência de que o seu controlo do pensamento não é apenas negativo, mas também positivo. Não se limita a proibi-lo de exprimir – ou até de pensar – certos pensamentos; dita o que irá pensar, cria uma ideologia para si, tenta reger sua vida emocional, assim como tenta estabelecer um código de conduta. E isola-o tanto quanto possível do mundo exterior, fecha-o num universo artificial no qual o leitor não tem padrões de comparação. O Estado totalitário procura, em qualquer caso, controlar os pensamentos e emoções dos seus súbditos pelo menos tão completamente quanto controla suas acções" (ORWELL, George. **Op. cit.**, p. 61). A transcrição se refere ao totalitarismo, mas pode ser tranquilamente usada em qualquer regime fechado, que não observe direitos fundamentais dos seus cidadãos.

29 Para o autor (cujo pensamento, insisto, serviu de base teórica do 'sistema violador total de direitos fundamentais' nazista), a diferenciação entre amigo e inimigo "tem o sentido de designar o mais extremo grau de intensidade de uma ligação ou separação, de uma associação ou dissociação; ela pode existir em teoria e na prática sem que, ao mesmo tempo, tenham de ser aplicadas todas aquelas diferenciações morais, estéticas, econômicas ou outras. O inimigo político não precisa ser moralmente mau, não precisa ser esteticamente feio; não tem de surgir como concorrente econômico e até talvez possa parecer vantajoso fazer negócio com ele. Ele é, precisamente, o outro, o estrangeiro, e é suficiente, para a sua essência, que ele seja existencialmente, num sentido particularmente intensivo, algo outro e estrangeiro, de tal modo que, em caso extremo, sejam possíveis conflitos com ele que não possam ser decididos nem por uma normatização geral, que possa ser encontrada previamente, nem pela sentença de um terceiro 'não participante' e, portanto, 'apartidário'" (SCHMITT, Carl. **O Conceito do Político**, Edições 70, 2019 – original publicado em 1932, p. 51/52).

discussão política à dualidade – ou se está com o sistema ou se é inimigo do sistema.

A dualidade amigo-inimigo proposta no regime ditatorial brasileiro é a oposição 'cidadão de bem', 'conservador' e 'defensor da família' (amigo) x 'comunista subversivo[30]' (inimigo).

Continuemos. Um dos impactos perniciosos dessa linha de pensamento (simples dualidade amigo-inimigo – reducionismo da discussão política ao "nós" x "eles"), sem nenhuma sombra de dúvida, é a perseguição dos 'inimigos' no plano interno – o Estado atacando ferozmente quem vive em seu território e é governado segundo suas leis. Isso aconteceu de maneira atroz no Brasil. As Forças Armadas, que normalmente são acionadas para defesa do país contra agressões externas[31], ou em caso de guerra civil efetiva, foram utilizadas como instrumento de manutenção do *status quo,* atuando internamente e ferozmente na repressão de 'crimes políticos', numa simbiose deletéria com os órgãos de segurança pública – alhures será detalhada a estrutura dos DOI-Codi, que representam cabalmente esse fenômeno[32].

Continuemos. Uma das formas mais eficazes de perseguição 'legal' de grupos indesejáveis é a criminalização das suas crenças, do seu pensamento, do seu modo de agir. Para esse fim, regimes totalitários/ditatoriais/autoritários fazem uso, em larga escala, do 'Direito Penal do autor'[33]. Abandona-se

30 "As autoridades do Regime Militar utilizaram esse conceito, abusivamente, como se ele tivesse um conteúdo absoluto, invariável, sagrado. Seu raciocínio continha uma lógica primitiva: subverter é tentar transformar o que hoje existe; como o regime atual representa a vontade da Nação, tentar mudá-lo é, pois, delito. E todo delito merece punição" (**BNM**, p. 158).

31 Penso que a atuação interna das Forças Armadas para Garantia da Lei e da Ordem – GLO deve ser sempre excepcional (a possibilidade de acionamento do Exército, da Marinha e da Aeronáutica para Garantia da Lei e da Ordem está descrita, atualmente, na parte final do artigo 142 da Constituição Federal). Elas não foram desenhadas e treinadas para ações preventivas e persecutórias no âmbito da segurança pública (interna).

32 "As Forças Armadas se prepararam seriamente para combater qualquer espécie de revolta popular contra o regime imposto pelo direito da força. Mais importante do que o aparelhamento para uma guerra aberta (contra os 'inimigos internos') foi, no entanto, o aparelhamento para a guerra surda que se travou, esta sim, em nível dos interrogatórios, das investigações sigilosas, da escuta telefônica, do armazenamento e processamento das informações de atividades consideradas oposicionistas – desde suas variantes reivindicatórias, lutas salariais e pressões em favor da democracia, até às formas de oposição clandestina" (**BNM**, p. 70-71).

33 Sobre o 'Direito Penal do autor', Luigi Ferrajoli, com absoluta precisão, afirma que "não se pode esquecer, todavia – seja pela época e o regime político nos quais foram sistematizados e codificados, seja, sobretudo, pela

a punição de fatos considerados pela lei como criminosos e passa-se a punir o 'ser', o 'crer' e o 'pensar'[34] – o inimigo passa, dessa forma, a personificar tudo que é pernicioso e, por isso, deve ser duramente combatido, por se traduzir em um criminoso perigoso, cuja própria existência desafia o sistema posto[35]. Essa etapa de criminalização/limitação do 'ser' e do 'pensar' foi levada a cabo, por exemplo, pela edição da Lei de Segurança Nacional e da Lei de Imprensa, que institucionalizou a censura e puniu criminalmente a publicação de pensamentos considerados 'subversivos' – punição do 'pensar'.

A etapa seguinte em um 'sistema violador total' é a adoção do 'Direito Penal do inimigo'[36]. A construção teórica que cunhou essa nomenclatura é mais recente que o recorte temporal deste capítulo, mas é possível utilizá-la para explicar esse passo a passo que culminou com a edificação, no Brasil, sob a liderança dos presidentes militares e seus seguidores, de um 'sistema violador total de direitos fundamentais' – em verdade, a proposta de maior severidade imposta ao 'perigoso', ao 'inimigo' é muito antiga e sempre é renovada por meio de diferentes justificativas 'teóricas' ao longo dos tempos.

A última característica que distingue o 'sistema violador total de direitos fundamentais' de um sistema violador

---

identidade do esquema teórico que o fundamenta – que estas medidas reafirmam em larga parte um modelo nazista do "tipo normativo de autor" (*Tätertip*) e aquele staliniano do "inimigo do povo". O pressuposto geral da sua aplicação não é, de fato, a comissão de um crime, mas uma simples qualidade pessoal determinada vez a vez com critérios puramente potestativos: aquele de "suspeito" ou de "perigoso", associada muitas vezes a elementos sintomáticos como a condição do condenado, ou do reincidente, ou do ocioso, ou do vagabundo ou similar. A sua natureza, por outro lado, se inscreve naquele mais amplo, indeterminado e variado universo, nascido principalmente das praxes e colocado à margens do direito penal e daquele administrativo que é denominado de direito de polícia (FERRAJOLI, Luigi. **Direito e Razão – Teoria do Garantismo Penal**. São Paulo: Revista dos Tribunais, 2010, p. 706).

34 DE FIGUEIREDO DIAS, Jorge. **Direito Penal: parte geral – Tomo I – Questões Fundamentais; A Doutrina Geral do Crime**, 3ª. Edição, Gestlegal, 2019, p. 275.

35 Criminalizar o 'ser' e o 'pensar' é extremamente perigoso porque autoriza construções teóricas que dialogam com de privação de liberdade por tempo indeterminado e mesmo com a liquidação do 'infrator' (segundo essa linha radical de raciocínio, as únicas soluções efetivas para 'proteger' a sociedade de alguém que 'é e sempre vai ser' perigoso é o isolamento perpétuo ou a morte).

36 Defendido por Günter Jakobs, que considera 'inimigo' o indivíduo que demonstra disposição reiterada de atropelar o ordenamento jurídico crimes considerados graves (delitos econômicos, terrorismo, praticados por organizações criminosas, delitos sexuais, dentre outros). Esse indivíduo, na visão do penalista alemão, deve perder o status de 'pessoa' (JAKOBS, Günther, MELIÁ, Manuel Cancio. **Direito Penal do inimigo, noções e críticas**, 6ª. Edição, Livraria do Advogado, 2020, p. 47).

'comum' é a propensão à liquidação física de grupos de pessoas, opositores do regime ou mesmo inocentes eleitos pelo Estado como 'inimigos'. Para ser categorizado no ápice da classificação de 'sistemas violadores', o Estado precisa atropelar diuturnamente o bem jurídico mais caro do cidadão: a vida – com o objetivo, normalmente encoberto pela cortina de fumaça da retórica, de manutenção do *status quo*, evitando qualquer contestação que possa redundar em alternância de poder. No sistema persecutório da ditadura militar brasileira (1964-1985), qualquer manifestação de pensamento que pudesse desafiar o sistema posto era passível de enquadramento típico com duras consequências: detenções abruptas, tortura desenfreada para obtenção de confissões e delações de 'comparsas' e, no extremo, a liquidação física.

Podemos, destarte, resumir a construção de um 'sistema violador total de direitos fundamentais', tendo como pano de fundo o sistema persecutório da ditadura militar brasileira, por meio dos seguintes passos: i) tomada do poder por uma ditadura[37] (que não admite discussão democrática de ideias, nem alternância do poder e que se centra na figura de um líder cujas ordens são incontrastáveis); ii) eleição dos 'inimigos do Estado' pelo poder dominante (no caso brasileiro, qualquer pessoa que ousasse se opor ao regime posto – em especial o 'subversivo defensor do ideário comunista'); iii) utilização do aparato legal para transmudar o inimigo em 'criminoso' (adoção do 'Direito Penal do autor'[38]); iv) tratamento mais severo dispensado ao inimigo que ao 'cidadão comum'– 'Direito Penal do inimigo' (com possibilidade de detenções arbitrárias e tortura 'institucional', como se verá alhures); v) liquidação física dos 'inimigos'.

37 Golpe cívico-militar de 1° de abril de 1964.

38 Jorge de Figueiredo Dias, no mesmo sentido aqui defendido, afirma que o Direito Penal do autor foi largamente utilizado (para citar outros exemplos emblemáticos) pela legislação penal nacional-socialista alemã e fascista italiana imediatamente antes e durante a II Grande Guerra (**Op. Cit.**, p. 276).

Assim é que o sistema persecutório brasileiro (no recorte aqui estudado): i) traduzia-se em um regime ditatorial (centralizado na figura do presidente da República, com superdimensionamento do Poder Executivo, que impôs, no recorte histórico proposto, sua vontade unilateralmente, ofuscando e limitando a atuação dos Poderes Legislativo e Judiciário) ii) elegeu os 'subversivos comunistas' (qualquer pessoa que pensasse, escrevesse, agisse ou se manifestasse contra a ideias defendidas pelo regime) como 'inimigos' do povo e do Estado (envolvendo a sociedade numa cortina de fumaça representada pela retórica de preservação da "ordem, a segurança, a tranquilidade, o desenvolvimento econômico e cultural e a harmonia política e social"[39]); iii) utilizou-se de dispositivos legais claramente relacionados ao 'Direito Penal do autor' para perseguir seus 'inimigos' (Lei de Segurança Nacional, por exemplo); iv) levou a cabo detenções arbitrárias w atropelou os direitos mais mínimos dos seus opositores (por meio da tortura, sistematicamente empregada para obtenção de confissões – a tortura no Brasil era 'institucional', insisto) – 'Direito Penal do inimigo'; v) foi responsável pela liquidação física dos seus 'inimigos' (por meio de execuções extrajudiciais).

3. A implantação da ditadura militar - o golpe de 1° de abril de 1964

O período estudado neste capítulo – ditadura militar brasileira iniciada em 1964 e extinta em 1985 – tem gênese no golpe cívico-militar de 1° de abril de 1964. O então presidente da República João Goulart foi derrubado por uma conjugação de forças – a ruptura institucional foi apoiada por parcela da sociedade, da imprensa e das Forças Armadas[40].

---

39 Preâmbulo do Ato Institucional 5, de 13 de dezembro de 1968.

40 "No final de março de 1964, civis e militares se uniram para derrubar o presidente João Goulart, dando um golpe de Estado tramado dentro e fora do país" (NAPOLITANO, Marcos. **Op. cit.**, p. 07).

A retórica para derrubada do presidente afirmava que Jango flertava com o comunismo, além de ser "incompetente em questões administrativas, irresponsável como homem político que incrementava a subversão, enfim, um populista que prometia mais do que poderia dar às classes populares"[41]. A amplificação dessa ideia criou o ambiente propício para o discurso de lideranças, civis e militares, que, interessadas unicamente no poder político, precisavam de um argumento palatável para derrubar o governo democraticamente eleito e impor um regime fechado[42] – a retórica da necessidade de medidas enérgicas e urgentes para 'salvar o país', 'proteger a sociedade', 'afastar o mal que se avizinha', dentre outras frases prontas que são facilmente assimiladas por grande parte da população e que findam emprestando alguma legitimidade à mudança abrupta do cenário político – ainda que não exista apoio explícito, a letargia social é favorável ao grupo que detém a força bélica em suas mãos.

No jogo político, nem sempre se propaga a verdade racional ou a verdade dos fatos. A depender dos interesses em jogo, uma conclusão profana, não aparada em um pensamento científico, ou mesmo uma mentira deslavada podem ser usadas como armas, que são potencializadas pela propaganda, pela imprensa, por panfletos e, mais modernamente, pelas mídias sociais.

João Goulart foi vice-presidente de Jânio Quadros, que renunciou[43]. Já na sua assunção, ele enfrentou problemas.

---

41 NAPOLITANO, Marcos. **Op. cit.**, p. 07.

42 Uma das análises históricas possíveis para o período estudado é a de que "o governo Jango, efetivamente, não teve importância; serviu apenas para a direita autoritária justificar seu golpismo e reiterar a necessidade do controle social dos trabalhadores" (NAPOLITANO, Marcos. **Op. cit.**, p. 15).

43 O presidente Jânio Quadros se trancou "na sala e despachou a renúncia com um bilhete manuscrito de 27 palavras e um manifesto de ressonância geturlista ("forças terríveis levantam-se contra mim"). Anunciou a decisão aos três ministros militares e voou para São Paulo. O general Odylio Denys, ministro da Guerra, o almirante Sylvio Heck, da Marinha, e o brigadeiro Gabriel Grün Moss não tinham mandato, mas não lhes passava pela cabeça entregar o governo aos seu legítimo destinatário. A cadeira cabia ao vice-presidente João Goulart, que, além de carregar na biografia a hostilidade da maioria dos generais, estava no lado errado do mundo. Visitara oficialmente a China comunista, país com o qual o Brasil não mantinha relações diplomáticas" (GASPARI, Elio. **A Ditadura Derrotada**, editora Intrínseca, 2ª edição, 2014, original publicado em 2003, p. 71).

No dia da renúncia do então presidente, ele estava em missão diplomática-comercial na China e, de 25 de agosto a 07 de setembro de 1961, o Brasil foi governado por uma junta militar formada pelos então ministros Odylio Denys, Silvio Heck e Gabriel Grüm Moss. Em meio a uma crise política e para viabilizar a posse de Jango, o Congresso Nacional aprovou o regime parlamentarista, por 233 votos a 55, em 1º de setembro de 1961. Finalmente, em 07 de setembro de 1961, Joao Goulart tomou posse como presidente da República – Tancredo Neves figurou como primeiro-ministro.

O parlamentarismo não emplacou no Brasil. A solução, em verdade, foi uma costura frágil para frear as movimentações políticas que tencionavam impedir a posse de Jango como presidente. Em 06 de janeiro de 1963, foi realizado referendo que, por ampla maioria (83% dos votos válidos, em um universo de 11,5 milhões de votos – 9,5 milhões de votos a favor do presidencialismo e 2 milhões a favor do parlamentarismo[44]), colocou um ponto final no parlamentarismo e trouxe de volta o presidencialismo[45].

O retorno do presidencialismo, contudo, não trouxe tranquilidade ao governo Joao Goulart. Acirradas discussões políticas sobre a reforma agrária, cenário econômico desfavorável (recessão e inflação exponencial), recusa do Supremo Tribunal Federal em dar posse a militares que se elegeram parlamentares (que ocasionou instabilidade nas Forças Armadas) e forte oposição de governadores de Estados importantes (Guanabara, São Paulo e Minas Gerais[46]) foram alguns dos ingredientes explosivos que contribuíram para o clima de instabilidade política[47].

44 GASPARI, Elio. **A Ditadura Envergonhada**, editora Intrínseca, 2ª edição, 2014, original publicado em 2002, p. 49.
45 https://www.tse.jus.br/comunicacao/noticias/2022/Janeiro/ha-59-anos-brasil-votou-pelo-retorno-do-presidencialismo-no-referendo-de-1963, acesso em 13 de outubro de 2022.
46 Carlos Lacerda, Adhemar de Barros e Magalhães Pinto, respectivamente.
47 NAPOLITANO, Marcos. **Op. cit.**, p. 40-42.

A manutenção do presidente no poder dependia do que Elio Gaspari chamou de "dispositivo militar". Peças importantes do oficialato mais estrelado das Forças Armadas leais ao chefe do Poder Executivo ocupavam os principais postos de comando – o Ministério da Guerra, os comandos dos I, II, III e IV Exércitos, localizados respectivamente no Rio de Janeiro, em São Paulo, no Rio Grande do Sul e em Pernambuco, além das unidades militares mais poderosas do país. Sem o apoio do "dispositivo", o presidente estaria nu, como de fato ficou com o agravamento das tensões que resultaram no golpe cívico-militar.

As reformas defendidas por João Goulart, como ampliação do direito de voto e reforma agrária, por exemplo, a crise econômica[48], a eclosão de greves[49] e a agitação das bases das Forças Armadas, que desafiavam o oficialato, e a participação do presidente em comícios, ao lado de lideranças como Miguel Arraes e Leonel Brizola, fizeram a temperatura política subir ainda mais.

As propostas de Jango foram enviadas ao Congresso Nacional depois de terem sido assinadas em comício em frente à Estrada de Ferro Central do Brasil, no Rio de Janeiro, no dia 13 de março de 1964[50]. O presidente usou da estratégia de movimentar a população por meio de atos públicos, para conseguir apoio e, assim, pressionar o Congresso Nacional a aprovar as mudanças propostas pelo Poder Executivo. Do outro lado, temendo essa "guinada à esquerda"[51] do governo Jango, a direita foi às ruas protestar contra o governo, em São Paulo, no dia 19 de março de 1964 (Marcha da Família com Deus pela Liberdade[52]).

---

48 "Os investimentos estrangeiros haviam caído à metade. A inflação fora de 50% em 1962 para 75% no ano seguinte. Os primeiros meses de 1964 projetavam uma taxa anual de 140%, a maior do século. Pela primeira vez desde o fim da Segunda Guerra a economia registrara uma contração na renda per capita dos brasileiros (GASPARI, Elio. **Op. cit.**, p. 50).

49 As greves duplicaram, de 154 em 1962, para 302 em 1963 (GASPARI, Elio. **Op. cit.**, p. 50).

50 **BNM**, p. 57.

51 NAPOLITANO, Marcos. **Op. cit.**, p. 55.

52 "Era preciso responder à mobilização reformista com uma mobilização de rua maior ainda, que fizesse com que donas de casa, empresários, lideranças conservadoras civis e religiosas, jovens da burguesia e da pequena burguesia saíssem às ruas para protestar contra o governo" (NAPOLITANO, Marcos. **Op. cit.**, p. 55). "O conservadorismo paulista respondera ao comício do dia 13 com uma Marcha da Família com Deus pela Liberdade, em que se reuniram perto de 200 mil pessoas com faixas ameaçadoras ("Tá chegando a hora de Jango ir embora") e divertidas ("Vermelho bom, só batom")" (GASPARI, Elio. **Op. cit.**, p. 51).

Dois eventos findaram sendo cruciais para criação da retórica que culminou com a derrubada do presidente João Goulart, dando início ao regime ditatorial militar brasileiro: i) a manifestação de cerca de 2 mil marinheiros no prédio do Sindicato dos Metalúrgicos do Rio de Janeiro, apoiando as reformas de base, pugnando por melhores condições de trabalho e pela reforma do código disciplinar da Marinha; e ii) a presença do presidente Jango, em 30 de março de 1964, na reunião de sargentos e suboficiais da Polícia Militar no Automóvel Clube do Brasil – na pauta, reivindicação de direitos outorgados a outros trabalhadores[53].

A partir daí, entre os dias 31 de março e 1º de abril de 1964, uma sucessão de fatos – que começou com as atabalhoadas movimentações do general Olímpio Mourão para, a partir de Minas Gerais, derrubar o governo, e culminou com as sucessivas costuras políticas do oficialato das Forças Armadas, que decidiu pela deposição de Jango[54] – desembocou em um golpe de Estado que fez com que o Congresso Nacional declarasse a vacância do cargo de presidente da República, sem qualquer debate político em plenário e com o mandatário ainda em território nacional, e desse posse a Ranieri Mazzili, então presidente da Câmara dos Deputados[55].

53 NAPOLITANO, Marcos. **Op. cit.**, p. 57-58. O deputado Tancredo Neves, líder do governo na Câmara, e Abelardo Jurema, ministro da Justiça, tentaram convencer o presidente João Goulart a não ir à reunião, por entenderem que sua presença "jogaria lenha na crise militar que o país atravessava (GASPARI, Elio. **Op. cit.**, p. 47).

54 O "dispositivo" militar abandonou o presidente. Não sem antes o contatar o mandatário do país para demovê-lo da guinada à esquerda. "Por volta das dez horas da noite do dia 31 (de março de 1964), o general Kruel (comandante do II Exército, sediado em São Paulo), num dramático telefonema, pediu ao presidente que rompesse com a esquerda. Queria a demissão de Aberlado Jurema do Ministério da Justiça e de Darcy Ribeiro da chefia do Gabinete Civil. Eram os colaboradores do presidente mais identificados com o radicalismo. Pedia também que o Comando Geral dos Trabalhadores fosse posto fora da lei" (GASPARI, Elio. **Op. cit.**, p. 89). Jango, contudo, não capitulou. As articulações golpistas se intensificaram e no IV Exército, situado em Recife, "o general Justino Alves Bastos, que dera a Jango a garantia de controle de sua área e a Castello a certeza da adesão (à deposição do presidente), aproximava-se cautelosamente do levante" (GASPARI, Elio. **Op. cit.**, p. 92). A partir daí, o "dispositivo" desmoronou. O comandante de I Exército, general Moraes Âncora, aconselhou o presidente a deixar o Rio de Janeiro; o ministro da Guerra, general Jair Dantas Ribeiro, depois de um ultimato semelhante ao do general Kruel, demitiu-se e, "às quatro da tarde de 1º de abril de 1964, o cinco tanques M-41 do 1º Regimento de Reconhecimento Mecanizado, sob comando do tenente Freddie Perdigão Pereira, fizeram o percurso emblemático das derrotas, indecisões e vitórias da jornada" (GASPARI, Elio. **Op. cit.**, p. 111). A coluna de Perdigão, que guarnecia o palácio Laranjeiras, deslocou-se para proteger o palácio Guanabara (sede do governo do Estado da Guanabara, chefiado pelo governador golpista Carlos Lacerda). O golpe, que contou com franco apoio dos Estados Unidos (operação *Brother Sam*), estava sendo consumado.

55 NAPOLITANO, Marcos. **Op. cit.**, p. 63-65.

A seguir, em 11 de abril de 1964, o Marechal Humberto de Alencar Castello Branco foi "eleito" indiretamente presidente da República pelo Congresso Nacional por 361 votos favoráveis e 72 abstenções[56].

O Brasil, a partir de abril de 1964, ao derrubar um presidente eleito democraticamente pelo voto popular, dava seu primeiro passo para se transformar em um 'sistema violador total de direitos fundamentais' – a implantação de um regime fechado (ditadura)[57]. Em síntese, "em nome da 'democracia', caberia rasgar a Constituição, depor o presidente eleito, João Goulart, fechar o Congresso Nacional, suspender garantias dos cidadãos, prender, torturar, assassinar, como terminou ocorrendo no regime inspirado pela Doutrina de Segurança Nacional"[58].

4. A construção do 'inimigo' no 'sistema violador total' da ditadura militar brasileira

Como explicitado supra, o 'sistema violador total de direitos fundamentais' precisa, para nascer e para se protrair no tempo, eleger 'inimigos'. O estado de exceção só se torna perene, autorizando restrições arbitrárias de direitos *sine die*, se a ameaça[59] representada pelas ações do 'inimigo' for incutida na mente da maioria da sociedade[60].

56 NAPOLITANO, Marcos. **Op. cit.**, p. 65.

57 A caçada aos 'inimigos' do 'sistema violador' recém implantado começaria imediatamente. "No dia 2 de abril, no Recife, o dirigente comunista Gregório Bezerra foi amarrado seminu à traseira de um jipe e puxado pelos bairros populares da cidade. No fim da viagem, foi espancado por um oficial do Exército, com uma barra de ferro, em praça pública" (GASPARI, Elio. **Op. cit.**, p. 134). "Com efeito, já no dia 1º de abril de 1964, a sede da UNE, na praia do Flamengo, no Rio de Janeiro, foi ocupada, saqueada e incendiada pelos golpistas, através de uma organização paramilitar denominada CCC – Comando de Caça aos Comunistas (**BNM**, p. 131). O general Golbery do Couto e Silva, sobre esses e outros acontecimentos funestos havidos nos meses iniciais da ditadura militar, disse, vinte anos depois, que sua impressão era a de que eram "acontecimentos produzidos pelo calor da hora", afinal, segundo o oficial, "você não faz uma omelete sem quebrar ovos" (GASPARI, Elio. **Op. cit.**, p. 135).

58 **BNM**, p. 69.

59 Ameaça aqui entendida como "um ato ou acontecimento de cariz ofensivo (traduzida de modo simplificado pelo produto de uma capacidade por uma intenção), que afeta significativamente os objetivos políticos de um Estado, de modo a colocar em causa a sua sobrevivência como unidade política ou, de algum modo, a própria segurança internacional" (PIRES, Nuno Lemos. Artigo **Das ameaças e riscos intangíveis aos Estados frágeis e às guerras civis** na obra **Ameaças e Riscos Transnacionais no Novo Mundo Global**, coordenação BORGES, João Vieira e RODRIGUES, Teresa Ferreira, Fronteira do Caos Editores, Porto, 2016, p. 153-154). Tecnicamente, ameaça é diferente de mero risco. "Se os riscos são não intencionais, as ameaças são sempre intencionais" (PIRES, Nuno Lemos. **Op. cit.**, p. 154).

60 Uma das estratégias dos 'sistemas violadores de direitos fundamentais' para desmoralizar/desacreditar os dissidentes é a transferência da responsabilidade de suas atrocidades para as suas vítimas. "Se estudantes são

A ideia incutida (retórica) foi a ameaça representada pelas ações 'subversivas'[61] dos comunistas[62]. Assim como no Estado Novo português, sob o jugo de Antônio de Oliveira Salazar e de Marcelo Caetano, o comunista – e a ameaça de implantação do comunismo a fórceps no Brasil – foi o inimigo preferencial do 'sistema violador total de direitos fundamentais da ditadura militar brasileira'.

Na verdade, a eleição do 'inimigo' funciona, em sistemas violadores, apenas de justificativa para construção de um arcabouço legal e repressivo que sirva para perpetuação do *status quo*[63]. A ideia inicial de excepcionalidade de eventual medida gravosa vai, paulatinamente, fincando raízes e o remédio amargo da onipresença e da onisciência do sistema persecutório vai se tornando indigesto alimento diário.

Escolhido o 'inimigo', seguindo os passos do modelo de análise proposto nesta obra, o 'sistema violador' passa a criminalizar o 'ser', o 'crer' e o 'pensar' do seu opositor – construção de legislação calcada no 'Direito Penal do autor'. O objetivo é a criação de instrumental essencial para justificar a perseguição de opositores: a lei.

No recorte aqui estudado, o 'arsenal' foi poderoso. Atos Institucionais (o regime ditatorial brasileiro editou 17 Atos Institucionais, de 1964 a 1969), a Lei de Segurança Nacional (Decreto-Lei 314, de 13 de março de 1967) e a Lei de Imprensa (Lei 5.250, de 9 de fevereiro de 1967) são alguns exemplos

---

espancados na rua, é porque exorbitaram em suas manifestações; se sindicalistas são presos numa greve, é porque deram caráter político ao movimento reivindicatório; se um militante morre na tortura, é porque matou-se em decorrência de desequilíbrio psíquico... Isso faz parte do modo de agir da polícia" (BETTO, Frei. **Op. cit.**, p. 163).

61 Francisco Proença Garcia descreve a atividade subversiva como "fenômeno progressivo que visa um poder, político, ou no interior de uma instituição qualquer que interesse controlar ou dominar. Pode ter como objetivos políticos a criação de uma nova sociedade, a simples modificação do regime existente, a substituição das autoridades que exercem o poder ou a modificação de políticas do antecedente" (**A guerra e a estratégia revisitadas**, Novas Edições Acadêmicas, 2019, p. 79).

62 "Nesta perspectiva, os exércitos nacionais dos países subdesenvolvidos alinhados ao bloco capitalista dos EUA deveriam, primordialmente, cuidar da defesa interna contra a "subversão comunista infiltrada". A fronteira a ser defendida passaria a ser ideológica (e não mais geográfica) e o inimigo seria, primordialmente, um "inimigo interno", que poderia ser qualquer cidadão simpatizante ou militante do comunismo" (NAPOLITANO, Marcos. **Op. cit.**, p. 10).

63 O presidente Castello Branco corroborou o pensamento aqui exposto ao afirmar: "criar uma ditadura é fácil, mas é difícil acabar com ela" (GASPARI, Elio. **Op. cit.**, p. 257).

emblemáticos da institucionalização do regime fechado brasileiro – com a criação de instrumentos legais que permitiram a perseguição de opositores, com o fito de perpetuar o *status quo*.

Cumpre deixar claro que houve resistência ao 'sistema violador' ditatorial brasileiro pelos seus opositores, tratados pelo regime como 'inimigos'. Havia os que pensavam que a resistência devia ser pacífica, no campo das ideias, com o fito de convencer a população dos abusos do regime ("só o povo organizado derruba a ditadura") – os "reformistas"[64] – e havia quem propagava a luta armada contra a ditadura ("só o povo armado derruba a ditadura") – os "revolucionários"[65], responsáveis pelo "terrorismo de esquerda"[66].

---

64 O PCB – Partido Comunista Brasileiro – entendia que a solução não era a luta armada, mas a saída política. O objetivo era "abrir os olhos" da população para libertar o país da ditadura. "A maioria do PC alinhou-se com as ideias de Khrushchev, formuladas a partir de 1956 no 20º Congresso do PC soviético: crítica a Stalin, defesa da concorrência pacífica entre os blocos socialista e capitalista e crença na transição pacífica ao socialismo" (**BNM**, p. 89).

65 Os "revolucionários" se organizaram em grupos (AP, ALN, Colina, MR-8, VAR-Palmares, dentre outros) e tencionavam libertar o Brasil da ditadura militar por meio da luta armada. Praticavam roubos a bancos e carros fortes para capitalização (os assaltos eram chamados de "expropriações"), sequestros de autoridades (para barganhar libertação de presos políticos) e atentados a bomba. O projeto Brasil: Nunca mais cita a existência, no período da ditadura militar brasileira, de quase 50 organizações de esquerda (**BNM**, p. 87-114).

66 Ao se utilizar dessa expressão para fazer referência às ações da esquerda armada, Elio Gaspari, com a perspicácia que lhe é peculiar, afirma que "os termos terrorismo, terrorista e terror são utilizados aqui para designar atividades praticadas por organizações clandestinas que, sob quaisquer justificativas políticas, tenham cometido crimes contra pessoas ou patrimônios estranhos ao conflito. Como hoje, na época essas palavras tinham uma carga pejorativa, frequentemente manipulada com finalidades satanizadoras e propagandísticas" (GASPARI, Elio. **Op. cit.**, p. 241). Assim como houve prática de atos de terror à esquerda, houve prática de terror à direita por grupos como o MAC (Movimento Anti-Comunista), "formando por policiais, militares e direitistas extremados" (GASPARI, Elio. **Op. cit.**, p. 156), o CCC (Comando de Caça aos Comunistas) e a Scuderie Le Cocq. É preciso realçar, ainda, as práticas terroristas levadas a cabo pelo porão da ditadura militar. Elio Gaspari relata a prática, apenas no Rio de Janeiro no ano de 1968, "vinte atentados com explosivos e dois duplos sequestros" (GASPARI, Elio. **Op. cit.**, p. 298). Sobre o terror levado a cabo pelo subterrâneo do regime, vide as já citadas memórias do delegado da Polícia Civil do Espírito Santo Cláudio Guerra (GUERRA, Cláudio, NETTO, Marcelo e MEDEIROS, Rogério. **Memórias de uma guerra suja**, Topbooks Editora, 2012). Por óbvio, enquanto o "terror de esquerda" era duramente reprimido, os atos de terror à direita gozavam da complacência do regime. Ainda quanto ao "terror à direita", registro o capítulo "Terror em noite de lua", da obra de Zuenir Ventura, que descreve o sequestro dos atores Beth Gasper e Zelão, que contracenavam na peça 'Roda Viva', na temporada de Porto Alegre, em 1968. Eles foram arrebatados por cerca de 20 homens e levados para um bosque nos arredores da capital gaúcha. Lá, os sequestradores determinaram que eles repetissem a cena de sexo que fazia parte da peça (na cena, Nossa Senhora, interpretada por Beth, simulava uma cena de sexo com um parceiro que sugeria Jesus Cristo). Com muita habilidade, Beth Gasper conversou com os sequestradores e os convenceu a não reproduzir a cena (afirmando, inclusive, que estava grávida). Apesar de se livrarem do constrangimento, Beth e Zelão tiveram que voltar a pé para Porto Alegre. A peça teve apenas uma apresentação no Rio Grande do Sul (em razão do incidente). Já na estreia, os espectadores se surpreenderam com o panfleto que dizia: "Gaúcho! Ergue-te contra aqueles que, vindos de fora, nada desejam senão violentar a tua família e tuas tradições cristãs, destruindo-as. Hoje preservaremos as instalações o teatro e a integridade da plateia e dos atores. Amanhã, não!". A pauta 'conservadora' ('terrorismo de direita') se movimentava contra a cultura, atuando com virulência contra as manifestações artísticas que destoavam do que o CCC entendia como 'contrário aos valores da família cristã' (VENTURA, Zuenir. **Op. cit.**, p. 225-233). Esse não foi o primeiro ataque do CCC aos atores da peça Roda Viva. Antes do sequestro acima descrito, integrantes do grupo "organizaram um corredor polonês e obrigaram os atores a ir para rua como estivessem. A atriz Marília Pera (que foi substituída por Beth Gasper) e seu colega Rodrigo Santiago foram nus. Continuaram apanhando em frente ao prédio do teatro, diante de uma plateia atônita e de duas guarnições da radiopatrulha, imóveis" (GASPARI, Elio. **Op. cit.**, p. 297). Das ações levadas a cabo pelo 'sistema violador' da ditadura militar (com o objetivo de culpar os 'comunistas'), certamente a mais famosa foi o atentado no Riocentro, descrito por Cláudio Guerra como "o grande golpe contra o projeto de abertura

A esquerda tanto protestou, quanto pegou em armas[67]. No que toca às manifestações, cito as que gravitaram em torno da morte do estudante Edson Luís Lima Souto. Ele foi alvejado e morto pela Polícia Militar no restaurante estudantil Calabouço[68]. Sua morte gerou uma verdadeira convulsão ("pela primeira vez dede 1964 surgia um cadáver na luta entre o regime e os estudantes"[69]). Já no dia seguinte (29 de março de 1968), 50 mil pessoas acompanharam seu corpo até o Cemitério São João Batista[70]. Faixas bradavam: "Os velhos no poder, os jovens no caixão" e "Bala mata fome?"[71].

A missa na igreja da Candelária, realizada em 4 de abril de 1968, foi outro teatro de guerra. A repressão ficou a cargo da cavalaria da Polícia Militar, de fuzileiros navais e agentes do DOPS.

A seguir, houve a chamada "sexta-feira sangrenta", no dia 21 de junho de 1968 – manifestação organizada por lideranças

---

democrática". Segundo o ex-delegado, "a ideia era causar enorme repercussão, pois muita gente ia morrer naquele dia, inclusive do meio artístico" (comemorava-se no Riocentro, no dia 30 de abril de 1981, o Dia do Trabalho, com participação de Alceu Valença, Angela Rô Rô, Beth Carvalho, Cauby Peixoto, Elba Ramalho, Djavan, Gonzaguinha, João Bosco, Ney Matogrosso, dentre outros). Foram escalados para implantar explosivos no local o capitão Wilson Machado e o sargento Rosário (a ação envolvia, segundo Guerra, grande parte da estrutura do porão da ditadura: o coronel Freddie Perdigão, conhecido pelos codinomes Dr. Nagib ou Dr. Flávio, o comandante Antônio Vieira, do CENIMAR, o coronel Carlos Alberto Brilhante Ulstra, dentre outros). A ideia era imputar as explosões à militância de esquerda e já prender 'suspeitos' logo após o atentado (Guerra cita a pichação de placas de trânsito próximas ao local com sigla de grupo "comunista de guerrilha" – o VPR). Contudo, o tiro saiu pela culatra, porque a bomba explodiu dentro do veículo (um Puma) onde estavam o capitão Wilson e o sargento Rosário (que morreu em face da explosão), que estavam oficialmente em missão pelo DOI do I Exército. O IPM que apurou o caso foi arquivado em 2 de setembro de 1981, pelo juiz Milton Menezes da Costa. Em 1999, atendendo a pedido da Comissão de Direitos Humanos da Câmara dos Deputados, por iniciativa da procuradora da República Gilda Berger, o caso foi reaberto (o IPM foi presidido pelo general Ernesto Conforto). Na conclusão, foram apontados como responsáveis o coronel Freddie Perdigão (à época falecido), o sargento Guilherme Pereira do Rosário (à época falecido), o capitão Wilson Machado e o general Newton Cruz (que teria conhecimento do atentado e nada tinha feito para impedi-lo). Contudo, em maio de 2000, o caso foi arquivado pelo STM, porquanto enquadrado na Lei de Anistia. Esta decisão referendada pelo Supremo Tribunal Federal (GUERRA, Cláudio, NETTO, Marcelo e MEDEIROS Rogério. **Op. cit.**, p. 164-178 e 243-246).

67 Francisco Menezes, citando David Charles Rapoport, encaixa a ação dos grupos armados esquerdistas que lutaram contra a ditadura militar brasileira na terceira onda do terrorismo (guerrilhas marxistas) – a primeira onda foi o "terror anarquista", a segunda onda é representada pelo terrorismo anticolonial (guiado pelo princípio da autodeterminação dos povos) e a quarta onda se traduz no terrorismo "de matriz religiosa" (MENEZES, Francisco. **Direito Penal Antiterrorista Brasileiro**, editora Tirant lo Blanch, 2022, p. 22-33).

68 "Edson Luís era um dos trezentos estudantes que no fim da tarde de 28 de março (de 1968) jatavam no restaurante que o governo construíra depois que, dois anos antes, demolira um outro, velho (o Calabouço)". O planejamento era realizar uma passeata-relâmpago, "mas a polícia achava que eles tramavam apedrejar a embaixada americana". Os manifestantes foram reprimidos pelas forças públicas. "A tropa da PM chegou às 18h, brandindo cassetetes. Os estudantes fugiram em duas direções e depois se reagruparam, avançando sobre os policiais com paus e pedras". No tumulto, o aspirante PM Aloísio Raposo disparou e atingiu Edson Luís no coração (VENTURA, Zuenir. **1968: O ano que não terminou**, editora Objetiva, 2ª edição, 2013, original publicado em 1988, p. 106-114).

69 GASPARI, Elio. **Op. cit.**, p. 276.

70 VENTURA, Zuenir. **Op. cit.**, p. 106.

71 GASPARI, Elio. **Op. cit.**, p. 280.

estudantis que acabou numa guerra campal. "Durante quase dez horas, o povo lutou contra a polícia nas ruas, com paus e pedras, e do alto dos edifícios, jogando garrafas, cinzeiros, cadeiras, vasos de flores e até uma máquina de escrever". O balanço desse enfrentamento, havido no Rio de Janeiro, foi "23 pessoas baleadas, quatro mortas, inclusive o soldado da PM Nelson de Barros, atingido por um tijolo jogado de um edifício, 35 soldados feridos a pau e pedra, seis intoxicados e 15 espancados pela polícia"[72]. Houve cerca de 1000 presos. Zuenir Ventura sentencia: "a morte de Edson Luís já tinha provocado grande comoção, a repressão na porta da Candelária chocara e indignara, mas o que de fato levou a população a tomar partido, a se revoltar, a entrar fisicamente em guerra, foi a "sexta-feira sangrenta"[73].

Nessa sequência de manifestações duramente reprimidas pelo regime, realizou-se a "Passeata dos Cem Mil". Desta feita não houve repressão por parte do 'sistema violador' e as lideranças estudantis, artistas, políticos e parte da sociedade civil puderam se manifestar livremente, num sopro de liberdade[74].

No que toca aos "revolucionários", Gaspari contabilizou dois assassinatos vindicativos, dois ataques a instituições militares, um ataque a comício (de Abreu Sodré), pelo menos dez explosões de bombas e roubos (expropriações) que totalizaram, segundo a polícia, 1,2 milhões de cruzeiros (cerca de 330 mil dólares ao câmbio da época)[75].

4.1. Os Atos Institucionais

4.1.1. Ato Institucional de 9 de abril de 1964

O Ato Institucional de 9 de abril de 1964 (editado originalmente sem número, porque se pretendia único – primeiro e último) traz, no seu preâmbulo, informações importantíssimas.

---

72 VENTURA, Zuenir. **Op. cit.**, p. 138.
73 VENTURA, Zuenir. **Op. cit.**, p. 146.
74 VENTURA, Zuenir. **Op. cit.**, p. 157-166.
75 GASPARI, Elio. **Op. cit.**, p. 328.

No primeiro parágrafo do preâmbulo, o normativo faz uso de eufemismo – o cinismo, com uso deliberado de palavras e expressões mais palatáveis em substituição à atroz realidade, é traço característico dos 'sistemas violadores de direitos fundamentais' –, chamando o golpe cívico-militar que derrubou João Goulart, presidente democraticamente eleito, e implantou um regime fechado de "autêntica revolução".

No parágrafo seguinte, os militares mascararam a intenção particular de tomar o poder e nele permanecer até quando fosse possível e se investiram na nobre função de garantidores do "interesse" e da "vontade da Nação".

Abrindo caminho para implantação de verdadeiro estado de exceção, caracterizado pelo superdimensionamento dos poderes do Executivo e pela ausência de discussão política plural, o terceiro parágrafo do preâmbulo do Ato Institucional 1 enuncia que "a revolução vitoriosa se investe no exercício do Poder Constituinte", com força normativa que não pode ser limitada "pela normatividade anterior à sua vitória". O fim do terceiro parágrafo traz uma promessa (não cumprida) de autolimitação do poder, indicando, falsamente, que o estado de exceção seria passageiro – a noite iniciada em 1º de abril de 1964 durou até 1985: "a revolução vitoriosa necessita de se institucionalizar e se apressa pela sua institucionalização a limitar os plenos poderes de que efetivamente dispõe".

Subindo o tom, e aqui não há máscaras ou eufemismos, no quinto parágrafo do preâmbulo, os Comandantes-em-Chefe do Exército, da Marinha e da Aeronáutica consignaram que "fica, assim, bem claro que a revolução não procura legitimar-se através do Congresso. Este é que recebe este Ato Institucional, resultante do exercício do Poder Constituinte, inerente a todas as revoluções, a sua legitimação". O aviso havia sido dado. A musculatura do Poder Executivo esmagaria o Poder Legislativo – e em alguns momentos o Poder Judiciário

– todas as vezes que isso fosse necessário para garantir o sucesso da "revolução".

O AI 1 manteve a Constituição de 1946 (artigo 1º), determinou que a 'eleição' para o cargo de presidente da República fosse indireta (artigo 2º), regulou algumas das competências do mandatário do Poder Executivo (artigos 3º e 6º), suspendeu por 6 meses as garantias constitucionais/legais da vitaliciedade e estabilidade (artigo 7º) – esse dispositivo permitiu expurgo dos opositores dos cargos públicos por eles ocupados, permitiu instauração de inquéritos/processos coletivos "pela prática de crime contra o Estado ou seu patrimônio e a ordem política e social ou de atos de guerra revolucionária" (artigo 8º), fixou data para eleição do presidente da República (artigo 9º), permitiu ao comando da "revolução", no interesse "da paz e da honra nacional", e sem observância das "limitações previstas na Constituição", suspensão de direitos políticos pelo prazo de 10 anos e cassação de mandatos legislativos federais, estaduais e municipais – esse artigo possibilitou a caça às bruxas no Poder Legislativo, com a cassação dos parlamentares opositores.

O Ato Institucional de 1964 foi subscrito pelo general Arthur da Costa e Silva – que, anos mais tarde, se tornaria o segundo presidente militar do período ditatorial –, pelo tenente-brigadeiro Francisco de Assis Correia de Mello e pelo vice-almirante Augusto Hamann Rademaker Grunewald.

Como resultado do Ato Institucional de 9 de abril de 1964, foram cassados 3 ex-presidentes (Juscelino Kubitschek, Jânio Quadros e João Goulart), 6 governadores, 2 senadores, 63 deputados federais e mais de 300 deputados estaduais e vereadores. Foram reformados compulsoriamente 77 oficiais do Exército, 14 da Marinha e 31 da Aeronáutica. Quase 10 mil funcionários públicos foram demitidos[76].

---

76 **BNM**, p. 59.

4.1.2. Ato Institucional 2

No preâmbulo do Ato Institucional 2, de 27 de outubro de 1965, enuncia-se que a "Revolução é um movimento que veio da inspiração do povo brasileiro" com o fito de atender "suas aspirações mais legítimas: erradicar uma situação e um Governo que afundavam o País na corrupção e na subversão".

O normativo demonstra, uma vez mais, que o golpe militar não foi pontual e não objetivava apenas derrubar o presidente João Goulart, mas a perpetuação do poder político nas mãos dos oficiais que o detinham: "não se disse que a revolução foi, mas que é e continuará".

O parágrafo seguinte do preâmbulo deixa claro que a tal "autolimitação" ensaiada no Ato Institucional de 1964 não seria, de fato, observada[77]. Em outras palavras, afastado o eufemismo característico de regimes fechados quando impõe limitações abusivas a direitos fundamentais, o poder político do Executivo continuaria ilimitado, perpetuando a sensação de um estado de exceção.

Demonstrando que não haverá tolerância à livre manifestação de pensamento e à oposição às ideias impostas pelo regime militar, os detentores do poder político afirmam no normativo que "agitadores de vários matizes" e "elementos da situação eliminada" (apoiadores/simpatizantes do governo deposto no golpe) "teimam, entretanto, em se valer do fato de haver ela (a 'revolução') reduzido a curto tempo o seu período de indispensável restrição a certas garantias constitucionais, e já ameaçam e desafiam a própria ordem revolucionária".

Em uma curiosa – para não dizer trágica – manifestação acerca da democracia, o preâmbulo do AI 2 afirma que a "democracia supõe liberdade, mas não exclui responsabilidade

77 "A autolimitação que a revolução se impôs no Ato Institucional, de 9 de abril de 1964 não significa, portanto, que tendo poderes para limitar-se, se tenha negado a si mesma por essa limitação, ou se tenha despojado da carga de poder que lhe é inerente como movimento" (preâmbulo do Ato Institucional 2).

nem importa em licença para contraria a própria vocação política da Nação". Ou seja, na interpretação da ditadura militar brasileira, a "vocação política" do Brasil era a perpetuação das ideias impostas pelo sistema violador de direitos fundamentais que comandava, com mão de ferro, os rumos o país. A "democracia" proposta consistia em não desafiar o regime fechado: "não se pode desconstituir a revolução, implantada para restabelecer a paz, promover o bem-estar do povo e preservar a honra nacional".

O Ato Institucional 2 modificou o número de Ministros do Supremo Tribunal Federal (de 11 para 16[78]) – artigo 6º. Como a indicação dos Ministros do Pretório Excelso compete ao presidente da República, a manobra significou, na prática, o controle do Judiciário pelo superdimensionado Poder Executivo.

Houve, ainda, alteração da competência da Justiça Militar, que passou a julgar civis nos crimes contra a segurança nacional ou contra as instituições militares (artigo 8º); manutenção da eleição indireta para presidente e vice-presidente da República (artigo 9º); suspensão das garantias constitucionais da vitaliciedade, inamovibilidade e estabilidade (artigo 14); suspensão de direitos políticos (pelo prazo de 10 anos) e cassação de mandatos legislativos federais, estaduais e municipais por ato do presidente da República no interesse da preservação/consolidação da 'revolução' (artigo 15).

Por fim, o Ato Institucional 2 permitiu que o presidente da República decretasse o recesso do Congresso Nacional, das Assembleias Legislativas e das Câmaras de Vereadores, em estádio de sítio ou fora dele – eufemismo para permitir que a ditadura determinasse o efetivo fechamento do Poder Legislativo quando bem lhe aprouvesse (artigo 31). No "recesso parlamentar" forçado, por ato do presidente da

78 O Supremo Tribunal Federal só voltaria a ter 11 Ministros depois da publicação do Ato Institucional número 6, de 1º de fevereiro de 1969.

República, o Poder Executivo ficava autorizado a legislar mediante decretos-leis.

Em síntese apertada, o normativo subjugou o Poder Judiciário (artigo 6º), o Poder Legislativo (artigo 31) e os opositores do regime (artigos 8º e 15).

4.1.3. Atos Institucionais 3 e 4

O Ato Institucional número 3, de 5 de fevereiro de 1966, reafirma, quase dois anos após do golpe cívico-militar, que a 'revolução' continua ostentando poderes excepcionais (sendo expressão do poder constituinte originário).

Por meio do normativo, a eleição para governador e vice--governador se transmudou em indireta.

O Ato Institucional número 4, de 7 de dezembro de 1966, convoca o Congresso Nacional – que estava fechado, em virtude de "recesso" determinado pelo Poder Executivo por meio do Ato Institucional 2 – para discussão, votação e promulgação de uma nova Constituição (o projeto foi apresentado pelo presidente da República). No mês seguinte, em 24 de janeiro de 1967, a Constituição Federal foi promulgada pelas mesas das Casas do Congresso Nacional – o sistema violador total ditatorial brasileiro dava mais um importante passo rumo à institucionalização do regime fechado.

4.1.4. Ato Institucional 5

Passados 4 anos da derrubada do governo democraticamente eleito, a 'revolução' seguiu editando atos normativos capazes de vergar a Constituição Federal. Em 13 de dezembro de 1968, depois da reunião que ficou conhecida como a "missa negra"[79], o Poder Executivo editou o famigerado Ato

79 O estopim (ou pelo menos a retórica) para edição do AI 5 foi o discurso do deputado Márcio Moreira Alves, em 2 de setembro de 1968, com críticas ao regime. Os militares insistiram em uma 'licença' da Câmara dos Deputados para que o parlamentar fosse processado no Supremo Tribunal Federal (o que era juridicamente inviável, porque o deputado era inviolável materialmente por seus discursos, palavras e votos). A substituição de nove membros da Comissão de Constituição e Justiça da Câmara viabilizou a aprovação da 'licença'. Contudo, em plenário, a 'licença'

Institucional 5, com o objetivo de preservar "a ordem, a segurança, a tranquilidade, o desenvolvimento econômico e cultural e a harmonia política e social" do país. Esses pilares estariam sendo comprometidos por "processos subversivos e de guerra revolucionária" (preâmbulo do AI 5).

Uma vez mais, o Poder Executivo se arvorou da prerrogativa de decretar "recesso" do Congresso Nacional, das Assembleias Legislativas e das Câmaras de Vereadores, em estado de sítio ou fora dele (artigo 2º), suspender direitos políticos (pelo prazo de 10 anos) e cassar mandatos eletivos federais, estaduais e municipais "sem as limitações previstas na Constituição" (artigo 4º).

Foram suspensas, uma vez mais, as garantias constitucionais/legais da vitaliciedade, inamovibilidade e estabilidade, com expressa autorização para que o presidente da República, mediante decreto, pudesse demitir, remover aposentar ou por em disponibilidade funcionários públicos civis e demitir, transferir para reserva ou reformar militares ou membros das polícias militares (artigo 6º).

As 'novidades' funestas foram a suspensão da garantia de *habeas corpus* nos casos de "crimes políticos, contra a segurança nacional, a ordem econômica e social e a economia popular" (artigo 10) e a exclusão "de qualquer apreciação judicial" de "todos os atos praticados de acordo com este Ato Institucional e seus Atos Complementares, bem como os respectivos efeitos" (artigo 11).

Os artigos 10 e 11 findaram acobertado todas as ações abruptas do sistema persecutório (tanto o da 'superfície' quanto o do 'porão'), liberando todas as amarras outrora

foi rejeitada (216 votos contra, 141 a favor e 12 em branco, no dia 12 de dezembro de 1968). Essa derrota política do regime militar serviu de justificativa para a reunião que ficou conhecida como a "missa negra" e culminou com a edição do Ato Institucional 5, que durou até 1º de janeiro de 1979 (VENTURA, Zuenir. **Op. cit.**, p. 253-278). O Projeto Brasil: Nunca mais lista três fatores preponderantes para edição do AI 5: i) as denúncias sustentadas dentro do próprio partido de oposição criado pelo regime; ii) o crescimento das manifestações de rua; e iii) o surgimento de grupos de oposição armada (**BNM**, p. 60).

existentes para que o cérbero do regime atuasse impunemente na perseguição dos 'inimigos' do Estado.

O Ato Institucional 5 durou até 31 de dezembro de 1978, no fim do governo Geisel.

4.1.5. Atos Institucionais 6 a 17

Dos Atos Institucionais seguintes, destaco os de número 6 (de 1° de fevereiro de 1969), que restabeleceu a composição do Supremo Tribunal Federal (11 Ministros), e 13 (de 5 de setembro de 1969), que incluiu a pena de banimento do brasileiro "que, comprovadamente, se tornar inconveniente, nocivo ou perigoso à segurança nacional". Institui-se, assim, a expulsão do 'inimigo' do 'sistema violador' do território brasileiro.

Sublinho, ainda, o Ato Institucional número 12, de 1° de setembro de 1969. Neste, foi reconhecido o impedimento temporário do presidente da República, Marechal Arthur da Costa e Silva, por motivo de saúde, e foi empossada uma junta provisória composta pelos Ministros da Marinha (Augusto Hamann Radameker Grünewald), do Exército (Aurélio de Lyra Tavares) e da Aeronáutica (Márcio de Souza e Mello).

O referido AI 12 é um referencial importante no estudo do 'sistema violador total de direitos fundamentais' da ditadura militar brasileira porque representa o pano de fundo de quase todas as decisões tomadas pelos regimes fechados – a manutenção do *status quo*. As decisões, nos 'sistemas violadores', são sempre envoltas na névoa da retórica e procuram esconder a clara intenção da perpetuação do poder político, com o esmagamento de toda oposição que ousa desafiar o regime. Nos bastidores da decisão política de constituir uma junta provisória para governar o Brasil no período de impedimento do presidente Costa e Silva, Elio Gaspari revelou uma macabra trama que negou pronto socorro a um mandatário que sofria uma isquemia cerebral e que foi mantido no

Palácio das Laranjeiras, no Rio de Janeiro, sem atendimento médico adequado, para evitar a assunção do vice-presidente, Pedro Aleixo, e a manutenção do poder político nas mãos dos militares[80].

O real estado de saúde do presidente Costa e Silva só foi tornado público por meio da edição do Ato Institucional número 16, de 14 de outubro de 1969, que reconheceu a vacância do cargo e, ao invés de reconhecer e empossar o vice-presidente, declarou vago seu cargo (artigo 2º), determinando eleição indireta, pelo Congresso Nacional (artigo 4º), com exercício provisório da chefia do Poder Executivo pelos Ministros militares (artigo 3º). Da manobra política objetivando a manutenção do poder nas mãos dos 'revolucionários', foi 'eleito' presidente da República o chefe do Serviço Nacional de Informações (SNI), general Emílio Garrastazu Médici.

4.2. Lei de Segurança Nacional

Na construção do 'sistema violador total de direitos fundamentais', depois da instalação de um regime fechado (totalitário/ditatorial/autoritário), da eleição do(s) inimigo(s) do Estado, o passo seguinte é a criminalização do 'ser', do 'crer' e/ou do 'pensar' dos opositores ('Direito Penal do autor'), com imposição de tratamento mais severo destes, quando comparado ao tratamento dispensado ao 'cidadão comum' – 'Direito Penal do inimigo'.

Na ditadura militar brasileira, o 'inimigo' eleito foi o opositor da 'revolução' – pessoas ligadas ao governo democrático derrubado pelo golpe cívico-militar de abril de 1964, militantes da esquerda que divergiam das ideias impostas pelo sistema, enfim, qualquer indivíduo que ousasse contrariar o regime. A criminalização do 'subversivo', do 'terrorista' foi levada a cabo pelas sucessivas Leis de Segurança Nacional

80 GASPARI, Elio. **A Ditadura Escancarada**, editora Intrínseca, 2ª edição, 2014, original publicado em 2002, p. 71-87.

(Lei 1.802/53, Decreto-Lei 314/67, Decreto-Lei 898/69, Lei 6.620/78 e Lei 7.170/83[81]).

Por óbvio, a imputação de uma conduta criminosa tipificada em lei penal incriminadora foi apenas o pano de fundo para atuação feroz dos órgãos que faziam parte do sistema persecutório do 'sistema violador total de direitos fundamentais' da ditadura militar brasileira.

A persecução penal justificou, durante o regime militar, tanto a atuação dos órgãos que estavam da superfície, quanto os órgãos do 'porão', integrantes do sistema formal que atropelavam a lei e não eram punidos por suas atrocidades – uma verdadeira 'guerra suja'.

4.3. Lei de imprensa

Outro marco legal do 'sistema violador total de direitos fundamentais' da ditadura militar brasileira foi a Lei 5.250, de 9 de fevereiro de 1967. Referido mandamento regulava "a liberdade de manifestação do pensamento e de informação".

O artigo 1º proclamava ser "livre a manifestação do pensamento e a procura, o recebimento e a difusão de informações ou idéias (*sic*), por qualquer meio, e sem dependência de censura, respondendo cada um, nos têrmos (*sic*) da lei, pelos abusos que cometer". Contudo, os dois parágrafos do artigo o restringiam. O § 1º asseverava que "não será tolerada a propaganda de guerra, de processos de subversão da ordem política e social ou de preconceitos de raça ou classe". O § 2º excepcionava a liberdade garantida no caput em relação a "espetáculos e diversões públicas", que estaria "sujeitos à censura, na forma da lei". O dispositivo também suspendia a liberdade de manifestação de pensamento na vigência do estado de sítio, quando o governo poderia "exercer a censura sôbre (*sic*) os jornais ou periódicos e emprêsas (*sic*) de

81 Revogada pela Lei 14.197/21 (que atualmente regula os crimes cometidos contra o Estado Democrático de Direito).

radiodifusão e agências noticiosas nas matérias atinentes aos motivos que o determinaram, como também em relação aos executores daquela medida".

Seguindo a linha do 'é permitido, mas há exceções' – e as exceções limitavam sobremaneira a regra –, o artigo 2º afirmava ser livre a publicação e circulação de livros, jornais e periódicos, mas proibia os que fossem considerados "clandestinos" ou que atentassem contra a "moral e os bons costumes".

A criminalização do 'pensar' foi materializada no Capítulo III da Lei 5.250/67. Punia-se, por exemplo, a propaganda "de guerra, de processos para subversão da ordem política e social ou de preconceitos de raça ou classe" (artigo 14) e "ofender a moral pública e os bons costumes" (artigo 17). Os impressos que contivessem conteúdo proibido referido nos artigos citados (14 e 17) estavam sujeitos à apreensão (artigo 61).

5. Estrutura persecutória do 'sistema violador total de direitos fundamentais' da ditadura militar brasileira

Sistemas totalitários/ditatoriais/autoritários normalmente são sustentados por aparelhos persecutórios que se dedicam, prioritariamente, a perseguir 'inimigos' e, assim, perpetuar o regime fechado evitando qualquer forma de oposição. Os órgãos policiais/militares assumem o papel de cérbero[82], traduzindo-se em fiadores da 'estabilidade' necessária à manutenção do *status quo*: há um superdimensionamento da atuação dos órgãos policiais e militares, que agem sem nenhum controle efetivo.

A 'estabilidade' é conseguida, normalmente, por meio da propaganda e pelo terror. A propaganda bombardeia a sociedade de forma contínua deixando claro qual é o 'modelo' de

82 Fera da mitologia grega (cão de três cabeças) que guardava a entrada do mundo inferior (o reino subterrâneo dos mortos), deixando as almas entrarem, mas jamais saírem e despedaçando os mortais que por lá se aventurassem.

'cidadão de bem' (amigo) e quem se traduz em 'pária' (inimigo), reduzindo a complexa discussão política à simples dualidade: ou se está do lado do regime ou contra ele. O sistema totalitário/ditatorial/autoritário procura, ainda, difundir a sensação de onipresença e onisciência do aparelho persecutório.

O 'adestramento' da sociedade é completado pela atuação feroz do aparelho persecutório. Tortura, prisões desarrazoadas e por longos períodos, incomunicabilidade, impossibilidade (ou dificuldade) da atuação defensiva, provas forjadas e liquidações físicas (judiciais e extrajudiciais) são os ingredientes presentes e observados ao longo da história quando se estuda os aparelhos persecutórios que deram sustentação a regimes fechados.

A sociedade é cientificada que o 'cidadão de bem' não será perseguido, porque apoia o regime, e é o cidadão desejado por este sob o aspecto comportamental, moral, religioso, dentre outros. Este cidadão dócil e afinado com o regime não precisa temer a polícia, porque essa 'saberá' o identificar como 'amigo'. O 'inimigo', por outro lado, será expiado, seviciado, preso, terá seus bens confiscados e correrá sempre o risco de perder seu bem mais precioso, a vida. A ideia é transformar a oposição ao regime uma atividade com alto custo – manifestar insatisfação pode custar a liberdade, a integridade física e, até mesmo, a vida.

Essa parece ser a fórmula replicada ao longo da história por 'sistemas violadores' para manutenção do líder totalitário (ou ditador) e seus asseclas no poder[83].

Na ditadura militar brasileira (1964-1985), o sistema repressivo voltado à 'erradicação' do inimigo (subversivo) contou com diversos órgãos que atuavam na inteligência

83 O regime fechado é pedante. Limita além da conta os direitos dos seus súditos e crê que possui uma régua para outorgar à sociedade apenas a liberdade que ela "precisa". Geisel (quarto presidente do período ditatorial aqui estudado) costumava repetir que "a liberdade que se precisa para viver, essa existe. Não há liberdade é para a bagunça, a baderna, a ação contra o governo" (GASPARI, Elio. **Op. cit.**, p. 102).

(serviços de informação), na prevenção e na investigação dos atos tachados como criminosos perpetrados pelos opositores do regime (o foco aqui será a persecução voltada à prática dos crimes políticos).

No âmbito da inteligência, é possível destacar os serviços de informações das forças armadas (CIE – Centro de Informações do Exército[84], CENIMAR – Centro de Informações da Marinha e CISA – Centro de Informações e Segurança da Aeronáutica) e o SNI – Serviço Nacional de Informações[85].

A polícia ostensiva (militar) atuava reprimindo duramente manifestações e passeatas – vide, à guisa de exemplo, a dura repressão a manifestações e passeatas no Rio de Janeiro, no ano de 1968, no tópico 4 deste capítulo.

Na investigação/repressão aos crimes políticos, havia o DOPS (Departamento de Ordem Política e Social) e, posteriormente, o DOI-Codi (Destacamento de Operações de Informação – Centro de Operações de Defesa Interna)[86]. Por fim, é possível lembrar – e criticar – a atuação da Justiça Militar para julgar e punir civis supostamente envolvidos

---

84 O surgimento, no 'sistema violador total' da ditadura militar brasileira, do CIE (para enfrentar o movimento estudantil, que se organizava cada vez mais para fazer oposição ao regime) foi descrito pelo coronel Fiúza de Castro como a criação de um "martelo-pilão para matar uma mosca". Segundo o oficial, talvez não fosse uma boa solução, mas a não havia dúvida que a mosca ('inimigos do sistema') seria "esmagada" (VENTURA, Zuenir. **Op. cit.**, p. 184-185).

85 Criado e dirigido, de 1964 a 1967, pelo general Golbery do Couto e Silva. O artigo 2º da Lei 4.341, de 13 de junho de 1964, que criou o SNI, assevera que o órgão tinha "por finalidade superintender e coordenar, em todo o território nacional, as atividades de informação e contra informação, em particular as que interessem à Segurança Nacional". Do poderoso SNI, chamado em 1981 pelo seu próprio criador de "monstro", saíram dois presidentes militares: Ernesto Geisel e João Baptista Figueiredo (GASPARI, Elio. **Op. cit.**, p. 38).

86 O DOI-Codi (que surgiu efetivamente em janeiro de 1970) representou a simbiose das Forças Armadas e do aparelho estatal investigativo na repressão dos 'inimigos' do 'sistema violador total de direitos humanos' da ditadura militar brasileira. Pode-se apontar, como gênese dessa funesta experiência de estrutura mista (forças militares de defesa e forças internas de segurança pública) a OBAN – Operação Bandeirante, composta "com efetivos do Exército, Marinha, Aeronáutica, Polícia Política Estadual, Departamento de Polícia Federal, Polícia Civil, Força Pública, Guarda Civil – todos os tipos, enfim, de organismos de segurança e policiamento" (**BNM**, p. 71-72). A OBAN, que nasceu no II Exército (São Paulo), era chefiada por um oficial Exército e contava com equipes de requisitados: policiais militares, delegados e escreventes de polícia. Havia cartório para tomada de depoimentos e carceragem própria. "Buscava-se a centralização das atividades repressivas nas grandes cidades. As delegacias policiais, inclusive o DOPS, estavam obrigadas a mandar à Oban todos os suspeitos de atividades terroristas". Criou-se um "corpo de política dentro do Exército, funcionando numa zona militar no parque do Ibirapuera". Com o apoio do então prefeito de São Paulo, Paulo Maluf, e do governador, Roberto de Abreu Sodré, a OBAN foi a seguir instalada em espaço numa delegacia de polícia, na esquina das ruas Tomás Carvalhal e Tutoia, a cinco minutos do QG do Ibirapuera (GASPARI, Elio. **Op. cit.**, p. 62). "A bibliografia do combate ao terrorismo mostra que muitas vezes as forças policiais são insuficientes para conduzi-lo, mas o que se montou no Brasil foi uma trapalhada onde se juntaram os vícios da 'meganha' aos males da militarização das operações" (GASPARI, Elio. **Op. cit.**, p. 69).

com 'crimes políticos' ou contra a 'segurança nacional'. 'Sistemas violadores de direitos fundamentais' precisam contar com a conivência e o apoio do Poder Judiciário para ratificar, por meio de sentenças condenatórias, as investidas contra os 'inimigos' do Estado.

Na atuação de todos esses órgãos, havia uma coisa em comum: o desrespeito sistemático de direitos fundamentais – interceptações telefônicas clandestinas, violência na repressão a passeatas e manifestações populares, prisões ilegais, incomunicabilidade, tortura institucional e execuções extrajudiciais.

Além dos órgãos persecutórios da 'superfície', havia o porão (o subterrâneo). A ditadura militar brasileira também atuou fortemente na repressão aos seus 'inimigos' completamente à margem da lei e da luz. Na atuação subterrânea, o 'sistema violador total de direitos fundamentais' é ainda mais agressivo, porque ninguém o vê e não há necessidade de observância de qualquer ditame legal. Quando o sistema atua à luz do dia é preciso ao menos fingir o respeito à lei; se a atuação é nas sombras, longe dos olhos da sociedade, nem isso.

Na obra 'Memórias de uma guerra suja', o então delegado de Polícia Civil do Espírito Santo, Cláudio Guerra, narrou as atrocidades cometidas nos porões da ditadura militar brasileira por esse aparelho militar/policial 'informal'[87]. O porão contava, inclusive, com locais específicos[88] para prática de

87 "Ao lado do delegado paulista Sérgio Paranhos Fleury, o também delegado capixaba Cláudio Antonio Guerra sobressaiu nas execuções de adversários do regime militar". Ambos foram recrutados pelo 'sistema violador total de direitos fundamentais' da ditadura militar brasileira "pelos desempenhos à frente dos esquadrões da morte do Espírito Santo e de São Paulo nos anos 1970, e já por aquela época eram tidos como os mais sanguinários matadores para os que se encontravam em atividade política esquerda no Brasil" (GUERRA, Cláudio, NETTO, Marcelo e MEDEIROS Rogério. **Op. cit.**, p. 25). Guerra assevera que sua participação "na guerra contra a esquerda no Brasil pode ser dividida em duas fases: a primeira foi de execução dos inimigos do regime militar. Eu era convocado e matava. Muito eficiente, passei a ter importância crescente na comunidade de informações, que organizava o combate aos comunistas". Cláudio Guerra deixa claro o objetivo da atuação do 'porão': eliminar a contestação ao regime ditatorial. Se para isso fosse necessário a liquidação física, ele era um dos instrumentais à disposição do sistema. Guerra continua: "na segunda fase tornei-me estrategista, braço direito dos coronéis linha-dura, ganhando prestígio e poder, participando de discussões secretas, votando pela eliminação de pessoas, planejando e liderando atentados a bomba" (GUERRA, Cláudio, NETTO, Marcelo e MEDEIROS Rogério. **Op. cit.**, p. 35). Sobre Fleury, Elio Gaspari sentencia: "nunca na história brasileira um delinquente adquiriu sua proeminência" (**Op. cit.**, p. 67).

88 O Projeto Brasil: Nunca mais lista 'A Casa dos Horrores' (no Ceará), 'A casa de São Conrado' (no Rio de Janeiro), a

tortura – ou para liquidação física de 'inimigos' – fora das estruturas formais. Nesses imóveis, nos quais os torturadores se utilizavam de codinomes para não serem identificados, as sevícias eram praticadas com ainda mais tranquilidade em face da certeza da impunidade.

Retratando o porão da ditadura militar brasileira, em uma passagem absolutamente impactante da antológica obra *1968: O ano que não terminou,* Zuenir Ventura narra com riqueza impressionante de detalhes o "Caso Para-Sar"[89] (unidade de paraquedistas especializada em socorro e salvamento, principalmente na selva). O sinistro caso se traduziu no planejamento de ataques terroristas que objetivavam "não só a execução de personalidades políticas, mas também a morte de 100 mil habitantes do Rio" como resultado da explosão de um gasômetro no início da avenida Brasil, na hora do *rush*, e a destruição da represa de Ribeirão das Lajes. O objetivo era jogar a responsabilidade dos atentados no colo dos 'comunistas'. Seriam liquidados fisicamente personalidades como Jânio Quadros, Juscelino Kubitschek, D. Helder Câmara, o general Olympio Mourão Filho e Carlos Lacerda, ex-governador da Guanabara e agora 'inimigo' do regime. A lista de personalidades a serem eliminadas totalizava 40 nomes, tudo para "livrar o Brasil do comunismo".

O plano macabro foi elaborado pelo brigadeiro Paulo Burnier, chefe de gabinete do ministro da Aeronáutica, e exposto na reunião realizada às 13 horas do dia 14 de junho de 1968, no 11° andar do prédio do Ministério da Aeronáutica. Na exposição, ricamente detalhada na citada obra de Zuenir Ventura, o brigadeiro Burnier asseverou que "para cumprir missões de

famosa 'Casa de Petrópolis' (conhecida como a 'Casa da Morte'), o 'Colégio Militar de Belo Horizonte' e a 'Fazenda e a casa de São Paulo' (**BNM**, p. 237-244). Havia, ainda, os cemitérios clandestinos, listados pelo ex-delegado do DOPS Cláudio Guerra – tais cemitérios clandestinos eram o destino dos 'inimigos' depois do 'desaparecimento forçado' (liquidação física), prática funesta que foi normalizada pela ditadura militar (GUERRA, Cláudio, NETTO, Marcelo e MEDEIROS, Rogério. **Op. cit.**, p. 59-66).

89 VENTURA, Zuenir. **Op. cit.**, p. 207-216.

morte na guerra, é preciso matar na paz. Matar com sangue-frio, sem que a mão trema". Exemplificando os alvos dessa missão sangrenta do Para-Sar, o expositor citou Carlos Lacerda – que passou de apoiador do golpe cívico-militar a 'inimigo' do 'sistema violador'. "Elementos indesejáveis serão lançados de navio, ou avião, a quarenta quilômetros da costa", esclareceu o brigadeiro. Ergueu-se contra seu superior, contudo, a voz do capitão Sérgio Ribeiro Miranda de Carvalho, conhecido como Sérgio Macaco, que considerou a fala do brigadeiro "imoral, inadmissível a um militar de carreira".

A veemente oposição do capitão Sérgio, a quem tinha sido prometida uma quinta medalha "de sangue em tempo de paz" (ele tinha quatro) caso aceitasse embarcar na empreitada terrorista, freou o funesto plano do brigadeiro Burnier. A nobre intervenção do oficial, contudo, custou-lhe uma transferência, um processo (ele findou sendo absolvido no Superior Tribunal Militar) e a reforma, em setembro de 1969[90]. O 'sistema violador total de direitos fundamentais' cuidou de perseguir o capitão Sérgio e de taxá-lo de louco, optando por ficar do lado do brigadeiro Burnier, que desmentiu ter proposto as ações criminosas, apesar do testemunho de 37 cabos e sargentos do Para-Sar, que confirmaram a versão do capitão Sérgio.

Em uma impactante síntese, Cláudio Guerra sentencia:

> Em nome da segurança do Estado brasileiro, os membros da comunidade de informações podiam tudo: perseguir, grampear, investigar, julgar, condenar, interrogar, torturar, matar, desaparecer com o corpo e alijar famílias do paradeiro de seus entes queridos. Não havia código de ética, nem formal, nem informal, que direcionasse nossas condutas. Tudo era permitido[91].

90 No dia 30 de setembro, a caminho da porta de saída, a Junta liquidou a conta do caso Para-Sar e expulsou da Aeronáutica o capitão Sérgio Miranda de Carvalho. Sérgio Macaco não aceitara as sugestões para aquietar-se em nome da unidade da FAB" (GASPARI, Elio. **Op. cit.**, p. 124).

91 GUERRA, Cláudio, NETTO, Marcelo e MEDEIROS Rogério. **Op. cit.**, p. 98.

6. Indicadores relacionados a sistemas violadores aplicáveis à ditadura militar brasileira

Passemos, agora, à análise de alguns dos atropelos aos direitos fundamentais dos alvos da persecução penal da ditadura militar brasileira, com o fito de categorizá-lo como um 'sistema violador total de direitos fundamentais'[92].

6.1. A privação de liberdade como regra na seara investigativa

A privação de liberdade foi ferramenta largamente utilizada pelo aparelho persecutório da ditadura militar brasileira para afastar os 'inimigos' do regime do convívio social, isolando-os e passando importante 'recado' para os cidadãos em geral: opositores são criminosos e, como tal, serão presos[93]. Nas semanas seguintes à deposição do presidente João Goulart, por exemplo, prenderam-se pouco mais de 5 mil pessoas[94].

A estratégia para a obtenção das confissões/delações era simples: i) prisão cautelar do 'inimigo'; ii) incomunicabilidade (impedir o acesso do preso a seu advogado, a seus familiares e amigos o fragiliza – é um claro recado de que o detido está só e que ninguém saberá as sevícias que ele vai sofrer); iii) submissão do preso às mais variadas técnicas de tortura para obtenção da declaração/informação/confissão pretendida.

O encarceramento, quando materializado por um 'sistema violador total de direitos fundamentais', é, indubitavelmente, um dos instrumentos mais 'eficientes' para 'quebrar a alma' do 'inimigo'. A sensação de solidão/isolamento referida supra

92 Atropelos que podem ser sintetizados na expressão "sinistro balé" (dançado, de um lado, pelo aparelho repressor e, de outro, pelos militantes que desafiavam o regime), usada por Fernando Gabeira: "suicídios forjados, gente pendurada de cabeça para baixo, testículos esmagados a pontapé" (GABEIRA, Fernando. **O que é isso companheiro?**, Estação Brasil, 2016, original publicado em 1979, p. 50).

93 "Num completo desrespeito a todas as garantias individuais dos cidadãos, previstas na Constituição que os generais alegavam respeitar, ocorreu uma prática sistemática de detenções de detenções na forma de sequestro, sem qualquer mandado judicial nem observância de qualquer lei" (**BNM**, p. 75).

94 GASPARI. Elio. **Op. cit.**, p. 132.

(ocasionada pela incomunicabilidade) contribui sobremaneira para que o preso se sinta fragilizado. O detido passa a recear o atropelo dos seus direitos fundamentais, caso ele não 'colabore' com o sistema, confessando e delatando seus 'comparsas' nas 'atividades subversivas'[95].

Ciente de que está 'nas mãos' do Estado e que é apenas e tão somente um objeto da persecução penal (e não um sujeito de direitos), o 'inimigo' do regime tem duas saídas: confessar/delatar ou ser cada vez mais seviciado pelo 'sistema violador', opção que, por vezes, pode custar sua vida.

O projeto *Brasil: Nunca Mais* explicitou que "a formação dos inquéritos policiais de presos políticos era, a partir de 1969, dividida em duas partes": i) uma primeira na qual o preso ficava submetido aos "DOI-Codis ou dos organismos de segurança das Forças Armadas"; ii) a fase do "cartório", na qual os detidos eram transferidos para os DOPS ou para a Polícia Federal, órgãos "encarregados de 'formalizar' os inquéritos".

Na 'primeira fase', o preso, incomunicável, era submetido a sevícias com o objetivo de confessar/deletar. Eram os "interrogatórios preliminares". Muitas vezes os detidos eram interrogados encapuzados e os "seus interrogadores usavam codinomes ou apelados e não se identificavam aos presos" – a impunidade pela prática da tortura 'institucional' era a tônica do regime.

Quando os órgãos de informação estavam satisfeitos com as informações/declarações/confissões extraídas a fórceps, transferiam os presos para que tudo fosse 'colocado no papel'. Caso o detido resolvesse se retratar no momento da formalização do apuratório, era novamente torturado no DOPS ou era devolvido ao DOI-Codi para ser 'convencido' a sustentar sua confissão/delação[96].

---

95 "A pior coisa que tem na tortura é esperar, esperar para apanhar". A frase é da ex-presidente Dilma Rousseff, que no recorte aqui estudado era a 'Estela' da VAR-Palmares (GASPARI, Elio. **Op. cit.**, p. 42).
96 **BNM**, p. 173-176.

Não era raro que 'inimigo' detido fosse compelido a assinar interrogatório que não prestara. Relato da professora Izabel Marques Tavares, de 30 anos, em 1972:

> (...) que antes de assinar o depoimento durante o IPM, depoimento do qual não conhecia o teor, passou a interroganda por várias torturas físicas e psicológicas sendo, inclusive, submetida nua a choques elétricos no ânus e beliscões nos seios, a passeios de automóveis com paradas em lugares ermos, onde se ameaçava a sua vida, com ameaças constantes contra seu marido que, por duas vezes, pudera ver no Hospital Militar em estado de coma e, uma vez, sendo torturado numa das salas do DOI (...)[97]

6.2. A incomunicabilidade

A incomunicabilidade (proibição de qualquer contato com o preso) faz com que o 'inimigo' do 'sistema violador' se sinta, como dito, completamente à mercê do aparelho persecutório estatal[98]. Desaparece, aqui, a expectativa de compartilhamento das sevícias sofridas[99] (para denunciá-las) e a possibilidade de qualquer pedido de socorro. Não é possível receber qualquer orientação jurídica e a estratégia defensiva fica apenas a cargo do próprio preso e de quanto tempo de sofrimento seu corpo e sua mente podem suportar, vez que ele não sabe exatamente o que seus comparsas falaram em seus respectivos interrogatórios.

Elio Gaspari revela que três meses depois da edição do AI 5, "estabeleceu-se que os encarregados de inquéritos políticos podiam prender quaisquer cidadãos por sessenta dias, dez

---

97 **BNM**, p. 208.

98 "Os presos por motivação política foram submetidos, nesses anos de Regime Militar, a longos períodos de incomunicabilidade, quer para seus familiares quer para seus advogados" (**BNM**, p. 173).

99 Fernando Gabeira revela que "a noção de tempo era roubada do torturado. Ele não podia jamais saber que horas eram, pois aguentaria mais alguns mais alguns minutos e, em muitos casos, poderia salvar uma vida. A noção de tempo não se conta apenas com os ponteiros pequenos. A noção de tempo tapado era também o exercício da onipotência fantástica do torturador. Sua fantasia suprema de dominação sobre o outro só é possível se articulada com outra fantasia: a da ausência de tempo. A tortura só é perfeita se o tempo não passa. O tempo é a sua morte" (GABEIRA, Fernando. **Op. cit.**, p. 186). Esse controle do tempo pelo algoz é, indubitavelmente, facilitado sobremaneira pela incomunicabilidade.

dos quais em regime de incomunicabilidade". Gaspari arremata que "em termos práticos, esses prazos destinavam-se a favorecer o trabalho dos torturadores"[100].

6.3. A tortura (obtenção de confissões/delações e inversão da lógica investigativa)[101]

O regime ditatorial brasileiro 'institucionalizou' a tortura. Quero dizer com isso que as sevícias com o fito de obtenção de confissões e delações foi alçada a prática corriqueira dos órgãos persecutórios. Um verdadeiro meio de obtenção de provas. Não me refiro a uma conduta criminosa eventual e reprovável de um ou alguns policiais ou militares, mas de uma prática não só tolerada como estimulada[102]. Um instrumental racionalmente e amplamente utilizado pelos agentes estatais, levado a efeito para combater a 'subversão'[103].

Penso que a tortura pode assumir duas formas/apresentações: i) ser uma prática inadmitida pelo Estado (porque criminosa) – nessa 'forma/apresentação', quando a tortura é perpetrada por um policial/militar, o caso ganha destaque, é acompanhado de perto pela sociedade e seriamente investigado, com consequente punição dos envolvidos; ii) ser uma prática 'institucionalizada' – aqui a violência física ou mental é um instrumento para elucidação do caso investigado, uma ferramenta, um meio de obtenção de prova diuturnamente utilizado pelo Estado.

Quando há 'institucionalização' da tortura, doutra banda, duas são as possibilidades: i) prática legalmente admitida (observada, por exemplo, no 'sistema violador total' da

100 GASPARI, Elio. **Op. cit.**, p. 343.

101 "Explorar as fraquezas humanas surgia como um recurso cruel, econômico e mais rápido. O fio da meada poderia ser encontrado sem exames periciais, provas datiloscópicas e análises grafológicas – bastava pôr de lado o respeito a direitos humanos e adotar a tortura, a chantagem e a pressão psicológica como métodos de interrogatórios" (BETTO, Frei. **Op. cit.**, p. 188).

102 Geisel, "único general a defender a tortura", disse "acho que a tortura em certos casos torna-se necessária, para obter confissões" (GASPARI, Elio. **Op. cit.**, p. 39-40).

103 "A tortura é filha do poder, não da malvadeza" (GASPARI, Elio. **Op. cit.**, p. 21)

Inquisição portuguesa[104]); ii) prática formalmente vedada, mas estimulada/tolerada pelo Estado – aqui as autoridades 'fingem' que são contrárias à tortura, por meio de uma retórica que não a admite ou que busca propagar que ela não é contumaz, mas nunca ou quase nunca há efetiva apuração dos fatos e responsabilização dos seus responsáveis.

No regime militar, penso que a tortura foi, efetivamente, 'institucionalizada'[105]. Apesar de não existir permissão legal para prática de sevícias contra investigados/réus, a violência física/mental foi 'normalizada' como um qualquer meio de obtenção de prova. O 'sistema violador' brasileiro nunca se comprometeu (pelo menos não seriamente) a investigar e punir torturadores[106], limitando-se a negar as práticas violentas em unidades policiais e militares ou minimizar os relatos de graves violações de direitos fundamentais[107].

---

104 A Inquisição portuguesa (Séculos XVI a XVIII) fez uso institucional da tortura (que era autorizada por seu regimento). Nesse cenário tenebroso, as consequências da prática da tortura (lesões ou mesmo a morte do torturado) eram transferidas para a vítima do suplício. Caso o réu não declarasse suas culpas, antes da sua submissão às sevícias, o notário do Santo Ofício protestava "que se o réu no tormento morrer, quebrar algum membro ou perder algum sentido, a culpa será sua, pois voluntariamente se expõe àquele perigo, que pode evitar confessando suas culpas, e não ser dos ministros do Santo Ofício que, fazendo, justiça segundo os merecimentos da sua causa, o julgavam a tormentos" (SARAIVA, Antônio José. **A inquisição portuguesa**, Publicações Lisboa, Europa América, p. 62/63). Na Inquisição portuguesa, as técnicas de tortura mais empregadas foram o polé e o potro. No polé, o preso era atado pelos braços e içado no ar por uma corda que corria numa roldana. Por ordem do inquisidor, o carrasco largava a corda e o detido despenhava-se em direção ao solo, até que num golpe repentino a corda estacava. Todo o corpo se contorcia num choque violento e as cordas enterravam-se na carne. No potro, sevícia considerada mais branda, "o preso era deitado ao comprido numa espécie de banca ou leito de ripas e atado com cordas que as voltas de uma manivela iam esticando e fazendo enterrar na carne" (SARAIVA, Antônio José. **Op. cit.**, p. 63).

105 Elio Gaspari afirma que "a tortura tornou-se matéria de ensino e prática rotineira dentro da máquina militar de repressão política da ditadora por conta de uma antiga associação de dois conceitos. O primeiro, genérico, relaciona-se com a concepção absolutista de segurança da sociedade. Vindo da Roma antiga ("A segurança é a lei suprema"), ele desemboca nos porões: "Contra a Pátria não há direitos", informava uma placa pendurada no saguão dos elevadores da polícia paulista. Sua lógica é elementar: o país está acima de tudo, portanto, vale tudo contra aqueles que o ameaçam. O segundo conceito associa-se à funcionalidade do suplício. A retórica dos vencedores sugere uma equação simples: havendo terroristas, os militares entram em cena, o pau canta, os presos falam e o terrorismo acaba" (GASPARI, Elio. **Op. cit.**, p. 19).

106 Pelo contrário, o 'sistema violador total de direitos fundamentais' da ditadura militar brasileira "comportou-se como se o combate à tortura não fizesse parte da luta em defesa dos direitos do homem". Em síntese, "negar a tortura significava defender o regime. Denunciá-la ou confirmá-la era atacá-lo" (GASPARI, Elio. **Op. cit.**, p. 150). A retórica era a de que as denúncias de tortura eram uma "campanha esquerdista. Como o governo sustentava que não havia tortura, quem dissesse o contrário era um esquerdista interessado em desonrar as Forças Armadas" (GASPARI, Elio. **Op. cit.**, p. 101). "Denunciado incontáveis vezes nos tribunais militares brasileiros, o crime de torturar jamais foi apurado ou punido" (BETTO, Frei. **Op. cit.**, p. 369).

107 Gaspari usa a tortura como "termômetro" da "abertura" ou do "endurecimento" do regime militar: "de 1964 a 1967 o presidente Castello Branco procurou exercer uma ditadura temporária. De 1967 a 1968 o marechal Costa e Silva tentou governar dentro de um sistema constitucional, e de 1968 a 1974 o país esteve sob um regime escancaradamente ditatorial. De 1974 a 1979, debaixo da mesma ditadura, dela começou-se a sair. Em todas essas fases o melhor termômetro da situação do país foi a medida prática da tortura pelo Estado. Como no primeiro dia da Criação, quando se tratava de separar a luz das trevas, podia-se afastar a profundidade da ditadura pela sistemática com que

Saliento que quando a tortura é 'institucionalizada' pelo 'sistema violador' há inversão da lógica da investigação criminal. A investigação é atividade estatal reativa, deflagrada pela notícia de uma suposta infração penal. A partir da notícia (que deve ser dotada de verossimilhança), o Estado deve instaurar procedimento apuratório formal e usar técnicas investigativas e meios de obtenção de prova (lícitos) para elucidar o fato. A elucidação do fato deve culminar com a coleta da prova da existência do crime e de indícios suficientes de autoria (é a elucidação do fato que revela o seu autor e não o inverso). No 'sistema violador', contudo, a lógica é implementada às avessas. Parte-se de um suspeito, usa-se tortura e outros atropelos a direitos fundamentais para que este revele as provas da prática da infração penal, com evidente afronta aos direitos à integridade física, ao silêncio e a não autoincriminação.

A 'institucionalização' da tortura no 'sistema violador total de direitos fundamentais' da ditadura militar brasileira pode ser demonstrada pela funesta 'aula' ministrada na 1ª Companhia da Polícia do Exército, na tarde de 8 de outubro de 1969.

Dez presos foram tirados de suas celas e escoltados até um salão. "No caminho ouviram uma piada de um cabo: 'São esses aí os astros do show?'. A plateia, sentada em torno das mesas, chegava perto de cem pessoas. Eram oficiais e sargentos, tanto do Exército, como da Marinha e Aeronáutica".

A 'aula' seria conduzida pelo tenente Ailton Joaquim, chefe de informações da Companhia, que presidia a apresentação "com um microfone e um retroprojetor". O oficial queria mostrar aos 'alunos' o que se fazia "clandestinamente no país"[108].

---

se torturavam seus dissidentes" (GASPARI, Elio. **Op. cit.**, p. 131). Torturadores não eram punidos. Ao revés, ícones dessa prática deplorável eram agraciados com medalhas. O major Carlos Alberto Brilhante Ulstra, chefe do DOI paulista em setembro de 1970 foi agraciado em 1972 com a Medalha do Pacificador (GASPARI, Elio. **Op. cit.**, p. 24-25).

108 "Hoje vamos ensinar aos senhores alguns métodos de interrogatório que têm funcionado bem na missão de combate aos crimes cometidos contra o país por terroristas – disse o tenente segurando nas mãos uma vareta semelhante às usadas em salas de aula por professores" (ARBEX, Daniela. **Cova 312**, editora Intrínseca, 2019, p. 149).

Os presos foram enfileirados e apresentados aos convidados. "Com a ajuda de slides, mostrou desenhos de diversas modalidades de tortura. Em segunda os presos tiveram de ficar só de cuecas".

Na 'aula', foram demonstradas as seguintes técnicas de tortura: i) choques elétricos (aplicados no preso Maurício Vieira de Paiva) – o 'professor' Ailton lembrou que "o objetivo do interrogador é obter informações e não matar o preso"; ii) colocação do preso sobre as bordas de latas abertas (sevícia aplicada a Murilo Pinto da Silva); iii) esmagamento de dedos com barras de metal (aplicado a Pedro Paulo Bretas); iv) palmatória nas mãos e plantas dos pés (o tenente explicou que a "palmatória é um instrumento com o qual se pode bater num homem horas a fio, com toda força"); v) pau de arara (preso 'Zezinho') – o tenente Ailton explicou que essa modalidade de tortura "ganhava eficácia quando associada a golpes de palmatória ou aplicações de choques elétricos, cuja intensidade aumenta se a pessoa está molhada". O 'professor' acrescentou que "quando o pescoço dobra, é que o preso está sofrendo"[109].

A 'aula' aqui detalhada é uma das passagens mais dramáticas do recorte estudado nesse capítulo. Prova inequívoca da 'institucionalização' da tortura, levada a cabo pelo 'sistema violador total de direito fundamental' da ditadura militar brasileira[110].

Outra prova inconteste da 'institucionalização' da tortura pelo 'sistema violador total de direitos fundamentais' foi a detecção, nos autos de processo que tramitou em São Paulo, de documento do DOI-Codi II Exército que orientava as equipes de interrogatórios de que o "serviço deve ser tirado". Sugeria-se no documento "forçar a barra, porém, sem deixar marcas"[111].

---

109 GASPARI, Elio. **Op. cit.**, p. 359-364.

110 "Quando a tortura e ditadura se juntam, todos os cidadãos perdem uma parte de suas prerrogativas, e, no porão, uma parte dos cidadãos perde todas as garantias" (GASPARI, Elio. **Op. cit.**, p. 29-30).

111 **BNM**, p. 221.

Outro ponto digno de destaque: como em praticamente todos os 'sistemas violadores', a ditadura militar contou com a conivência/auxílio de médicos[112]. É muito difícil 'institucionalizar' a tortura sem esse auxílio – como o objetivo das sevícias é extrair declaração/confissão/informação, a morte do torturado não serve ao propósito do seu algoz. O 'limite' do sofrimento imposto ao detido era monitorado por profissionais para que a dor física chegasse ao limiar, sem causar a morte do torturado. Óbvio que, por vezes, esse 'monitoramento' fugia do controle e o preso acabava perecendo. Diante dessa 'intercorrência', entrava em cena outro médico – o legista. Quando o legista atuava segundo as diretrizes do 'sistema violador', os achados (lesões detectadas no cadáver) e a causa da morte eram manipulados para encaixar na 'versão oficial' para a morte da vítima ('suicídio', 'atropelamento', 'troca de tiros', etc)[113].

A seguir, sintetizo algumas das sevícias praticadas nos porões da ditadura militar brasileira contra o 'inimigo subversivo'.

6.3.1 Pau de arara

O 'pau de arara' "consiste numa barra de ferro que é atravessada entre os punhos amarrados e a dobra do joelho, sendo o conjunto colocado entre duas mesas, ficando o corpo do torturado pendurado a cerca de 20 ou 30 cm do solo". A técnica normalmente não era utilizada isoladamente. Seus "complementos normais são eletrochoques, a palmatória e o afogamento" [114].

112 Enquanto torturava barbaramente o Frei Fernando (acusado de apoiar Carlos Marighella, líder da ALN), o delegado Fleury se valeu dos préstimos de um médico: "de noite, o prisioneiro foi descido do pau de arara, enquanto chegava o médico. O corpo suado, dilacerado, sangrava e ardia. O doutor examinou-o, constatou que não havia risco iminente de morte e, para a tranquilidade dos policiais, permaneceu na sala, orientando quando deveriam parar de bater e quando podia bater" (BETTO, Frei. **Op. cit.**, p. 243).

113 **BNM**, p. 228-233.

114 **BNM**, p. 32 – Augusto César Salles Galvão, estudante, 21 anos, Belo Horizonte; carta de próprio punho, 1970: BNM n. 150, V. 2°, p. 448-450. Frei Betto narrou, com detalhes, as sevícias sofridas por Frei Fernando (dominicano acusado de prestar auxílio ao guerrilheiro Carlos Marighella) nas mãos do delegado Fleury. As cenas dantescas incluíram a utilização do pau de arara: "o religioso ficou de cueca, os acólitos da morte empurraram-no no chão, enfiaram uma trave de madeira sob seus joelhos, curvaram-no, passaram suas mãos por baixo da trave, amarraram-nas com cordas à frente

6.3.2. Choques elétricos

Havia, ainda, a utilização rotineira dos choques elétricos. "O eletrochoque é dado por um telefone de campanha do Exército que possuía dois fios longos que são ligados ao corpo, normalmente nas partes sexuais, além dos ouvidos, dentes, língua e dedos"[115].

6.3.3 Afogamento

O afogamento "é um dos "complementos" do pau de arara. Um pequeno tubo de borracha é introduzido na boca do torturado e passa a lançar água" [116].

6.3.4. Cadeira do dragão

Eis relato chocante acerca da sevícia denominada 'cadeira do dragão':

> Sentou-se numa cadeira conhecida como cadeira do dragão, que é uma cadeira extremamente pesada, cujo assento é de zinco, e que na parte posterior tem uma proeminência para ser introduzido um dos terminais da máquina de choque chamado magneto; que, além disso, a cadeira apresentava uma travessa de madeira que empurrava as suas pernas para trás, de modo que a cada espasmo de descarga as suas pernas batessem na travessa citada, provocando ferimentos profundos[117].

---

das pernas e, entre duas mesas dependuraram seu corpo como um frango no espeto. No pau de arara, a cabeça e os ombros de Fernando pendiam para baixo, posição dilacerante para as juntas e para a coluna". Além dos socos na cabeça e no queixo, das pancadas na nuca e dos tapas nos ouvidos, Frei Fernando foi submetido a choques elétricos, inclusive com uso de fio introduzido em sua uretra. Frei Ivo (outro dominicano acusado de prestar apoio ao chefe da ALN) sofreu sevícias idênticas – ele também foi dependurado no 'pau de arara' (BETTO, Frei. **Op. cit.**, p. 240-247).

115 **BNM**, p. 33 – José Milton Ferreira de Almeida, 31 anos, engenheiro, Rio; auto de qualificação e interrogatório, 1976: BNM n. 443, V. 2°, p. 421-430. "Os órgãos de segurança informaram à imprensa que Joaquim Câmara Ferreira fora vítima de ataque cardíaco, decorrente de sua resistência à prisão, numa rua de Indianópolis, bairro de São Paulo. De fato "Toledo", apanhado com vida pelo delegado Sérgio Paranhos Fleury e sua equipe do DEOPS, foi impiedosamente espancado até chegarem ao sítio "31 de Março", aparelho clandestino do Esquadrão da Morte, a duas horas da capital. Seu coração não resistiu às cargas elétricas incapazes de romper-lhe o silêncio" (BETTO, Frei. **Op. cit.**, p. 128-129).

116 **BNM**, p. 34 – José Milton Ferreira.

117 **BNM**, p. 35 – José Milton Ferreira de Almeida. A 'cadeira do dragão' ("uma cadeira eletrificada") também foi citada por Fernando Gabeira. O jornalista, escritor e ex-deputado federal foi militante da organização armada MR-8, que desafiou o regime militar, e participou do sequestro ao embaixador americano Charles Burke Elbrick, em 1969. O sequestro contou com a atuação de militantes do MR-8 e da ALN, que exigiram, como "preço" para o resgate da vítima, a leitura de um manifesto e a libertação de 15 presos políticos (GABEIRA, Fernando. **Op. cit.**, p. 185). O aparelho de tortura é citado várias vezes por Frei Betto na impactante narração das sevícias sofridas por presos que tinham alguma ligação com o guerrilheiro Carlos Marighella, com o fito de extrair informações que pudessem levar ao líder da ALN (BETTO, Frei. **Op. cit.**, p. 99, 236, 320 e 330).

6.3.5. Geladeira

A 'geladeira' consistia em "um ambiente de temperatura baixíssima e dimensões reduzidas" onde o preso era normalmente aprisionado despido. Presos relataram que "nesse mesmo local havia um excesso de sons que pareciam sair do teto, muito estridentes, dando a impressão de que os ouvidos iriam arrebentar"[118].

6.3.6. Presença de insetos/animais

A extração de confissões ou delações podia ser, ainda, acelerada pela utilização de insetos/animais[119].

6.3.7. Violência física/mental

Era trivial o emprego das mais variadas formas de violência física e/ou de graves ameaças para a extração das informações/declarações/confissões desejadas pelo 'sistema violador'. Eis relato impactante:

Que em determinada oportunidade foi-lhe introduzido no ânus pelas autoridades policiais um objeto parecido com um limpador de garrafas; que em outra oportunidade essas mesmas autoridades determinaram que o interrogado permanecesse em pé sobre latas, posição em que vez por outra recebia além de murros, queimaduras de cigarros; que a isto as autoridades dava o nome de "Viet Nan"[120].

6.4. *Liquidação física*

Considero que, para que o 'sistema violador de direitos fundamentais' alcance o ápice e possa ser categorizado como 'total' é necessário que exista liquidação física de 'inimigos'. A execução judicial/extrajudicial se torna ferramenta para aterrorizar

118 **BNM**, p. 36 – José Mendes Ribeiro, 24 anos, estudante de Medicina, Rio; auto de qualificação e interrogatório, 1977, BNM n. 700, V 2°, p. 586v e 587.

119 "Havia também, em seu cubículo, a lhe fazer companhia, uma jiboia de nome "Miriam" (**BNM**, p. 37 – Leonardo Valentini, 22 anos, instrumentador metalúrgico, Rio; auto de qualificação e interrogatório, 1973: BNM n. 75, V 5°, p. 1277).

120 **BNM**, p. 38 – Alex Polari de Alverga, 21 anos, estudante, Rio; auto de qualificação e interrogatório, 1972: BNM n. 581, V 1°, p. 159v e 160.

opositores. Um instrumental para manutenção do *status quo*: esse me parece o pano de fundo – perpetuação do poder político.

A liquidação física é a resposta mais drástica de um sistema opressor para 'domesticar' sua população. Ao perceber que suas crenças e seus pensamentos podem redundar na sua morte, e que esta não depende sequer de um processo formal, público e com oportunidade defesa técnica, o cidadão tende a silenciar porque o 'preço' da livre manifestação de pensamento passa a ser muito alto. A tendência é a letargia e a submissão, desejadas avidamente pelo 'sistema violador total de direitos fundamentais'.

Esclareço que a liquidação física levada a cabo pela ditadura militar brasileira não foi tão significativa (quantitativamente) quanto a de outros 'sistemas violadores' ao longo da história[121] – o sistema nazista, por exemplo, matou muito mais pessoas. Contudo, isso não desnatura a classificação do regime militar brasileiro (1964/1985) como um 'sistema violador total de direitos fundamentais', vez que pessoas foram executadas pelo aparelho persecutório estatal simplesmente porque ousaram pensar ou desafiar o regime[122]. A defesa de ideias foi o móvel para a liquidação física[123].

Como é comum em regimes fechados (totalitários/ditatoriais/autoritários), a execução de opositores era camuflada no Brasil (no recorte histórico proposto)[124]. Esse traço (manipulação

---

121 "Nos primeiros nove meses do regime morreram mais treze brasileiros, número indiscutivelmente baixo nas estatísticas do golpismo latino-americano" (GASPARI, Elio. **Op. cit.**, p. 133).

122 "Na prática, a repressão às guerrilhas de esquerda criou uma nova cultura policial, baseada na autonomia e na impunidade dos agentes diante de flagrantes violações das leis, como o extermínio. A tortura já era uma prática policial antiga, mas foi aperfeiçoada no contexto da repressão política. Nem a Justiça, por displicência e lentidão, nem a sociedade, por impotência ou conivência, controlaram o monstro em usa infância" (NAPOLITANO, Marcos. **Op. cit.**, p. 144).

123 Referindo-se às ditaduras latino-americanas, Zaffaroni esclarece que, em relação aos opositores políticos (inimigos do sistema), "foram implementadas duas formas de exercício do poder punitivo, traduzidas num desdobramento do sistema penal: um sistema penal paralelo que os eliminava mediante detenções administrativas ilimitadas (invocando estados de sítio, de emergência ou de guerra que duravam anos) e um sistema penal subterrâneo, que procedia à eliminação direta por morte e ao desaparecimento forçado, sem nenhum processo legal" (ZAFFARONI, Eugenio Raul. **O inimigo no direito penal**, Revan, 2007, p. 50-51). Em síntese, a neutralização do dissidente se dava pelo encarceramento ou pela liquidação física.

124 Em conversa com o tenente-coronel Germano Arnoldi Pedrozo sobre militantes presos no Paraná, Ernesto Geisel o questionou se eles haviam sido "liquidados". Ao receber a confirmação do seu interlocutor, Geisel afirmou: "é, o que tem que fazer é que tem que nessa hora agir com muita inteligência, para não ficar vestígio nessa coisa". Elio Gaspari,

da realidade) é materializado pelos 'sistemas violadores' para encobrir atropelos a direitos fundamentais[125]: expressões eufêmicas, distorção dos fatos, investigações forjadas, dentre outras possibilidades[126]. Cláudio Guerra (aqui já citado – delegado do DOPS da Polícia Civil do Espírito Santo) esclarece, sobre as liquidações físicas, que "as execuções eram associadas sempre a manobras para provocar confusão e despiste. Regras simples, mas muito eficazes". Ele prossegue afirmando que "quando era para eliminar somente um guerrilheiro urbano, a ação era seguida de conversas diversionistas, após a execução, com testemunhas oculares". Em síntese, agentes dos órgãos de repressão descaracterizados se misturavam aos populares, descrevendo tipos físicos completamente diferentes dos reais assassinos para criar embaraços à apuração. Outra estratégia narrada pelo memorialista "era usar agentes de outras cidades. São Paulo mandava uma equipe para o Rio, que mandava outra para Belo Horizonte, e assim por diante. A praça do atentado apenas dava apoio e tumultuava as perícias e as investigações"[127].

Cito aqui como exemplo de liquidação física no período ditatorial brasileiro a morte de Chael Charles Schreier[128] nos porões do regime.

---

narrador da conversa, conclui que "é certo que Geisel conhecia, apoiava e desejava a continuação da política de extermínio" (GASPARI, Elio. **Op. cit.**, p. 380).

125 A prática do 'sistema violador total de direitos fundamentais' da ditadura militar brasileiro em relação ao extermínio de seus 'inimigos' (guerrilheiros de esquerda) já existia (nos chamados 'esquadrões da morte') e foi perpetuada (em relação, inclusive, ao criminoso 'comum'). A 'camuflagem' da atuação violadora estatal era comumente noticiada como "tiroteios seguidos de morte" (NAPOLITANO, Marcos. **Op. cit.**, p. 144).

126 Por vezes, a opção do 'sistema violador total de direitos fundamentais' é a publicação, de maneira deliberada, de fatos falsos. Estes são propagados pelo sistema, como dito, para ocultar seus atropelos a direitos fundamentais. Nessa toada, esclareço a distinção entre a 'verdade racional' e a 'verdade dos fatos'. Hannah Arendt esclarece que "o contrário de uma afirmação racionalmente verdadeira é, ou o erro e a ignorância, nas ciências, ou a ilusão e a opinião, em filosofia. A falsidade deliberada, a vulgar mentira, desempenha apenas o seu papel no domínio dos enunciados de fato" (ARENDT, Hannah. **Verdade e política**, Relógio D'Água Editores, 1995, original publicado em 1968, p. 16). Destarte, ao falsear a verdade dos fatos, o 'sistema violador total de direitos fundamentais' não age com erro/ignorância ou se ilude ou opina equivocadamente. Ao falsear a verdade dos fatos, o sistema violador mente aos seus cidadãos, com o objetivo de criar um aparente clima de normalidade e de respeito a direitos fundamentais.

127 GUERRA, Cláudio, NETTO, Marcelo e MEDEIROS, Rogério. **Op. cit.**, p. 37.

128 "Estudante da Faculdade de Ciências Médicas da Santa Casa de Misericórdia, em São Paulo, abandonara o curso em 1968 e tornara-se o *Joaquim*, da VAR-Palmares". Ele tinha 23 anos, havia participado de pelo menos um assalto a banco e estava homiziado em um "aparelho" (como eram chamados os imóveis que serviam de bases para os opositores do regime militar) localizado na rua Aquidabã, 1053, bairro Lins de Vasconcelos, Rio de Janeiro/RJ. No local, segundo Elio Gaspari, havia "uma submetralhadora, uma espingarda, diversas pistolas e 3 mil cartuchos". Chael foi preso com Antonio Roberto Espinosa, o *Mauro*, e Maria Auxiliadora Lara Barcelos, a *Francisca* (GASPARI, Elio. **Op. cit.**, p. 165).

Depois de preso, ele, Antonio Espinosa e Maria Auxiliadora, que foram detidos no mesmo "aparelho", foram barbaramente torturados em uma base operacional do CIE. Primeiro foram despidos e torturados juntos – Chael foi obrigado a beijar o corpo de Maria Auxiliadora e Antonio Espinosa teve a cabeça empurrada entre os seios desta – e depois separados. Maria Auxiliadora foi deitada no chão molhado e sofreu choques elétricos, golpes de palmatória nos seios e uma pancada que lhe abriu a cabeça[129]. Espinosa tomou choques, teve a genitália amarrada numa corda e foi obrigado a correr pela sala[130]. Chael não resistiu às sevícias e morreu.

A necropsia[131] revelou 53 marcas de pancadas, queixo suturado (cinco pontos), hemorragia na cabeça, hemorragia interna, intestino rompido, o tórax estava deprimido e 10 costelas estavam quebradas. Os médicos concluíram que a causa da morte foi "contusão abdominal com roturas do mesocolon transverso e mesentério, com hemorragia interna"[132].

Como não era possível simular uma 'tentativa de fuga' ou simplesmente negar que Chael estava preso – a imprensa sabia que havia ocorrido a prisão de três 'terroristas' e dois deles ainda estavam vivos –, a versão oficial acerca da morte do militante do VAR-Palmares foi a de que ele já entrou na unidade militar ferido e morreu em virtude de ferimentos internos causados por ele próprio depois da prisão[133] – isso foi possível porque a autópsia não veio a público e a certidão de óbito foi muito mais 'econômica' nos detalhes relacionados à morte

---

129 Maria Auxiliadora narrou que "lá pelas 4 horas da madrugada, Chael e Roberto saíram da sala onde se encontravam, visivelmente ensanguentados, inclusive no pênis, na orelha e ostentando cortes nas cabeças". Mais adiante ela acrescentou que "ouviu gritos de Chael dizendo não saber de nada" e que as sevícias duraram até as "sete horas da manhã, quando Chael parou de gritar, ficando caído no chão" (**BNM**, p. 245).

130 Espinosa relatou "que após essas 3 horas de torturas, Chael foi conduzido a uma sala contigua, onde havia uma máquina de choques; que, nesta ocasião, o declarante foi colocado no corredor contíguo à sala onde o declarante ouvia os gritos de Maria Auxiliadora e Chael" (**BNM**, p. 246).

131 Assinada pelo Major-médico Oswaldo Cayammi Ferreira, pelo Capitão-médico Guilherme Achilles de Faria Mello e pelo médico civil Rubens Pedro Macuco Janini (**BNM**, p. 246).

132 **BNM**, p. 246.

133 GASPARI, Elio. **Op. cit.**, p. 168-170.

do opositor. Tem-se aqui a 'tempestade perfeita', que demonstra o passo a passo dos atropelos a direitos fundamentais que caracterizam a atuação do 'sistema violador total de direitos fundamentais' contra sues 'inimigos' no plano interno: prisão, incomunicabilidade, tortura (institucional e feroz), liquidação física e manipulação da verdade dos fatos – publicação de uma notícia falsa para ludibriar a sociedade e não responsabilizar os agentes estatais responsáveis pela barbárie.

A liquidação física, obviamente, não era publicamente assumida pelo 'sistema violador total de direitos fundamentais' da ditadura militar brasileira. Como dito supra, as mortes eram camufladas. A cortina de fumaça criada para esconder execuções extrajudiciais envolvia menções a 'intensas trocas de tiros'[134], 'atropelamentos', 'suicídios' e, por fim, simplesmente os 'desaparecimentos' (tratarei do 'desaparecimento forçado' abaixo).

As 'trocas de tiros', os 'atropelamentos' e os 'suicídios' eram noticiados principalmente quando a presença dos órgãos de persecução era notada e não podia ser omitida, quando era inquestionável que policiais ou militares estavam envolvidos na ação repressiva e era preciso 'justificar' a execução, para que a atuação aparentasse algum respeito à lei. Quando a atuação não era visível (porão ou subterrâneo do 'sistema violador total de direitos fundamentais'), por vezes bastava destruir a evidência principal da liquidação: o corpo da vítima[135].

---

134 Eis execução extrajudicial narrada pelo delegado do DOPS Cláudio Guerra, com adulteração do local do assassinato (para criar a narrativa da "intensa troca de tiros"): "No caso da morte de Queiroz (Ronald Mouth Queiroz – estudante de Geologia da USP e militante da ALN – Aliança Libertadora Nacional), Fininho ficou incumbido de dirigir a Veraneio e mostrar o alvo, seguindo a regra do agente local: apenas apontar e dar apoio. Chegamos, descemos, atiramos e saímos, com Fininho na direção. O que ocorreu depois foi coordenado por oficiais do Exército e da Marinha. Eles distorceram a perícia e criaram cenários. Normalmente isso era feito também plantando-se uma "vela", jargão policial usado para a técnica de colocar a arma na mão do cadáver, o que sustentaria a versão de que houve troca de tiros" GUERRA, Cláudio, NETTO, Marcelo e MEDEIROS, Rogério. **Op. cit.**, p. 40).

135 Sobre a destruição de cadáveres, Claudio Guerra afirma que "em determinado momento da guerra contra os adversários do regime passamos a discutir o que fazer com os corpos eliminados na luta clandestina". Ele pontua que "embora a impressa estivesse sob censura, havia resistência interna e no exterior contra os atos clandestinos, a tortura e as mortes". A primeira 'solução' encontrada pelo porão foi o "intercâmbio de cadáveres" (as equipes do subterrâneo despachavam seus corpos para outros Estados). Contudo, segundo Guerra, "isso não foi suficiente para manter a discrição no ocultamento dos corpos". A outra saída mostrou-se mais eficiente: queimar os cadáveres.

Mais um exemplo de liquidação física seguida de completa alteração da verdade dos fatos[136]: o "Caso das Mãos Amarradas", como ficou conhecida a tortura com resultado morte do ex-sargento Manoel Raimundo Soares. Ele foi preso e repassado às mãos de agentes do DOPS em 13 de agosto de 1966. Seu corpo foi achado boiando no rio Jacuí com as mãos amarradas, no dia 24 de agosto. Manoel morreu durante sessão de tortura em um rio. Ele foi amarrado e submetido a sucessivos "caldos", até que os agentes o perderam na água – ele morreu afogado. A versão oficial, que findou prevalecendo em todas as instâncias, inclusive no Superior Tribunal Militar, foi a de que ele havia sido "libertado e, provavelmente, morto por correligionários"[137].

Outro caso: Ezequias Bezerra da Rocha foi assassinado no DOI do Recife/PE em 11 de março de 1972. O IV Exército falseou a verdade dos fatos e negou que ele tivesse morrido pelas mãos do 'sistema violador total de direitos fundamentais' da ditatura militar brasileira e afirmou que a vítima fugiu e desapareceu "num VW branco de placa desconhecida". A mentira deslavada, evidentemente, não se sustentava: i) a esposa de Ezequias o tinha visto depois de uma sessão de torturas; ii) os horários da captura e da fuga da vítima eram incompatíveis (os documentos revelavam que a prisão tinha acontecido três horas e meia depois da "fuga"). O corpo do liquidado foi achado com marcas

Corpos foram queimados na usina Cambahyba, localizada em Campos dos Goytacazes/RJ. "O forno da usina era enorme, ideal para transformar em cinzas qualquer vestígio humano". Guerra arremata dizendo que foi "responsável por levar dez corpos de pesos políticos para lá, todos mortos pela tortura no DOI e na Casa da Morte, em Petrópolis, além dos cadáveres provenientes do DOI da Barão de Mesquita e os que vinham de São Paulo". Todos os corpos queimados engrossaram a lista de 'desaparecidos' do regime militar brasileiro (GUERRA, Cláudio, NETTO, Marcelo e MEDEIROS, Rogério. **Op. cit.**, p. 50-54).

136 O Projeto Brasil: Nunca Mais detalha as mortes de Chael Charles Schreir (aqui detalhada), de João Lucas Alves, de Severino Viana Calú, de Eduardo Leite, de Luiz Eduardo da Rocha Merlino, de Joaquim Alencar Seixas, de Carlos Nicolau Danielli, de Odijas Carvalho de Souza, de Alexandre Vannucchi Leme, de José Ferreira de Almeida e famoso caso de Wladimir Herzog (**BNM**, p. 245-257). O ex-delegado do DOPS do Espírito Santo Cláudio Guerra listou as inúmeras mortes das quais participou como instrumento do 'sistema violador total de direitos fundamentais' da ditadura militar (liquidação física de 'inimigos'), dentre as quais as de Nestor Veras (membro do Comitê Central do PCB), Ronaldo Mouth Queiroz (estudante membro da ALN), Merival Araújo (membro da ALN), Emanuel Bezerra dos Santos (membro do PCR), Manoel Aleixo da Silva (membro do PCR), Ranúsia Alves Rodrigues (militante do PCBR), Mariel Mariscot (membro da Scuderie Le Cocq, organização radical de direita – queima de arquivo) (GUERRA, Cláudio, NETTO, Marcelo e MEDEIROS, Rogério. **Op. cit.**, p. 35-74).

137 GASPARI, Elio. **Op. cit.**, p. 204-205.

de tortura no dia 13 de março de 1972. O IV Exército não permitiu o reconhecimento do corpo, que foi enterrado "como se fosse outra pessoa" e, ainda, obstruiu as investigações[138].

Em adendo, consigno que os 'desaparecimentos forçados' se traduzem numa das mais tristes páginas da história da ditadura militar brasileira. O subterrâneo do 'sistema violador total de direitos fundamentais', em dado momento, optou por simplesmente dar sumiço nos cadáveres dos opositores políticos liquidados fisicamente, para nem ter o trabalho de criar uma versão falsa para a morte do 'inimigo'[139].

"Isso representa vantagem para os órgãos de repressão, que passam a exercer total poder sobre o preso, para torturá-lo e para exterminá-lo, quando lhes aprouver"[140]. O item 39 do capítulo 7 do volume III do relatório da Comissão Nacional da Verdade, que trata de "mortos de desaparecidos", define o "desaparecimento forçado" como

> (...) toda privação de liberdade perpetrada por agentes do Estado – ou por pessoas ou grupos de pessoas que agem com autorização, apoio ou consentimento do Estado –, seguida pela recusa em admitir a privação de liberdade ou informar sobre o destino ou paradeiro da pessoa, impedindo o exercício das garantias processuais pertinentes[141].

No conceito adotado pela Comissão Nacional da Verdade, três são os elementos cumulativos para que se considere o caso como um 'desaparecimento forçado': i) privação da liberdade da vítima (qualquer que seja sua forma); ii) intervenção

---

138 GASPARI, Elio. **Op. cit.**, p. 277.

139 "A condição de desaparecido corresponde ao estágio maior do grau de repressão política em um dado país. Isso porque impede, desde logo, a aplicação dos dispositivos legais estabelecidos em defesa da liberdade pessoal, da integridade física, da dignidade e da própria vida humana, o que constitui um confortável recurso, cada vez mais utilizado pela repressão" (**BNM**, p. 258). A palavra "desaparecidos" englobava "todos os cidadãos capturados cujos cadáveres sumiam sem deixar rastro. Resultava da conjugação da política de extermínio com a clandestinidade usufruída pelo porão. Clandestinidade, no caso, não significava paralelismo, autonomia ou descontrole. Os assassinatos eram praticados pela máquina do Estado, com o beneplácito da hierarquia. Eram clandestinos porque, dentro dela, ocultavam-se" (GASPARI, Elio. **Op. cit.**, p. 380).

140 **BNM**, p. 258.

141 Disponível em http://cnv.memoriasreveladas.gov.br/images/documentos/Capitulo7/Capitulo%207.pdf, acesso em 06/11/2022.

direta de agentes do Estado ou de terceiros que atuam com autorização, apoio ou consentimento estatal; e iii) a recusa do Estado em reconhecer a detenção ou revelar a sorte ou o paradeiro da pessoa[142].

O relatório da Comissão Nacional da Verdade contabilizou 434 vítimas fatais do 'sistema violador total de direitos fundamentais' da ditadura militar brasileira. Destas liquidações, 243 foram produto de 'desaparecimento forçado'[143].

Por fim, ainda acerca do tema 'desaparecimento forçado', forma camuflada de liquidação física, remeto o leitor ao excelente *Cova 312*, livro de Daniela Arbex sobre a morte de Milton Soares de Castro, integrante da guerrilha do Caparaó[144]. Ele foi preso (custodiado na Penitenciária de Linhares[145]), torturado[146], pereceu em razão das sevícias e teve sua morte camuflada pela cortina de fumaça do 'suicídio' – teria se enforcado com um lençol[147]. Seu corpo desapareceu e foi encontrado pela premiada jornalista na cova 312 do Cemitério Municipal de Juiz de Fora. Na guia para enterramento, consta que a causa da morte foi "asfixia por enforcamento". O dia do óbito, contudo, foi rasurado: primeiro fez-se constar 27 de abril de 1967, data do interrogatório de Milton, e depois anotou-se por cima 28 de abril do mesmo ano[148].

Daniela Arbex seguiu os vestígios dos documentos ligados ao enterramento do ex-guerrilheiro e ouviu o médico

---

142 Item 39 do capítulo 7 do volume III do relatório final da Comissão Nacional da Verdade, disponível em http://cnv.memoriasreveladas.gov.br/images/documentos/Capitulo7/Capitulo%207.pdf, acesso em 06/11/2022.

143 Item 1 do capítulo 12 do volume III do relatório final da Comissão Nacional da Verdade, disponível em http://cnv.memoriasreveladas.gov.br/images/documentos/Capitulo12/Capitulo%2012.pdf, acesso em 06/11/2022.

144 O Movimento Nacionalista Revolucionário (MNR) organizou na serra do Caparaó, entre os Estados do Espírito Santo e Minas Gerais, uma célula para lutar contra o regime militar. O grupo terrorista foi preso sem que fosse disparado um só tiro, em 1° de abril de 1967. Dezesseis guerrilheiros foram custodiados na Penitenciária de Linhares (ARBEX, Daniela. **Cova 312**, editora Intrínseca, 2019, p. 25-26 e 58).

145 Localizada em Juiz de Fora/MG, a unidade prisional passou a receber os presos políticos "que começavam a ser cassados pelo país". Saiu de lá o "Documento de Linhares", o primeiro que denunciou "detalhadamente a violência no período em que a força disseminou o medo" – o documento retratou a funesta "aula de tortura" do tenente Ailton, acima exposta (ARBEX, Daniela. **Op. cit.**, p. 25 e 28).

146 Interrogado, Milton 'confessou' sua condição de guerrilheiro e 'delatou' seus companheiros (transcrição do interrogatório em ARBEX, Daniela. **Op. cit.**, p. 79-80).

147 ARBEX, Daniela. **Op. cit.**, p. 35 e 283.

148 ARBEX, Daniela. **Op. cit.**, p. 255-256.

cirurgião geral e oficial reformado Nelson Fernandes Oliveira ("outro nome que aparece no laudo cadavérico de Milton"). Nelson "disse ainda se lembrar de que Milton chegou ao hospital com o pescoço quebrado". Depois da revelação, o entrevistado pediu para encerrar a entrevista[149].

A seguir, a jornalista conseguiu acesso ao laudo de local e demais documentos anexados ao IMP que apurou o 'suicídio' e desmontou a farsa – não era possível que alguém da altura de Milton tirasse a própria vida da forma descrita nas imagens que guarneciam o laudo pericial[150]. Daniela Arbex conclui sua obra afirmando que "ninguém tem o direito de guardar silêncio sobre crimes contra a humanidade". Fazendo minhas as palavras da jornalista, "esquecer é impossível"[151]!

7. Conclusão

Nesse capítulo (como nos outros) foram traçadas as linhas para identificação de um 'sistema violador total de direitos fundamentais', tendo como foco a ditadura militar brasileira (1964 a 1985). Sintetizando o regime estudado:

A violência política percorreu o ciclo no regime brasileiro. Introduziu palavras no léxico cotidiano, tais como cassar; eufemismos no vocabulário político, como a expressão "maus-tratos", para designar pura e simplesmente a tortura; siglas no direito constitucional, como AI, abreviatura dos dezessete atos institucionais baixados na desordem legiferante nascida com a noção segundo a qual "a Revolução legitima a si própria", declarada no preâmbulo do AI-1. Coroando essa confusão semântica, o próprio regime, autoproclamado "Revolução" ao nascer ("revoluçãozinha sul-americana como dezenas de outras", como disse Gilberto Amado sobre 1930),

149 ARBEX, Daniela. **Op. cit.**, p. 263.
150 ARBEX, Daniela. **Op. cit.**, p. 277-316.
151 ARBEX, Daniela. **Op. cit.**, p. 326.

foi ao jazigo aceitando a classificação de "autoritário", quando, para conhecê-lo, não se dispõe, há mais de dois mil anos, de palavra melhor que ditadura[152].

Saliento que os elementos essenciais para o reconhecimento de um 'sistema violador total' não são estanques e imutáveis e podem ser aprofundados e acrescidos[153].

No modelo de análise aqui utilizado, que pode ser transportado para outros países em outros momentos históricos, a ditadura militar brasileira se traduziu em um 'sistema violador total de direitos fundamentais' porque adimpliu as seguintes características: i) era um regime ditatorial (que não permitia liberdade de manifestação/pensamento); ii) elegeu seus 'inimigos' (os principais eram os 'comunistas' com ideias 'subversivas'); iii) utilizou o aparato legal para transmudar o 'inimigo' em pessoa que, pela sua própria existência/crença/pensamentos contrariava a lei (e se utilizou do seu sistema persecutório para o perseguir ferozmente); iv) tratava mais severamente o 'inimigo' que ao 'cidadão comum' (detenções arbitrárias, incomunicabilidade, tortura 'institucionalizada', apenas para citar alguns exemplos); v) aniquilou fisicamente seus inimigos – em menor extensão que outros 'sistemas violadores', como o nazista e o stalinista soviético, como desenhado. Além desses itens, outros pontos foram sublinhados como o desrespeito sistemático de direitos/garantias fundamentais no âmbito da persecução penal.

A existência de um regime fechado é o ponto de partida para categorização de um Estado como um 'sistema violador total de direitos fundamentais'. Por isso é preciso atenção à retórica que cria justificativas para a ruptura institucional, com maximização dos poderes do Executivo em detrimento do Legislativo e do Judiciário.

---

152 GASPARI, Elio. **Op. cit.**, p. 142-143.

153 Aliás, quanto maior a profundidade do estudo desenvolvido nesse tema, melhor. O estudo histórico permite prevenir que novos aparelhos estatais violadores de direitos nasçam e se desenvolvam.

Mesmo em um país democrático, no qual não haja risco de ruptura institucional, os cidadãos precisam permanecer alertas. O 'Estado Democrático de Direito' pode, eventualmente ou mesmo frequentemente, violar direitos fundamentais dos seus cidadãos por meio de procedimentos apuratórios[154] e processos que não observem os direitos/garantias do investigado, prisões provisórias/cautelares desnecessárias, cárceres insalubres ou superlotados, execuções extrajudiciais travestidas de 'uso progressivo e proporcional da força', dentre outras possibilidades.

Concluo salientando que é preciso constante vigilância para evitar a ascensão ao poder de uma pessoa ou grupo de pessoas que elimine a possibilidade de debate democrático – e o reducionismo do discurso político ao "nós" x "eles" é um sintoma a ser observado com preocupação – ou de alternância de poder. Qualquer traço semelhante ao exemplo histórico representado pela ditadura militar brasileira deve servir de alerta e ser prontamente rechaçado pelos mecanismos democráticos adequados.

Segundo Anne Applebaum, "a própria democracia sempre foi barulhenta e estridente, mas, quando suas regras são seguidas, ela termina por criar consenso. O debate moderno não cria. Em vez disso, inspira em algumas pessoas o desejo de silenciar as outras à força"[155]. Por óbvio, é preferível o "barulho" da democracia ao silêncio "forçado" do autoritarismo.

Reforço, em jeito de síntese conclusiva, que a instalação de uma ditadura (ou de um regime totalitário ou autoritário) é a porta de entrada para que um Estado se transmude num 'sistema violador total de direitos fundamentais'. Sem liberdade

---

154 Sobre as premissas para uma investigação estatal que respeite direitos/garantias fundamentais do investigado nos termos da Constituição brasileira de 1988, vide '**Eficiência e respeito a direitos fundamentais na atividade investigativa – um discurso possível: pela criação de axiomas que limitem a atuação estatal na busca de uma investigação criminal garantista'** (SILVA, Márcio Alberto Gomes, editora Juspodivm, 2022).

155 APPLEBAUM, Anne. **Op. cit.**, p. 98.

de crença, pensamento e expressão, todos os outros direitos do ser humano tendem a ser paulatinamente inobservados e, no extremo, os direitos de ir e vir, a integridade física e mesmo a vida de grupos inteiros de pessoas podem correr risco.

Estejamos sempre atentos!

8. Referências bibliográficas

APPLEBAUM, Anne. **O crepúsculo da democracia**, editora Record, 2021.

ARBEX, Daniela. **Cova 312**, editora Intrínseca, 2019.

ARENDT, Hannah. **As Origens do Totalitarismo**, 9ª. Edição, 2020, editora Dom Quixote, original publicado em 1948.

ARENDT, Hannah. **Verdade e política**, Relógio D'Água Editores, 1995, original publicado em 1968.

BETTO, Frei. **Batismo de sangue: guerrilha e morte de Carlos Marighella**, editora Rocco, 2021.

Brasil: nunca mais, Arquidiocese de São Paulo, 41ª edição, Vozes, 2014, 8ª reimpressão, 2021.

DE FIGUEIREDO DIAS, Jorge. **Direito Penal: parte geral – Tomo I – Questões Fundamentais; A Doutrina Geral do Crime**, 3ª. Edição, Gestlegal, 2019.

FERRAJOLI, Luigi. **Direito e Razão – Teoria do Garantismo Penal**. São Paulo: Revista dos Tribunais, 2010.

GABEIRA, Fernando. **O que é isso companheiro?**, Estação Brasil, 2016, original publicado em 1979.

GARCIA, Francisco Proença. **A guerra e a estratégia revisitadas**, Novas Edições Acadêmicas, 2019.

GASPARI, Elio. **A Ditadura Envergonhada**, editora Intrínseca, 2ª edição, 2014, original publicado em 2002.

GASPARI, Elio. **A Ditadura Escancarada**, editora Intrínseca, 2ª edição, 2014, original publicado em 2002.

GASPARI, Elio. **A Ditadura Derrotada**, editora Intrínseca, 2ª edição, 2014, original publicado em 2003.

GUERRA, Cláudio, NETTO, Marcelo e MEDEIROS, Rogério. **Memórias de uma guerra suja**, Topbooks Editora, 2012.

HUXLEY, Aldous. **Admirável mundo novo**. 22ª edição, Globo, 2014, original publicado em 1932.

JAKOBS, Günther, MELIÁ, Manuel Cancio. **Direito Penal do inimigo, noções e críticas**, 6ª. Edição, Livraria do Advogado, 2020.

LEVI, Primo. **Os que sucumbem e os que se salvam**, Dom Quixote, 2019, original em 1986.

MENEZES, Francisco. **Direito Penal Antiterrorista Brasileiro**, editora Tirant lo Blanch, 2022.

NAPOLITANO, Marcos. **1964: História do Regime Militar Brasileiro**, editora Contexto, 2020.

ORWELL, George. **Porque Escrevo e outros ensaios.** Artigo: Literatura e Totalitarismo, editora Antígona, 2ª. Edição, 2021, artigo original de 1941.

PIRES, Nuno Lemos. Artigo **Das ameaças e riscos intangíveis aos Estados frágeis e às guerras civis** na obra **Ameaças e Riscos Transnacionais no Novo Mundo Global,** coordenação BORGES, João Vieira e RODRIGUES, Teresa Ferreira, Fronteira do Caos Editores, Porto, 2016.

SARAIVA, Antônio José. **A inquisição portuguesa,** Publicações Lisboa, Europa América.

SCHMITT, Carl. **O Conceito do Político,** Edições 70, 2019 – original publicado em 1932.

SILVA, Márcio Alberto Gomes. **Eficiência e respeito a direitos fundamentais na atividade investigativa – um discurso possível: pela criação de axiomas que limitem a atuação estatal na busca de uma investigação criminal garantista,** editora Juspodivm, 2022.

VENTURA, Zuenir. **1968: O ano que não terminou,** editora Objetiva, 2ª edição, 2013, original publicado em 1988.

ZAFFARONI, Eugenio Raul. **O inimigo no direito penal,** Revan, 2007.

CAPÍTULO 6

O ESTADO ISLÂMICO DO IRAQUE E DA SÍRIA como sistema violador total de direitos fundamentais

1. Noções introdutórias

O presente capítulo tem em mira enfrentar o hipotético[1] reconhecimento, pela comunidade internacional, do Estado Islâmico do Iraque e da Síria[2] (*Daesh*) como um país, dotado de território, povo e soberania e o seu consequente enquadramento como 'sistema violador total de direitos fundamentais'[3].

À partida, é importante esclarecer que o objetivo do jihadismo[4] – o nascimento do Estado Islâmico enquanto ator não-estatal é fruto dessa vertente – é a criação de um Estado regido pelas leis religiosas (*Shariah*[5]), com a derrubada do governo secular (que ocupa o território mulçumano[6]) e da crença ocidental (governos seculares e quem não se enquadra nos padrões religiosos mulçumanos daquele que crê na jihad são considerados apóstatas – *takfir* ou *kufr*), por meio da ação violenta[7]: subversão[8],

1 "Hipotético" porque o *Daesh* é um ator não-estatal, porquanto reconhecido internacionalmente apenas como uma organização terrorista e não um Estado.

2 Em abril de 2013, Abu Bakr al-Baghdadi, então líder do Estado Islâmico, declarou a criação do Estado Islâmico do Iraque e da Síria – Daesh (DUARTE, Felipe Pathé. **Jihadismo Global – Das palavras aos actos**, 2ª edição, Marcador Editora, 2015, p. 14).

3 A terminologia adequada quando se fala nos direitos do homem é tema complexo. Direitos humanos, individuais, públicos subjetivos, fundamentais, dentre outras possibilidades são expressões usadas quando se estuda/explica o rol de direitos do homem dotados de historicidade, inalienabilidade, imprescritibilidade e irrenunciabilidade. A expressão utilizada no presente trabalho será direitos fundamentais (a nomenclatura foi utilizada, por exemplo, pela Constituição Federal brasileira de 1988 – título II).

4 "Ideologia secular, racional, e que se reifica na acção violenta" (DUARTE, Felipe Pathé. **Op. cit.**, p. 11). A jihad nasce de uma percepção de injustiça contra os muçulmanos, "começando pelas cruzadas e continuando pelo colonialismo e no domínio pós-colonial dos muçulmanos pelo Ocidente" (SAEED, Abdullah. **Introdução ao pensamento islâmico**, Edições 70, 2006, p. 252). Ayaan Hirsi Ali, na sua impactante e comovente obra 'Infiel', sintetiza o sentimento (retórico e imposto) que gravita em torno da jihad (no momento da sua vida que ela cultuava a religião maometana): "estávamos convencidos de que havia uma perniciosa cruzada mundial empenhada em erradicar o islã, uma cruzada chefiada pelos judeus e por todo Ocidente ateu. Era preciso defender o islã. Queríamos nos alistar no jihad, palavra de múltiplos sentidos. Significava que a fé precisava de apoio financeiro, ou que era necessário envidar esforços para converter novos crentes. Também significava violência; o jihad violento era uma constante na histórica do islã" (ALI, Ayaan Hirsi. **Infiel**, Companhia das Letras, 2012, original publicado em 2006, p. 107).

5 Alcorão ou Corão (lei divina revelada ao Profeta Maomé, dividida em 114 capítulos ou *suras*), os hábitos, o comportamento e as instruções do Profeta (a *Suna* é o conjunto de comportamentos normativos de Maomé "apoiado pela prática consensual da comunidade muçulmana"; os *hadiths* eram os hábitos/comportamentos individuais do Profeta) e a jurisprudência ou *fiqh* (SAEED, Abdullah. **Op. cit.**, p. 40, 55, 63 e 64).

6 "O Alcorão dizia que não podia haver governo sem Deus" (ALI, Ayaan Hirsi. **Op. cit.**, p. 220). Defender o contrário (um Estado laico), nessa cosmovisão, é *haram* (inconcebível, contrário à fé, proscrito). Segundo Felipe Pathé Duarte, os jihadistas são "militantes islamitas incomodados com a ameaça da secularização da vida social e política dos países mulçumanos, motivada pela globalização e por uma crescente ocidentalização dos usos e costumes islâmicos" (**Op. cit.**, p. 70).

7 A violência é um instrumento para consecução dos fins políticos almejados (não é irracional, longe disso).

8 Francisco Proença Garcia descreve a atividade subversiva como "fenômeno progressivo que visa um poder, político, ou no interior de uma instituição qualquer que interesse controlar ou dominar. Pode ter como objetivos políticos a criação de uma nova sociedade, a simples modificação do regime existente, a substituição das autoridades que exercem o poder ou a modificação de políticas do antecedente" (**A guerra e a estratégia revisitadas**, Novas Edições Acadêmicas, 2019, p. 79).

com uso de táticas de terrorismo, insurreição e guerra de guerrilha[9].

No fim das contas, entretanto, o pano de fundo religioso[10] é apenas fachada (retórica[11]) para a implantação de um regime totalitário/ditatorial[12] no qual a lei, baseada em preceitos religiosos, é livremente interpretada pelos detentores da força – tanto bélica quanto política – a interpretação dos comandos religiosos se traduz em clara manifestação política[13], já que nessa proposta de Estado a lei é a divina.

A legislação de suporte, nesta toada, é fornecida justamente por essa interpretação (radical) dos textos sagrados e repassada por meio da *fatwa* (édito religioso). Importante salientar que, como a premissa de um Estado criado nos moldes defendidos pelos integrantes do *Daesh* reside em um governo guiado por interpretações de textos que se traduzem nos comandos de Alá (Deus único – *tawhid*) e do Profeta (Maomé), a lei finda sendo imutável[14] e ditada pelo Califa (ou Emir, conforme o caso) e por quem faz parte do seu grupo mais próximo[15].

---

9 DUARTE, Felipe Pathé. **Op. cit.**, p. 14.

10 Felipe Pathé Duarte lembra que "a violência de carácter político-religioso sempre esteve presente. O uso da retórica religiosa sempre se revelou eficaz para granjear apoio" (**Op. cit.**, p. 19). Nessa toada, a Inquisição é um exemplo paradigmático. A fé católica era a retórica para perseguição (calcada no ser, no pensar e no crer) de pessoas. António Borges Coelho afirma que "relendo o gráfico e o capítulo sobre a repressão ideológica e sexual, verificamos que o modelo apontado pela Inquisição à sociedade portuguesa se definia pela negação do judeu, do mouro, dos luteros, dos blasfemos, dos bruxos, dos bígamos, dos solicitantes, dos nefandos sodomitas (fachonos, somíticos e somítegos)" (**Inquisição de Évora – 1522 – 1668**, editora Caminho, 2018, p. 563).

11 Sobre a retórica (a arte de bem falar), vide **'Fedro'** (Platão, Edições 70, 2022). Na obra, Platão narra o diálogo travado entre Sócrates e Fedro sobre a retórica, tendo como ponto de partida um discurso de Lísias sobre o amor. Em apartada síntese, depois de ouvir a leitura do discurso deste (proclamado por Fedro), Sócrates defende, em inspirado discurso, a ideia de Lísias sem, contudo, com ela concordar (e isso mostra como a retórica pode servir a quem domina essa arte). Após, em respeito e temor aos deuses, Sócrates finda defendendo o amor com todas as suas forças.

12 DUARTE, Felipe Pathé. **Op. cit.**, p. 34.

13 "O islão-regime nasceu enquanto poder político e econômico. E, sem o espírito da tribo, não teria conhecido tamanho desenvolvimento. Poderoso, sobretudo nessa força que é o espírito da tribo, o islão tornou-se rapidamente num meio para o poder e a conquista" (ADONIS. **Violência e Islão**, Porto Editoral, 2016, original publicado em 2015, p. 28). É a retórica religiosa como um instrumental para obtenção e manutenção do poder político incontrastável.

14 "O islão, por ter nascido perfeito, combate tudo o que lhe era anterior e tudo o que veio depois (ADONIS. **Op. cit.**, p. 29).

15 Adonis (Ali Ahmad Saïd Esber) explica que "a concepção do homem e do mundo que reina no islão assenta em três pilares". O primeiro pilar: "a profecia islâmica é a última das profecias e o profeta do islão é o selo dos profetas"; segundo pilar: "as verdades transmitidas por essa profecia sobre o mundo celeste e o mundo terrestre, humano, são as verdades últimas. Não há nenhuma outra verdade que possa negá-las"; terceiro pilar: "o homem não pode modificar ou alteração o que foi dito pela Revelação. Tem apenas o dever de acreditar e obedecer, de praticar" (ADONIS. **Op. cit.**, p. 183). Esses pilares são limitadores do pensamento e da liberdade e reduzem o ser humano a um seguidor da "verdade" imposta pela "Revelação" ditada pelo "selo dos profetas".

A premissa de que quem não é crente – seguidor do islamismo na sua interpretação mais ortodoxa e extremada – é contrário à lei e, por ser apóstata, é inimigo revela a pouca disposição do sistema defendido pelo *Daesh* para a tolerância[16]: o grupo defende a união da *Ummah* – comunidade de crentes mulçumanos – contra o inimigo[17].

A máxima de transmudar em inimigo quem não crê nas ideias indicadas pelo regime político como adequadas ou corretas é limitante[18], contrária à liberdade[19] e pode ser geradora de instabilidade internacional se houver intenção expansionista (jihadismo global[20]) – oposição entre *Dar al-Islam* (território islâmico) e o *Dar al-Harb* (território não islâmico – a "morada da guerra"[21]).

Aliás, é preciso deixar claro que o sistema violador total (que será adiante definido) não conhece a palavra 'liberdade'. Ele não tolera nenhuma faceta da liberdade: de expressão, de

16 Diz-nos Adonis: "na concepção islâmica, o outro, o não-mulçumano, pode optar entre duas identidades: ou não é crente, e então deve ser rejeitado ou morto; o vive sob a égide do regime islâmico e, nesse caso, paga o tributo" (ADONIS. **Op. cit.**, p. 184).

17 A dualidade amigo-inimigo, segundo Carl Schmitt "tem o sentido de designar o mais extremo grau de intensidade de uma ligação ou separação, de uma associação ou dissociação; ela pode existir em teoria e na prática sem que, ao mesmo tempo, tenham de ser aplicadas todas aquelas diferenciações morais, estéticas, econômicas ou outras. O inimigo político não precisa ser moralmente mau, não precisa ser esteticamente feio; não tem de surgir como concorrente econômico e até talvez possa parecer vantajoso fazer negócio com ele. Ele é, precisamente, o outro, o estrangeiro, e é suficiente, para a sua essência, que ele seja existencialmente, num sentido particularmente intensivo, algo outro e estrangeiro, de tal modo que, em caso extremo, sejam possíveis conflitos com ele que não possam ser decididos nem por uma normatização geral, que possa ser encontrada previamente, nem pela sentença de um terceiro 'não participante' e, portanto, 'apartidário'" (SCHMITT, Carl. **O Conceito do Político**, Edições 70, 2019, original publicado em 1932, p. 51/52).

18 "O muçulmano vê o mundo através da visão islâmica, que é antiga e fechada. O islão não precisa do mundo, nem do outro, nem da cultura, visto que ele é a Cultura absoluta" (ADONIS. **Op. cit.**, p. 35).

19 No ensaio Literatura e Totalitarismo, George Orwell afirma, com precisão que: "O totalitarismo aboliu a liberdade de pensamento com uma intensidade que jamais se ouviu falar em qualquer época anterior. E é importante ter consciência de que o seu controlo do pensamento não é apenas negativo, mas também positivo. Não se limita a proibi-lo de exprimir – ou até de pensar – certos pensamentos; dita o que irá pensar, cria uma ideologia para si, tenta reger sua vida emocional, assim como tenta estabelecer um código de conduta. E isola-o tanto quanto possível do mundo exterior, fecha-o num universo artificial no qual o leitor não tem padrões de comparação. O Estado totalitário procura, em qualquer caso, controlar os pensamentos e emoções dos seus súbditos pelo menos tão completamente quanto controla suas acções" (ORWELL, George. **Porque Escrevo e outros ensaios.** Artigo: Literatura e Totalitarismo, editora Antígona, 2ª. Edição, 2021, artigo original de 1941, p. 61).

20 "Na perspectiva do islão, o projeto do progresso é islamizar o mundo" (ADONIS. **Op. cit.**, p. 186). Abdullah Saeed pontua que "os extremistas militantes sublinham igualmente a fraternidade universal de todos os muçulmanos; não parecem apoiar o conceito de Estado-nação, e são motivados por um entendimento particular de jihad cujo palco é mundial" (SAEED, Abdullah. **Op. cit.**, p. 253).

21 DUARTE, Felipe Pathé. **Op. cit.**, p. 37.

crença[22], de convicção política, de ir e vir. Exatamente por tencionar controlar o cidadão em todas as suas esferas individuais é que ele finda sendo um opositor da vida livre. E a retórica religiosa, quando usada pelo Estado para esse fim por um regime totalitário, tende a ser ainda mais inflexível porque as consequências prometidas pelo discurso que impõe limitação ao comportamento/crença não são somente tangíveis – perda da liberdade, confisco do patrimônio e mesmo a liquidação física[23] – mas espirituais.

No próximo tópico discutirei a expressão 'sistema violador total de direitos fundamentais' (resgatando ideia já exposta nos capítulos anteriores). Já é possível adiantar, entrementes, que o Estado Islâmico do Iraque e da Síria, caso fosse reconhecido como um país pela comunidade internacional, seria certamente categorizado como sistema violador total de direitos fundamentais porque pretende ser, indubitavelmente, um sistema político totalitário ou ditatorial – com governação guiada pela interpretação radical da religião mulçumana e, em consequência, imposição de graves restrições à liberdade – e se traduz em aparelho estatal explicitamente atropelador dos direitos de determinados grupos de pessoas: aqueles que forem identificados como apóstatas, infiéis ou *takfir*. A sua estrutura e, especialmente, a interpretação da *Shariah* são construídas de forma a permitir diuturna inobservância dos mais caros direitos de homens e mulheres[24] – patrimônio, liberdade (inclusive sexual, como se verá alhures), dignidade

22 "O culto daquele que procura uma religião
que não seja o islão
não é aceite" (Corão 3:85).

23 "Em breve lançaremos no Fogo
(...) aqueles que não acreditam nos nossos Sinais.
Sempre que a sua pele se consumir,
dar-lhes-emos outra
para que sintam o castigo." (Corão 4:56).

24 A misoginia é lugar comum nas interpretações mais ortodoxas do texto sagrado islâmico, como se verá ao longo desse capítulo. Sobre o tema, recomendo vivamente o curta-metragem 'Submissão' (roteiro de Ayaan Hirsi Ali e direção de Theo van Gogh). O cineasta Theo van Gogh foi brutalmente assassinado na Holanda, em 02/11/2004, depois que o filme foi lançado. O crime foi cometido por Mohammed Bouyeri.

e mesmo a vida (permitindo a liquidação física de pessoas) – que foram eleitos, pelo seu líder (e seus seguidores), como 'inimigos e inimigas da fé islâmica'.

Saliento que estudar com profundidade sistemas violadores é importante, na medida em que, detectadas as violações, e como foi possível essa escalada de desrespeito sistemático de direitos, será possível não as repetir. A história não pode ser esquecida. Conhecer a fundo erros históricos é fundamental para as futuras gerações. Inclusive, para identificar que ideias antigas e deletérias estão a ser reinseridas em determinado ordenamento jurídico – e que isso pode transmudar um sistema constitucional/democrático num sistema violador de direitos fundamentais.

2. O 'sistema violador total de direitos fundamentais'

Aqui, tenciono retomar os elementos para definição do 'sistema violador total de direitos', dirigindo esse conceito ao modelo de Estado pretendido pelo *Daesh*.

Para que um Estado seja categorizado como um 'sistema violador total', na minha concepção, é preciso reconhecer que no país estudado – e aqui estudamos o hipotético e improvável reconhecimento do Estado Islâmico do Iraque e da Síria como um país – impera o totalitarismo ou uma ditatura (esse é traço diferenciador importante para que a definição 'sistema violador' alcance o patamar de 'total'). Isso porque no totalitarismo/ditadura não é possível dialogar com o Estado[25]. Não é possível contrapor ideias. Não é possível contrariar o regime sem que existam duras consequências.

Insisto: não é possível dialogar nem contestar o sistema violador total impunemente. No caso aqui estudado, isso

25 ORWELL, George. **Op. cit.**, p. 60.

normalmente custa a própria vida. Para que o sistema não seja discutido e, assim, seja perpetuado a fórceps, ele precisa de uma vigilância constante, algo que muitas vezes beira a paranoia. Assim, o denuncismo acaba sendo lugar-comum. O próprio sistema apela para o 'dever moral' de denunciar os 'inimigos' e isso permite que toda contestação visível desapareça, porque qualquer fumaça de inconformismo é duramente reprimida – no caso estudado, como o Estado pretendido não é laico, o dever não é só moral, mas religioso/espiritual, porquanto decorrente da lei divina, já que o ordenamento jurídico se confunde com a *Shariah*. Tudo é permitido para manutenção do *status quo* (detenções desarrazoadas, penas degradantes/cruéis e mesmo a liquidação física). Friso que a contestação ao regime imposto, na visão dos líderes totalitários, traduz-se numa tarefa impossível, porque as regras impostas são a tradução da vontade de Deus – a infalibilidade divina é premissa/dogma presente em qualquer crença religiosa.

O cidadão desejado pelo sistema violador total é um ser disciplinado, cabisbaixo[26], desconfiado, pronto a denunciar quem desafia o regime, para ser simpático aos seus olhos, que não se atreva a discutir ou desafiar a ordem posta. Como sublinhado supra, em Estados guiados por textos divinos[27] (e onde estes são interpretados radicalmente), o clamor pela obediência do cidadão à lei se torna ainda mais intenso. Não seguir

---

26 Para os sunitas, "mesmo que o califa seja injusto e opressor, o povo não se deve revoltar contra ele" (SAEED, Abdullah. **Op. cit.**, p. 208). No que toca às mulheres, a situação é ainda mais grave (no que toca à exigência de submissão, em se tratando especificamente de Estado regido por uma interpretação ortodoxa do Alcorão). O islamismo impõe à mulher (segundo relato impactante de Ayaan Hirsi Ali) o dever de ser *baarri*: "uma *baarri* era uma espécie de escrava devotadíssima. Honrava a família do marido e a alimentava sem questionar nem se queixar. Nunca chorava nem fazia nenhum tipo de exigência. Era forte no serviço, mas sempre de cabeça baixa. Se o marido fosse cruel, se a estuprasse e ainda zombasse dela por isso, se resolvesse tomar outra esposa ou se a espancasse, ela baixava os olhos e ocultava as lágrimas. E trabalhava muito, impecavelmente. Era um burro de carga dedicado, acolhedor e bem treinado. Isso era ser *baarri*" (ALI, Ayaan Hirsi. **Op. cit.**, p. 24). É assim porque essa leitura do islamismo prega um Deus justo, mas que só vai recompensar as pessoas (as mulheres, nesse recorte) apenas no além.

27 A confusão entre o secular e o teológico (Estado governado de acordo com as leis divinas) faz parte da gênese do islamismo: "o Profeta não era apenas uma figura religiosa; era também uma figura política, juiz, administrador e general. Não havia separação entre as funções que detinha como chefe político e como chefe religioso" (SAEED, Abdullah. **Op. cit.**, p. 212).

estritamente a lei significa ser apóstata e, como *takfir*, um inimigo direto da *Ummah*. Esse raciocínio transforma o indivíduo infiel[28] em um alvo potencial da chamada jihad menor[29].

É preciso deixar claro que, para que o 'sistema violador total' se sustente, e a população permaneça míope em relação aos problemas sociais, econômicos e políticos reais[30], é mesmo preciso a eleição de um 'inimigo'[31], que será incansavelmente perseguido e cuja derrota acachapante significará o triunfo do Estado e a esperança de uma vida melhor para a população – que se verá livre daquela erva-daninha[32] que impede o florescimento do jardim prometido pelo tirano. Isso mantém a população em estado de letargia, porque o cidadão 'comum' passa a ter um justo receio de ser identificado como inimigo pelo aparelho repressivo estatal[33]. Esse estado de constante terror[34] desemboca numa massa de pessoas ávidas apenas por desempenhar o papel que o sistema lhes impõe, gerando uma apatia política.

É interessante notar que no modelo de Estado proposto pelo *Daesh* a dicotomia amigo-inimigo, sintetizada no

---

28 "A relação entre verdadeiros mulçumanos e infiéis é impossível, até a conversão destes últimos" (DUARTE, Felipe. Pathé. **Op. cit.**, p. 119).

29 Felipe Pathé Duarte leciona que a jihad maior é uma luta interior (contra inimigos da vida espiritual – luta interna contra o mal e o egoísmo) e a jihad menor é "a luta armada contra os inimigos do Islão, o combate contra o infiel" (**Op. cit.**, p. 83).

30 No caso específico do *Daesh*, as promessas em relação ao Iraque se mostraram, naturalmente falsas. Restou, apenas e tão somente, implantado um regime totalitário, baseado no terror e no medo (MURAD, Nadia. **Eu serei a última**, Objectiva, 2021, p. 229). Adonis, na linha aqui defendida e falando sobre países dirigidos segundo os ditames da fé islâmica, afirma que "prisioneiros de uma visão muito redutora da religião, aqueles que exerceram o poder e dirigiram o país nunca conseguiram constituir uma sociedade ou um Estado de cidadania e igualdade. Desde o início e até aos dias de hoje" (ADONIS. **Op. cit.**, 40).

31 No jihadismo, o inimigo é o infiel, o apóstata, o *takfir*.

32 No 'sistema violador total soviético' (tratado em capítulo precedente), a lógica era exatamente a mesma (trago a tona esse exemplo para demonstrar como os sistemas totalitários findam repetindo as mesmas práticas perniciosas). Diz-nos Aleksandr Soljenítsin "o objetivo traçado por Estaline – atribuir aos sabotadores a culpa do crescente descontentamento no país pela fome, o frio, a falta de roupas, e assustar o povo com a iminente intervenção – foi atingido" (**O Arquipélago Gulag**, Sextante Editora, 2020, original publicado em 1973, p. 142).

33 No nazismo (outro 'sistema violador total de direitos fundamentais' tratado neste livro), os judeus (inimigo eleito pelo *Führer*) "passaram a ser marginalizados, já que os alemães evitavam qualquer relação que pudesse ser qualificada como traição à pátria entrando em contacto com inimigos do sangue ariano" (FRATTINI, Eric. **Ahnenerbe: os cientistas de Hitler**, Bertrand Editora, 2021, p. 69).

34 No caso do *Daesh*, essa sensação é potencializada pela resposta cruenta dirigida aos infiéis (essas 'punições' são amplamente divulgadas com o objetivo de causar mais impacto, verdadeiro terror). "O estabelecimento de um regime totalitário requer a apresentação do terror como instrumento necessário para a realização de uma ideologia específica e essa ideologia deve obter a adesão de muitos, até mesmo da maioria, antes que o terror possa ser estabelecido (ARENDT, Hannah. **As origens do totalitarismo**, 9ª edição, Dom Quixote, original publicado em 1948, p. 8).

binômio crente/apóstata, significa a base da manutenção do poder político, já que o Estado é governado com base na *Shariah*[35]. O amigo (ou o cidadão que o sistema deseja) é o "bom mulçumano", de acordo com as interpretações que o grupo político dominante dá aos textos divinos.

Essa oposição pura e simples amigo/inimigo (cidadão desejado x pária; crente x apóstata) gera impactos perniciosos no modelo de Estado defendido pelo *Daesh*. Como o *takfir* é alguém que atenta contra as leis divinas, a sua perseguição finda sendo a vontade de Deus e a retórica religiosa acaba justificando os piores tratamentos ao infiel: inclusive sua liquidação física.

É indubitável que a perseguição 'legal' dos infiéis proposta pelo *Daesh* se traduz em verdadeira criminalização – por que não dizer demonização? – das suas crenças, do seu pensamento, do seu modo de agir. É a utilização da fórmula proposta pelo 'Direito Penal do autor'. Abandona-se a punição de fatos considerados pela lei como criminosos e passa-se a punir o "ser", o "pensar", o "crer"[36], tão utilizado por regimes totalitários para sua própria proteção e perpetuação – o inimigo passa, nessa toada, a personificar tudo que é pernicioso e, por isso deve ser duramente combatido, por se traduzir em um criminoso perigoso, cuja própria existência desafia o sistema posto[37].

A etapa seguinte em um sistema violador total, segundo o modelo de análise aqui proposto, é a adoção do 'Direito Penal do inimigo': imposição de penas desproporcionais e draconianas, antecipação do Direito Penal e eliminação ou redução drástica de direitos e garantias do imputado[38].

---

35 É imperioso notar que a dicotomia amigo/inimigo sempre está presente em regimes totalitários/ditatoriais/autocráticos. No nazismo era representada pelo binômio alemão ariano/raças impuras (aqui representadas principalmente pelo judeu), na URSS estalinista pela oposição entre proletariado/contrarrevolucionário (representado pelo burguês, pelo *kulak* e pelos sabotadores em geral do regime imposto), dentre outros exemplos históricos.

36 DE FIGUEIREDO DIAS, Jorge. **Direito Penal: parte geral – Tomo I – Questões Fundamentais; A Doutrina Geral do Crime**, 3ª. Edição, Gestlegal, 2019, p. 275.

37 Nessa linha radical de pensamento, como o sistema legal se funda na lei divina, só há dois caminhos para o infiel: i) conversão (tornando-se o cidadão obediente desejado pelo sistema); ou ii) liquidação física.

38 CONDE, Francisco Muñoz. **Direito Penal do Inimigo**. Juruá, 2012, p. 25.

A última característica que distingue o sistema violador total de direitos fundamentais de um sistema violador 'comum', nos termos aqui propostos, é a propensão à liquidação física de grupos de pessoas, opositores do regime ou mesmo inocentes eleitos pelo Estado como 'inimigos'. Para ser categorizado no ápice da classificação de 'sistemas violadores', na linha aqui defendida, o Estado precisa atropelar diuturnamente o bem jurídico mais caro do cidadão – a vida. Como se verá adiante com mais vagar (e para justificar a classificação do Estado hipotético aqui estudado como violador total de direitos fundamentais), o *Daesh* foi responsável pela liquidação física dos homens e pela escravização das mulheres yazidis, na aldeia de Kocho, norte do Iraque, em agosto de 2014[39].

Podemos, destarte, resumir a construção de um 'sistema violador total de direitos fundamentais', tendo aqui como paradigma o *Daseh*, caso o autoproclamado Califado fosse reconhecido como Estado soberano pela comunidade internacional, por meio dos seguintes passos: i) tomada do poder por um regime totalitário/ditatorial (que não admite discussão democrática de ideias, nem alternância do poder e que se centra na figura de um líder cujas ordens são incontrastáveis); ii) eleição dos 'inimigos do Estado' pelo poder dominante; iii) utilização do aparato legal para transmudar o inimigo em 'criminoso' ou numa pessoa indigna de ostentar direitos fundamentais (adoção do 'Direito Penal do autor', com marginalização do indivíduo não adequado ao sistema); iv) tratamento mais severo dispensado ao inimigo que ao 'cidadão comum' (o cidadão comum, para o estado violador proposto pelo *Daesh* é o mulçumano sunita) – 'Direito Penal do inimigo'; v) liquidação física do inimigo[40].

39 Esse relato impactante, feito por Nadia Murad na já citada obra 'Eu serei a última', será utilizado como base para demonstrar que, caso fosse o Estado Islâmico do Iraque e da Síria um país reconhecido pela comunidade internacional, ele seria um sistema violador total de direitos fundamentais.

40 "O outro deve ser anulado enquanto outro. Daí a violência que caracteriza a jihad. O assassínio do outro é uma

Analisando o recorte proposto – hipotético reconhecimento do Estado Islâmico do Iraque e da Síria como país pela comunidade internacional –, observamos a presença de todos os ingredientes que compõem um sistema violador total de direitos fundamentais: totalitarismo (Estado que não dialoga com seus cidadãos e impõe o comportamento tido como 'desejado', aplicando duras consequências a quem não se enquadrar no modelo imposto – altos líderes do Califado e as suas interpretações acerca da *Shariah*); a eleição do inimigo (o *takfir*, o apóstata, o não crente); o' Direito Penal do autor' (a criminalização do ser, do crer e do pensar – indivíduos que professem outras religiões e se neguem à conversão forçada são contrários à lei divina); o 'Direito Penal do inimigo' (o tratamento dispensado ao apóstata é muito mais severo que ao 'cidadão' - vide o triste e emblemático exemplo dos yazidis a seguir retratado); liquidação física dos inimigos (como a ideia é que há sempre uma guerra declarada contra infiéis, o extermínio de pessoas que não obedecem cegamente a interpretação radical da lei divina é, não só tolerada, como incentivada).

Assim, considerando o hipotético reconhecimento do Estado Islâmico do Iraque e da Síria como um Estado (dotado de território, povo e soberania), ele já nasceria 'violador total de direitos fundamentais', por se traduzir num Estado totalitário, por ter eleito inimigos, por aplicar em relação a estes o Direito Penal do autor e do inimigo e por tolerar (e fomentar) a liquidação física de pessoas.

3. A liquidação física dos homens e a escravização das mulheres yazidis

Como dito supra, a caracterização do Estado Islâmico do Iraque e da Síria como 'sistema violador total de direitos

jihad. Nessa medida, torna-se sagrado. Conduz o assassino ao paraíso, lugar de paz e de prazer" (ADONIS. **Op. cit.**, p. 67).

fundamentais' será demonstrada com a análise do extermínio dos homens e da escravização das mulheres yazidis na aldeia de Kocho[41], norte do Iraque, em agosto de 2014, a partir do relato feito por Nadia Murad, sobrevivente da barbárie.

Em síntese bastante apertada, o Yazidismo é uma "antiga religião monoteísta, transmitida oralmente". Os yazidis acreditam que Deus "enviou os seu Anjo principal, Tawusi Melek, para a Terra, onde ele assumiu a forma de um pavão e pintou o mundo com as cores brilhantes das suas penas". Esse Anjo Pavão "tornou-se a ligação de Deus com a Terra e a ligação do homem com o céu". Na crença yazidi, Adão, o primeiro homem, teria nascido imortal e perfeito, mas por ter decidido se reproduzir e comer trigo, foi expulso do paraíso e deu origem à segunda geração de yazidis[42].

Nadia Murad demonstra a constante perseguição aos yazidis em razão da sua crença religiosa, que destoa do pensamento mulçumano, e como aqueles são identificados por estes como adoradores do diabo[43].

Com a ocupação de parcela do território iraquiano e sírio pelo autoproclamado Califado (*Daesh*), a situação dos yazidi se tornou dramática. Os *peshmergas*[44], que outrora eram responsáveis pela defesa da região de Sinjar (Iraque), abandonaram seus postos, o que permitiu que o Estado Islâmico ocupasse a aldeia de Kocho, em agosto de 2014[45].

A ocupação da região de Sinjar desembocou no extermínio indiscriminado dos homens yazidis que recusaram a conversão à fé islâmica e a se juntar às fileiras do Estado Islâmico – acima demonstrei que o binômio amigo/inimigo é representado, no modelo de Estado governado pela *Shariah* defendido

41 Kocho é descrita por Nadia Murad como uma pacata aldeia localizada no extremo sul da região iraquiana de Sinjar, povoada a partir de meados da década de 50 do Século XX pelos yazidis (**Op. cit.**, p. 17/18).

42 MURAD, Nadia. **Op. cit.** p. 45.

43 MURAD, Nadia. **Op. cit.**, p. 46.

44 Forças armadas do Curdistão iraquiano.

45 MURAD, Nadia. **Op. cit.**, p. 79/80.

pelo *Daesh*, pelo crente mulçumano seguidor da interpretação do Islão ditada pelo Califado (amigo) e pelo infiel (inimigo).

A principal liquidação física dos homens de Kocho aconteceu nas proximidades da escola da aldeia. Todos os aldeões foram conduzidos pelos militantes armados do Estado Islâmico para a escola e os homens foram separados de mulheres e crianças. A seguir, os homens foram escoltados para perto de valas comuns previamente abertas e sumariamente executados a tiros[46].

Depois de se apropriarem de todos os pertences dos moradores da aldeia, as mulheres[47] foram divididas e transformadas em escravas sexuais[48] (*sabaya* ou *sabiyya*, no singular[49]). Nadia Murad afirma em sua obra: "já não éramos seres humanos – éramos *sabaya*"[50].

Uma interpretação de texto religioso que permite liquidação física de pessoas apenas porque não são convertidas a sua fé e a escravização de mulheres que são violadas ao bel prazer

46 MURAD, Nadia. **Op. cit.**, p. 129/138.

47 Sobre a mulher na visão mulçumana, Adonis afirma que ela "sempre foi desconsiderada ou banida, quando não era literalmente esmagada. Não se incluía entre os dirigentes. Sempre ocupou um lugar subalterno. Não fazia parte daquilo que, no fundo, constituía uma sociedade. Era considerada como um simples adorno" (ADONIS. **Op. cit.**, p. 79). Nesse sentido, passagem do Corão: "As vossas mulheres são para vós um campo de trabalho (harth): ide à vontade ao vosso campo de trabalho" (2:223). Em outro versículo, o Texto proclama: "Se se mostrarem insubmissas; ponde-as em quartos separados e espancai-as" (Corão 4:34). Ayaan Hirsi Ali sintetiza lições repassadas por um "professor" (*ma'alim*), extraídas de versículos corânicos sobre o comportamento da mulher no casamento: "devíamos obediência absoluta ao marido, disse às mães e adolescentes reunidas para escutá-lo. Se desobedecêssemos, ele podia nos espancar. Fora do período de menstruação, éramos obrigadas a estar sexualmente disponíveis a qualquer hora e em qualquer lugar, "até mesmo na sela de um camelo", como dizia o *hadith*" (ALI, Ayaan Hirsi. **Op. cit.**, p. 102).

48 As mulheres foram obrigadas a se converter ao Islão e preencheram documentos em um tribunal que as faziam, formalmente, propriedade de militantes do Estado Islâmico. Esses papéis autorizavam expressamente a violação da *sabiyya* por seu "dono" (MURAD, Nadia. **Op. cit.**, p. 190/191).

49 A palavra *sabiyya*, como dito, refere-se, em árabe, à escrava sexual. Segundo uma interpretação do Corão (que fora banida há muito tempo das comunidades mulçumanas mundo afora, mas que fazia parte das *fatwas* que o *Daesh* tornara oficiais), mulheres yazidis eram consideradas infiéis e, como tal, podiam ser escravizadas. Estuprar (violar) uma escrava, nessa leitura da lei divina, não seria pecado (MURAD, Nadia. **Op. cit.**, p. 156). Adonis (**Op. cit.**, p. 84), cita passagem do Corão que parece adequada ao pensamento fundamentalista do *Daesh*: "Desposai quem desejardes, tomai duas, três ou quatro esposas (...) ou as vossas cativas de guerra" (Corão 4:3). O autor esclarece que a palavra "tomai" tem conotação sexual e significa que o homem pode possuir sexualmente esposas e escravas a seu bel-prazer, mesmo contra a vontade destas. Interessante notar que a misoginia, como dito supra, é lugar comum nessa interpretação do Alcorão. Interpreta-se, por exemplo, que o estupro é culpa exclusiva da mulher. O estupro desemboca na desonra de todos os membros da família. Por isso Ayaan Hirsi Ali sentencia "ser estuprada era muito pior do que morrer" (ALI, Ayaan Hirsi. **Op. cit.**, p. 22). Esse raciocínio perverso é possível em virtude da conclusão de que a maneira como Alá criou a mulher: "o cabelo, as unhas, os calcanhares, o pescoço e os tornozelos – cada pequenina curva do corpo era excitante". Por isso, "só a roupa usada pelas esposas do profeta podia nos impedir de excitar os homens e de levar a sociedade ao *fitna*, a confusão incontrolável e ao caos social" (ALI, Ayaan Hirsi. **Op. cit.**, p. 85). Eis a justificação para uso, pelas mulheres, do *Niqab* – evitar a excitação masculina em face da exposição de qualquer curva do corpo feminino.

50 MURAD, Nadia. **Op. cit.**, p. 156.

dos seus militantes é aviltante, desumana e teratológica[51]. Quando esse pensar se traduz em lei (*fatwa*), em virtude da confusão entre político e o religioso representada pelo modelo de Estado defendido pelo *Daesh*, tem-se a tempestade perfeita. É a "legalização" do atropelo dos caríssimos direitos fundamentais à vida, à liberdade de locomoção, à liberdade/ dignidade sexual, à liberdade de crença, à liberdade de expressão[52]. É desumanizar o inimigo, de forma que ele perca, por completo, o estatuto de igualdade em relação a seu opressor, o que significa a mais completa anistia deste em relação aos crimes e pecados praticados em face do oprimido.

Essa é uma faceta muito comum em sistemas totalitários e violadores de direitos fundamentais – assim foi com o judeu na Alemanha nazista, com o contrarrevolucionário na União Soviética estalinista, com o herético na Inquisição, dentre outras passagens sombrias da história da humanidade. Especificamente no caso do *Daesh* a interpretação radical que permite a escravidão sexual de mulheres[53] é utilizada, dentre outras coisas, para atrair novos jihadistas para suas fileiras[54].

Até conseguir fugir das mãos dos seus captores, Nadia Murad foi repetidamente violada, agredida e humilhada por cada um dos "donos"[55]. Todos militantes do Estado Islâmico[56] e, segundo a convicção deles, tementes a Deus e respeitadores da lei divina.

---

51 Mesmo quando se volta os olhos às mulheres "livres", a misoginia nos países guiados pela interpretação ortodoxa do islamismo é evidente. Ayaan Hirsi Ali afirma que "na Somália, como em muitos outros países africanos e do Oriente Próximo, as meninas são purificadas mediante ablação da genitália". O 'procedimento' (clitorectomia) é levado a cabo com a extração do clitóris e dos pequenos lábios da criança (a intervenção foi feita em Ayaan com o uso de uma tesoura, sob as bençãos de sua avó), seguida de sutura dos grandes lábios. Tudo para garantir a castidade da mulher (que sua virgindade esteja 'garantida' até o casamento). "Um cinto de castidade feito da própria carne da criança" (ALI, Ayaan Hirsi. **Op. cit.**, p. 40-41, 76 e 135).

52 Os crimes enumerados nesse capítulo atropelam vários dispositivos na Declaração Universal dos Direitos Humanos da ONU (artigos 1°, 2°, 3°, 4°, 5°, 7°, por exemplo) e podem ser enquadrados como genocídio e crimes contra a humanidade (artigos 6° e 7° do Estatuto de Roma).

53 "Hoje, no século XXI, há mulheres cativas em jaulas, destinadas a serem vendidas. O Estado Islâmico fixa os preços. As mais jovens, rapariguinhas, são as caras. É horrível" (ADONIS. **Op. cit.**, p. 86).

54 "Os homens alistavam-se por razões óbvias – queriam dinheiro, poder e sexo" (MURAD, Nadia. **Op. cit.**, p. 194).

55 "Cada segundo com o ISIS era como parte de uma morte lenta e dolorosa – do corpo e da alma" (MURAD, Nadia. **Op. cit.**, p. 152).

56 Dentre eles um juiz em Mossul (Hajji Salman).

É importante anotar que, em um período inicial, mesmo tendo conseguido fugir do Estado Islâmico, Nadia Murad omitiu as violações que tinha sofrido com receio de ser censurada (ou mesmo morta) pelos seus próprios parentes – vitimização terciária[57] levada a cabo pelo pensamento religioso. Os próprios militantes do Estado Islâmico desencorajavam a fuga das *sabaya* com esse argumento, o de que elas não seriam "aceitas" se regressassem ao convívio dos yazidis[58].

4. Conclusão

Nesse capítulo foram, uma vez mais, traçadas as linhas do modelo de análise que desnuda o 'sistema violador total de direitos fundamentais' tendo como foco o hipotético e improvável reconhecimento Estado Islâmico do Iraque e da Síria (*Daesh*) como um Estado soberano (repito: trata-se de uma organização terrorista internacional).

Desenhei, nessa toada, os elementos essenciais para o reconhecimento de um sistema violador total. Saliento que eles não são estanques e imutáveis e podem ser aprofundados e acrescidos[59].

No modelo de análise aqui utilizado, que pode ser transportado para outros países em outros momentos históricos, o *Daesh* foi identificado como um 'sistema violador total de direitos fundamentais' (numa situação, insisto, hipotética improvável, na qual ele fosse alçado de organização terrorista internacional a Estado soberano) porque adimpliu as seguintes características: i) tem a pretensão de ser um

57 Em rápidas linhas a vítima sofre: a) vitimização primária (ser sujeito passivo do crime, propriamente dito); b) vitimização secundária (passar por novo processo de vitimização ao procurar amparo nos órgãos de controle social formal – polícia, por exemplo); c) vitimização terciária (ser novamente vitimizada pela família/amigos); d) heterovitimização (a vítima finda tendo a convicção de que foi responsável pela eclosão do delito).

58 "O ISIS sabia como era devastador para uma rapariga solteira yazidi converter-se ao Islão e perder a virgindade. Usavam o nosso pior medo – o de que nossa comunidade e os nossos líderes religiosos não nos recebessem de volta – contra nós (MURAD, Nadia. **Op. cit.**, p. 206).

59 Aliás, quanto maior a profundidade do estudo desenvolvido nesse tema, melhor. O estudo histórico permite prevenir que novos aparelhos estatais violadores de direitos nasçam e se desenvolvam.

regime totalitário (centrado na figura do seu Califa); ii) elegeu 'inimigos' (os infiéis, apóstatas ou *takfir*); iii) utilizou o aparato legal (interpretação radical das escrituras religiosas) para transmudar o inimigo em pessoa que, pela sua própria existência/crença/pensamentos, estaria à margem da lei – 'Direito Penal do autor'; iv) trata mais severamente o "inimigo" que ao "cidadão comum" (só há duas saídas para quem não professa a fé ditada pelo sistema: i) conversão; ii) liquidação física) – 'Direito Penal do inimigo'; v) aniquila fisicamente os inimigos[60] (ou o reduz à escravidão – caso das *sabaya* aqui exposto).

Doutra banda, mesmo um país democrático precisa estar alerta. O Estado democrático de direitos pode, eventualmente ou mesmo frequentemente, violar direitos fundamentais dos seus cidadãos por meio de procedimentos apuratórios[61] e processos que não observem os direitos/garantias do investigado, prisões provisórias/cautelares desnecessárias, cárceres insalubres ou superlotados, dentre outras possibilidades.

Concluo salientando que é preciso constante vigilância para evitar a ascensão ao poder de uma pessoa ou grupo de pessoas que elimine a possibilidade de debate democrático ou de alternância de poder. Qualquer traço semelhante ao exemplo aqui avaliado – *Daesh* – deve servir de alerta e ser prontamente rechaçado pelos mecanismos democráticos adequados. Como visto supra, o totalitarismo, inclusive o de cariz religioso, é a porta de entrada para que um Estado se transmude num 'sistema violador total de direitos fundamentais'. Sem liberdade de crença, pensamento e expressão, todos os outros direitos do ser humano tendem a ser paulatinamente

60 Usei, nesse capítulo, o extermínio dos homens yazidi no Iraque, em 2014, para demonstrar essa característica.
61 Sobre as premissas para uma investigação estatal que respeite direitos/garantias fundamentais do investigado, vide o já citado '**Eficiência e respeito a direitos fundamentais na atividade investigativa – um discurso possível: pela criação de axiomas que limitem a atuação estatal na busca de uma investigação criminal garantista**' (SILVA, Márcio Alberto Gomes, editora Juspodivm, 2022).

inobservados. E, no extremo, o direito de ir e vir, a integridade física e mesmo a vida de grupos inteiros de pessoas pode correr risco.

5. Referências bibliográficas

ADONIS. **Violência e Islão**, Porto Editoral, 2016, original publicado em 2015.

ALI, Ayaan Hirsi. **Infiel**, Companhia das Letras, 2012, original publicado em 2006.

ARENDT, Hannah. **As Origens do Totalitarismo**, 9ª. Edição, 2020, editora Dom Quixote, original publicado em 1948.

COELHO, António Borges. **Inquisição de Évora – 1522 – 1668**, editora Caminho, 2018.

CONDE, Francisco Muñoz. **Direito Penal do Inimigo**. Juruá, 2012.

DE FIGUEIREDO DIAS, Jorge. **Direito Penal: parte geral – Tomo I – Questões Fundamentais - A Doutrina Geral do Crime**, 3ª. Edição, Gestlegal, 2019.

DUARTE, Felipe Pathé. **Jihadismo Global – Das palavras aos actos**, 2ª edição, Marcador Editora, 2015.

FRATTINI, Eric. **Ahnenerbe: os cientistas de Hitler**, Bertrand Editora, 2021.

GARCIA, Francisco Proença. **A guerra e a estratégia revisitadas**, Novas Edições Acadêmicas, 2019.

MURAD, Nadia. **Eu serei a última**, Objectiva, 2021.

ORWELL, George. **Porque Escrevo e outros ensaios.** Artigo: Literatura e Totalitarismo, editora Antígona, 2ª. Edição, 2021, artigo original de 1941.

PLATÃO. **Fedro**, Edições 70, 2022.

SAEED, Abdullah. **Introdução ao pensamento islâmico**, Edições 70, 2006.

SCHMITT, Carl. **O Conceito do Político**, Edições 70, 2019, original publicado em 1932.

SILVA, Márcio Alberto Gomes. **Eficiência e respeito a direitos fundamentais na atividade investigativa – um discurso possível: pela criação de axiomas que limitem a atuação estatal na busca de uma investigação criminal garantista**, Editora JusPodivm, 2022.

SILVA, Márcio Alberto Gomes. **Prova e Polícia Judiciária** (organizado por IBRAHIN, Francini Imene Dias, JÚNIOR, Joaquim Leitão e DE CARVALHO, Tristão Antonio Borborema). Artigo: A Inquisição como sistema violador - o processo e os meios de obtenção de provas, Editora Mizuno, 2022, p. 379-392.

SOLJENÍTSIN, Aleksandr. **O Arquipélago Gulag**, Sextante Editora, 2020, original publicado em 1973.

EPÍLOGO

A presente obra é fruto de cerca de três anos de estudo, iniciado quando morei com minha família em Portugal.

Em meio a aulas, seminários e artigos reclamados pelo doutoramento em Direito e Segurança, interessei-me ainda mais pelos 'sistemas violadores de direitos fundamentais'.

Li tudo que podia sobre os seis sistemas violadores – e sobre distopias como as criadas por Zamiátin, Huxley, Orwell, Bradbury e Burgess – que compõem essa obra. E ainda continuo lendo. Chamava a minha atenção, na medida em que avançava nas leituras sobre a Inquisição, o nazismo, o stalinismo, o Estado Novo português, a ditadura militar brasileira e o jihadismo global, as características que se repetiam ao longo da história. As semelhanças de cada sistema.

Infelizmente grande parte da sociedade não lê e nada (ou pouco) sabe sobre a história dos atropelos a direitos fundamentais levados a cabo por regimes fechados[1]. Isso torna a pessoa (ou grupo de pessoas) vulnerável a teorias e discursos que, outrora, desembocaram em práticas desumanas, que redundaram em prisões arbitrárias, confisco de patrimônio, tortura e liquidação físicas de pessoas/grupos de pessoas.

Esse desconhecimento da história permite que grandes contingentes populacionais continuem sendo seduzidos por uma retórica que camufla o totalitarismo, a ditadura, o autoritarismo. Como visto ao longo dessa obra, uma modesta contribuição para que o leitor tenha uma visão geral sobre os elementos dos 'sistemas violadores de direitos fundamentais', a ascensão de um regime fechado ao poder é o primeiro

1 Karl Jaspers, ao analisar as dimensões criminal, política, moral e metafísica da culpa do povo alemão pelos abusos nazistas, afirma a gravidade e os perigos de tantas pessoas que "não querem pensar realmente". Que buscam apenas "palavras de ordem e obediência", que "não perguntam" e "não respondem, a não ser pela repetição de fórmulas batidas" (JASPERS, Karl. **A questão da culpa: a Alemanha e o Nazismo**, Todavia, 2018, original publicado em 1965, p. 16).

passo para o 'terror estatal', para o atropelo de direitos e, no extremo, para o extermínio de opositores[2].

É preciso, ainda – além do conhecimento histórico capaz de conduzir a um juízo crítico –, para evitar que tragédias como a Inquisição ou nazismo se repitam, mais empatia. Atropelos a direitos fundamentais dos 'inimigos' dos 'sistemas violadores' são facilitados quando a maioria da população simplesmente não se importa com as atrocidades cometidas contra minorias.

Por óbvio, uma posição mais ativa diante da violação de direitos humanos requer senso crítico. Daí porque é indispensável, a meu juízo, não esquecer o passado para que seja possível, por meio da verdade racional, entender os abusos e desenvolver a empatia por quem tem seus direitos atropelados pelo Estado em determinado momento histórico. É necessário vencer a cortina de fumaça lançada pelo sistema para encobrir seus desmandos: eufemismo e modificação da verdade dos fatos, por exemplo. Essa cortina de fumaça se torna mais densa com a propaganda elaborada pelo regime para bombardear a mente da população com a ideia de que o sistema atua na defesa da ordem e da segurança, com foco no bem-estar da maioria da população e contra os perniciosos 'inimigos'.

Nas palavras de Umberto Eco, seria cômodo e simples identificar o discurso fascista se alguém bradasse em praça pública: "quero reabrir Auschwitz, quero que os camisas-negras desfilem outra vez pelas praças italianas". O filósofo adverte, contudo, que "infelizmente a vida não é fácil assim. O Ur-Fascismo pode voltar sob as vestes mais inocentes. Nosso dever é desmascará-lo e apontar o dedo para cada uma de suas novas formas – a cada dia, em cada lugar do mundo"[3].

---

2 Reforço, como fiz ao longo de toda obra, que "o conceito de inimigo nunca é compatível com um Estado de direito nem com os princípios do liberalismo político" (ZAFFARONI, Eugenio Raul. **O inimigo no direito penal**, Revan, 2007, p. 144).

3 ECO. Umberto. **O fascismo eterno**, Record, 2021, original publicado em 1997, p. 60-61.

Como repeti em todos os capítulos, a sociedade precisa estar atenta para rechaçar os elementos que compõem o modelo de análise apresentado por esse livro: não compactuar com ideias/propostas que representem a asfixia do pluralismo político e da livre discussão de ideias, que tendam ao superdimensionamento do Poder Executivo; evitar a simplificação da discussão política à mera dualidade amigo/inimigo (pano de fundo teórico de regimes fechados); não tolerar tipos penais que criminalizem o 'crer', o 'pensar' e/ou o 'ser' ('Direito Penal do autor'); rechaçar tratamento desumano dirigido a grupos de pessoas ao argumento de que elas são 'nocivas' ao Estado ('Direito Penal do inimigo')[4]; e, por fim, não normalizar a liquidação de pessoas (judicial ou extrajudicial).

É preciso repetir, diuturnamente, a lição de Karl Jaspers: "em todo lugar existem minorias violentas, criminosas, vitalmente ativas, que à primeira oportunidade tomam o poder e procedem de modo brutal"[5].

Finalizo essa pesquisa firme no propósito de que exemplos históricos de 'sistema violadores de direitos fundamentais' devem ser desnudados/expostos para que esses modelos de Estados totalitários/ditatoriais não tornem a existir.

Continuemos sempre alertas! Não se permita esquecer o passado! Protejamos a democracia e os direitos fundamentais de todos!

---

4 Como visto ao longo da obra, cada sistema violador total de direitos fundamentais apresentado/estudado elegeu seus inimigos e buscou meios de os neutralizar. Nesse sentido, Zaffaroni leciona que "os perigosos ou inimigos foram parasitas para os soviéticos, subumanos para os nazistas e inimigos do Estado para os fascistas, todos submetidos a um sistema penal paralelo, composto por tribunais especiais inquisitoriais/policiais (ZAFFARONI, Eugenio Raul. **Op. cit.**, p. 54).

5 JASPERS, Karl. **Op. cit.**, p. 91.